UTB 2550

Eine Arbeitsgemeinschaft der Verlage

Beltz Verlag Weinheim · Basel
Böhlau Verlag Köln · Weimar · Wien
Verlag Barbara Budrich Opladen · Farmington Hills
facultas.wuv Wien
Wilhelm Fink München
A. Francke Verlag Tübingen und Basel
Haupt Verlag Bern · Stuttgart · Wien
Julius Klinkhardt Verlagsbuchhandlung Bad Heilbrunn
Lucius & Lucius Verlagsgesellschaft Stuttgart
Mohr Siebeck Tübingen
C. F. Müller Verlag Heidelberg
Orell Füssli Verlag Zürich
Verlag Recht und Wirtschaft Frankfurt am Main
Ernst Reinhardt Verlag München · Basel
Ferdinand Schöningh Paderborn · München · Wien · Zürich
Eugen Ulmer Verlag Stuttgart
UVK Verlagsgesellschaft Konstanz
Vandenhoeck & Ruprecht Göttingen
vdf Hochschulverlag AG an der ETH Zürich

Hans Jürgen Heringer

Interkulturelle Kommunikation

Grundlagen und Konzepte

2. Auflage

A. Francke Verlag Tübingen und Basel

Hans Jürgen Heringer ist Professor für Deutsche Philologie/Deutsch als Zweitsprache an der Universität Augsburg.

Bibliografische Information der Deutschen Bibliothek

Die Deutsche Bibliothek verzeichnet diese Publikation in der Deutschen Nationalbibliografie; detaillierte bibliografische Daten sind im Internet über <http://dnb.d-nb.de> abrufbar.

2., durchgesehene Auflage 2007
1. Auflage 2004

© 2007 · Narr Francke Attempto Verlag GmbH + Co. KG
Dischingerweg 5 · D-72070 Tübingen
ISBN 978-3-7720-8230-6

Das Werk einschließlich aller seiner Teile ist urheberrechtlich geschützt. Jede Verwertung außerhalb der engen Grenzen des Urheberrechtsgesetzes ist ohne Zustimmung des Verlages unzulässig und strafbar. Das gilt insbesondere für Vervielfältigungen, Übersetzungen, Mikroverfilmungen und die Einspeicherung und Verarbeitung in elektronischen Systemen.

Einbandgestaltung: Atelier Reichert, Stuttgart
Satz: Monika Duldner, Augsburg
Druck und Bindung: Ebner & Spiegel, Ulm
Printed in Germany

ISBN 978-3-8252-2550-6 (UTB Bestellnummer)

Inhalt

Vorwort 7

1 Grundlagen der Kommunikation **9**
1.1 Definition „Kommunikation" 10
1.2 Kommunikationsmodelle 13
1.3 Axiome der Kommunikation 18
1.4 Der frame „Kommunikation" 23

2 Sprechen und Verstehen **27**
2.1 Was sind Zeichen? 28
2.2 Was ist Bedeutung? 36
2.3 Was heißt Verstehen? 46

3 Was ist Konversation? **51**
3.1 Gesprächsanalyse 52
3.2 Sprechakttheorie 60
3.3 Logic and Conversation 70

4 Nonverbale Kommunikation **81**
4.1 Gestik 83
4.2 Mimik 90
4.3 Paraverbales 95

5 Sprache und Kultur **105**
5.1 Was ist Kultur? 106
5.2 Was ist Sprache? 109

6 Kultur erfassen **131**
6.1 Aufbau des Wissens 132
6.2 Kulturelle Differenzen 143

7 Kultur in Sprache **161**
7.1 Was sind Hotspots? 162
7.2 Was ist ein Hotword? 174
7.3 Somatismen 176

8	**Kulturstandards und Stereotypen**	**181**
8.1	Kulturstandards	182
8.2	Was sind Stereotypen?	197
8.3	Relativismus	204

9	**Critical Incidents**	**213**
9.1	Was sind Critical Incidents?	218
9.2	Die interkulturelle Trainingspraxis	222
9.3	Die didaktische Nutzung	226

Literatur 237
Quellen 240

Vorwort

*Ich übergebe euch dieses Büchelchen als einen Spiegel
um hinein nach euch und nicht als eine Lorgnette
um dadurch und nach andern zu sehen.*

Georg Christoph Lichtenberg

Dieses Büchelchen hier hat eine lange Geschichte. Und in dieser Geschichte spielt eine Hauptrolle mein guter Freund Volker Hinnenkamp. Er hat mich nicht nur initiiert, nein er hat auch direkten Anteil daran. Vor allem all die gemeinsamen Seminare und Trainings über die Jahre und seine Sammlung von Critical Incidents haben das Buch mitgeschrieben. Aktueller Auslöser war dann das gemeinsame Projekt bei der Virtuellen Hochschule Bayern, zu dem das Buch als Begleitmaterial Verwendung finden soll. Natürlich kann ein Buch nicht ein solches Programm ersetzen. Bei der Umsetzung merkt man schmerzlich, was in diesem Medium hier verloren geht. Aber jedes Medium hat bekanntlich seine Vorteile.

In der Interkulturellen Kommunikation ist man im Nachen auf hoher See. Navigation gibt es da wenig. Gefahren aber genug. Da lauert als Scylla: Der naive Optimismus, dass mit gutem Willen auch die Interkulturelle Kommunikation funktioniert. Schließlich sind wir doch alle Menschen. Und auf der anderen Seite Charybdis, die insinuiert, dass man sich eben gut vorbereiten muss und möglichst viel über fremde Kulturen wissen sollte. Das ist sicherlich nicht schlecht, aber im Sturm versagt oft genug das Navigationssystem. Dann muss man spontan gut reagieren auf neue, unberechenbare Situationen. Sonst gerät man eben doch in die Fangarme der Scylla oder geht im tiefen Strudel der Charybdis unter.

Ja, und selbst wenn man dieses Abenteuer bestanden hat, ist man noch nicht der Gefahr der Stereotypisierung entronnen. Wir modeln uns die anderen doch nach unserem Bilde. Um nochmal Lichtenberg zu bemühen: „Gott schuf den Menschen nach seinem Bilde, das heißt vermutlich, der Mensch schuf Gott nach dem seinigen." Oder gar nach seinem Bild von Gott? Und von sich?

Schondorf, im Februar 2004

Hans Jürgen Heringer

1 Grundlagen der Kommunikation

*Ought we to begin by giving
a set of precise definitions?*

Friedrich Waismann

Was menschliche Kommunikation ist und wie menschliche Kommunikation funktioniert, wissen wir alle. Wir können es einfach, es ist für uns alltägliche Praxis. Kommunikation ist Teil der Naturgeschichte des Menschen.
Von einer wissenschaftlichen Untersuchung erhofft man sich, dass sie uns weitere Aufschlüsse bringt, dass wir genaueres und systematisches Wissen über unsere Kommunikation gewinnen, vielleicht auch ihre allgemeinen Prinzipien erkennen. Und wir hoffen natürlich, dass dieses Wissen wieder praktisch greifen wird, dass wir reflektierter und einfach besser kommunizieren werden, wenn wir dieses Wissen haben.
Üblicherweise fängt eine Untersuchung an mit einem Vorbegriff des untersuchten Phänomens. Diesen Vorbegriff will man aber gerade modifizieren, man will ihn mit Details füllen, mit neuen Erkenntnissen. Und manchmal sogar ganz verwerfen?
Einiges – denken wir – werden wir aber nicht verwerfen. Sonst hätten wir vielleicht am Ende etwas Anderes untersucht:

- Zur menschlichen Kommunikation gehören immer mindestens zwei. Es gibt einen, der aktiv etwas produziert, und einen anderen, der passiv rezipiert oder besser gesagt: versteht. Diese Rollen können wechseln.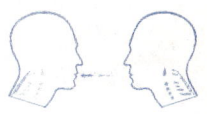
- In der menschlichen Kommunikation verwenden wir Zeichen. Die Wörter sind uns allerdings so vertraut, dass wir sie nicht ohne Weiteres für Zeichen halten. Um sie als Zeichen zu erkennen, bedarf es systematisierender Reflexion.
- Zeichen haben Bedeutung. Der Witz der Zeichenverwendung besteht in ihrer Indirektheit. Nicht mehr die Dinge, sondern eine Art Ersatz wird in der Kommunikation verwendet.

Eine wissenschaftliche Untersuchung endet in einer Darstellung. Die Darstellung kann aus einem verbalen Text, aus Zahlenwerk, Statistiken, aus Grafiken usw. bestehen. Grafische Darstellungen werden auch als Modelle bezeichnet, wenngleich der Modellbegriff sich hierin nicht erschöpft. Ein Modell sollte so etwas sein wie die Übertragung eines Konzepts aus einem anderen Bereich. Ob aber das Modell passt, ist eine andere Frage. Sie kann nur entschieden werden im Vergleich mit anderen wissenschaftlichen Darstellungen oder über Verifikation und fehlschlagende Falsifikation.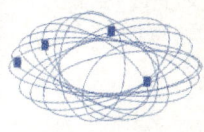

1.1 Definition „Kommunikation"

Am Anfang die Definition?

Viele Wissenschaftler beginnen die Untersuchung eines Gegenstands damit, dass sie ihn definieren. Das ist natürlich schwer möglich, wenn sie ihn noch nicht genau kennen; diesen Zweck soll ja die Untersuchung erst erfüllen. So werden sich also Gegenstand und Definition im Laufe der Untersuchung verändern, je mehr Erkenntnisse wir gewinnen.

Den Gegenstand, das Phänomen, allerdings sollte es einfach geben; Wissenschaftler können es nicht definieren oder bestimmen. Damit sind wir bei einem ersten Problem: Das Verb *definieren* hat keinen einheitlichen Gebrauch in der Wissenschaft. Es wird öfter im Sinne von *herausfinden, was etwas eigentlich ist*, aber meistens im Sinn von *festlegen, was etwas sein soll* verwendet. So spricht man z.B. recht ambivalent davon, dass in einem Wörterbuch die Definition eines Wortes stehe. Aber ist es die Aufgabe eines normalen Wörterbuchs irgend etwas von der Bedeutung festzulegen? Sollte das Wörterbuch nicht eher die Bedeutung darstellen, so wie sie ist?

Ein weit verbreiteter Gebrauch des Verbs *definieren* in der Wissenschaft konzentriert sich nicht auf den Gegenstand, sondern auf die Sprache, in der die Untersuchung oder die Theorie formuliert wird. Und da ist es ein rationaler Anspruch, dass die Theoriesprache, insbesondere ihre Termini, wohldefiniert sein müssen. Mathematiker und Logiker verlangen, dass alle ihre Termini wohldefiniert sind. In weicheren Theorien wird hierauf weniger Wert gelegt. Hier gibt es die Hoffnung, dass die Termini auch umgangssprachlich verständlich seien. Dies scheint vernünftig, weil es oft um allgemein menschliche Probleme geht, die vielleicht nur in der Umgangssprache formulierbar sind. Daraus folgt: Termini sollten nicht willkürlich definiert werden, sondern im Zusammenhang des Lebens und ihrer normalen Verwendung.

Hier liegt ein Konflikt. Es gibt wissenschaftlich etablierte und begründete Kriterien für Theorien und Termini. Dazu gehören vor allem Präzision und Kohärenz. Präzision ist gefordert, damit Theorien sich als falsch erweisen können, damit man sie falsifizieren kann. Kohärenz ist gefordert, damit man die Theorie auf Konsistenz überprüfen kann, damit man über ihre Hypothesen rational argumentieren kann. Wie und ob dies mit umgangssprachlicher Formulierung zu bewältigen ist, bleibt umstritten.

Wann kann man definieren?

Natürlich ist auch im logischen Verfahren das Problem, dass man vielleicht nicht genügend über die Sache weiß, bevor man die Theorie aufgestellt hat. Oder anders ausgedrückt: Wenn ich bestimmte Termini in der und der Weise gebrauche, ohne vorher zu wissen, was sie darstellen sollen, kann die ganze Theorie doch leicht schief laufen. Darum sehe man das Ganze eher als einen Prozess.

Die Güte oder Brauchbarkeit meiner Termini ist bestimmt durch die Güte der Theorie, die ich darstelle. So werde ich eben im Laufe des Prozesses auch meine Termini erproben, neue Erkenntnisse in ihre Definition einfließen lassen.
Gerade so wird es sich mit dem Terminus *Kommunikation* verhalten.
Kommunikation ist vielfach untersucht worden und vielfach definiert worden. Nicht alle Definitionen werden dabei im Verlauf methodischer Untersuchungen entstanden sein. Bei vielen könnte es eher so gedacht sein, dass Definierer das Wesen der Kommunikation vorführen oder bestimmen wollten – und das vielleicht sogar so getan haben –, indem sie einfach darüber nachgedacht haben, was für sie das Bestimmende an Kommunikation ist. Das ist weit verbreitet.

Schauen wir uns Produkte unterschiedlicher Verfahren an.

Mit dem Wort *Kommunikation* bezeichne ich jede Art von Verständigung zwischen • Lebewesen und Lebewesen • Lebewesen und Maschine (von Menschen oder Maschinen hergestellten Gebilden) • Maschine und Maschine (Payer 2001: www.payer.de/cmc/cmcs01.htm)

Normative Definition

Hier haben wir ein Beispiel für eine festlegende Definition. Die Autorin kann sich auf eine Tradition stützen, aber wir können nicht ohne Weiteres erkennen, worin die Fruchtbarkeit dieser Definition bestehen sollte. Erhebt sich nicht der Verdacht, dass die Gleichbehandlung solch Verschiedenen zu unrealistischen Ergebnissen führt? Oder wird gerade diese Zusammenschau kreativ und fruchtbar?
Wesentlich offener und zugleich spezifischer ist die folgende Definition.

Das Wort Kommunikation wird in sehr vielfältiger Weise verwendet. Wenn man will, kann man jedwede Form der Beeinflussung eines Systems durch ein anderes Kommunikation nennen; dann kommunizieren Röhren, Tiere, Gehirnzellen und dergleichen. Man kann jedwedes Ereignis, das interpretativ nutzbar ist, Kommunikation nennen; dann ist ein Kinnhaken ebenso kommunikativ wie das Tragen keiner Krawatte oder wie Grashalme, die sich im Wind bewegen. Ich will das Wort Kommunikation, wie es in der Linguistik und Sprachphilosophie weitgehend üblich ist, in einer sehr eingeschränkten Bedeutung verwenden.

Offene Definition

12 Grundlagen der Kommunikation

> Kommunikation soll jedes intentionale Verhalten genannt werden, das in der Absicht vollzogen wird, dem andern auf offene Weise etwas zu erkennen zu geben. Kommunizieren in dem hier relevanten Sinne heißt Mitmenschen beeinflussen, und zwar dadurch, dass man dem andern mittels Zeichen (im weitesten Sinne) zu erkennen gibt, wozu man ihn bringen möchte, in der Hoffnung, dass diese Erkenntnis für den andern ein Grund sein möge, sich in der gewünschten Weise beeinflussen zu lassen.
> (Keller 1994:104)

Rudi Keller * 1942 ist Linguist.
Seine Forschungsschwerpunkte:

- Sprachwandel
- Zeichentheorie
- Unternehmenskommunikation

Seine Theorie des Sprachwandels etabliert den Prozess der Unsichtbaren Hand als das wesentliche Erklärungsprinzip.
Die Metamorphose der Zeichen ist ein wichtiger Gesichtspunkt ihrer Genese.

Allerdings stellen sich auch hier noch Fragen, wie etwa:

- Was ist „intentionales Verhalten"?
- Was heißt „auf offene Weise"?
- Was sind „Zeichen (im weitesten Sinne)"?

Defizitäre Definitionen

Die folgenden beiden Definitionen sind verwandt. Vor dem Hintergrund der Kellerschen Definition wirken sie leicht befremdlich.

> Die Entgegennahme einer Nachricht von einem Sender, der den gleichen Zeichensatz zur Informationsübertragung benutzt wie der Empfänger.
> (Umstätter:www.ib.hu-berlin.de/~wumsta/wistru/definitions/da4.html)

> Die Weitergabe von Nachrichten oder Informationen vom Sender zum Empfänger wird Kommunikation genannt.
> (Bussiek : www.rauchzeichen.de/wissen/kommunikation/definition.htm)

Was man gar nicht versteht, ist die jeweilige Einseitigkeit. Betrifft Kommunikation nicht wenigstens beide Beteiligte?
Die Übertragung einer fremden Betrachtungsweise und das technische Vokabular haben derartigen Auffassungen zu großer Popularität verholfen. Wie weit diese Betrachtungsweise trägt, bleibt zu prüfen.

1.2 Kommunikationsmodelle

Die Übernahme technischer Darstellungen der Nachrichten-Übertragung führte zum Sender-Empfänger-Modell der Kommunikation. Dabei wird das ursprüngliche technische Modell von Shannon / Weaver mehr oder weniger stark abgewandelt.

Sender-Empfänger-Modell

Menschliche Kommunikation wird gefasst als Abfolge von Nachrichtenübermittlung zwischen Person A und B. Die Kommunikationspartner nehmen dabei abwechselnd die Rolle von Sender und Empfänger ein; ähnlich der Abfolge beim Sprechfunk, bei dem die Beteiligten wählen müssen zwischen Senden und Empfangen.

Im Sender geht es von einer Intention zu einem Bedeutungsvorrat, vielleicht das, was kommuniziert werden soll. Dieses wird kodiert anhand des verbalen und non-verbalen Zeichenvorrats, der dem Sender zur Verfügung steht. Die Enkodierung des Gemeinten in der Person des Senders erlaubt anschließend die interpersonelle Übertragung als Nachricht oder Botschaft auf verschiedenen Kanälen (akustisch, optisch, taktil).

Beim Empfänger wird dann die so übermittelte Zeichensequenz (Botschaft / Nachricht) aufgrund des eigenen Zeichenvorrats dekodiert und in Bedeutungssequenzen übersetzt, die vom Empfänger wiederum als Botschaft des Senders verstanden werden. Indem der Empfänger nun auf diese so verstandene Bedeutung reagiert, wird er selbst zum Sender, der Andere zum Empfänger usw.

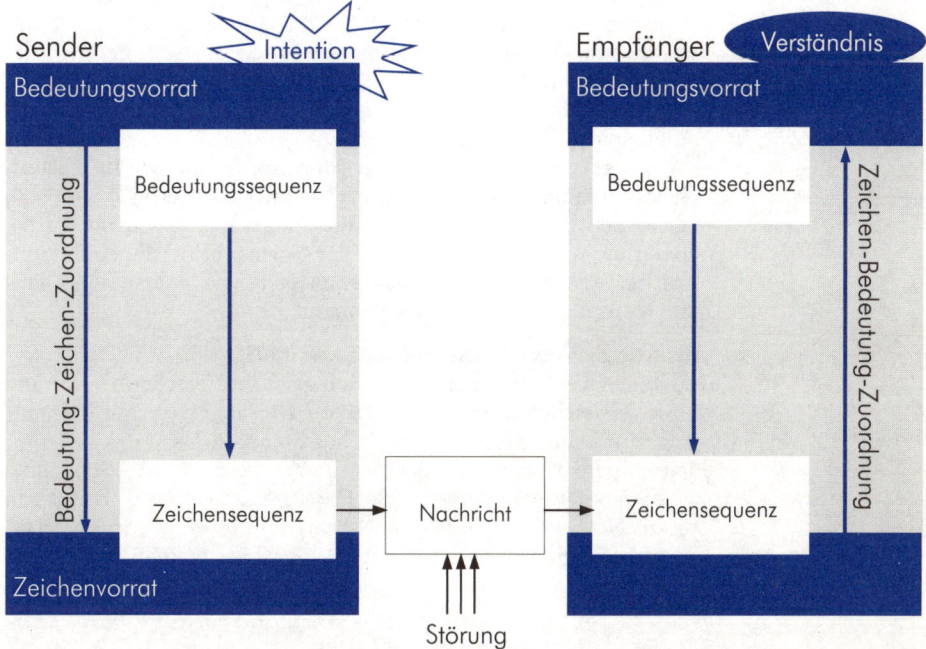

Die Darstellung ist recht ärmlich: Situation, Wahrnehmung, Wissen fehlen ganz. Und sie ist in Jargon befangen. Die Rede von Sender und Empfänger passt nicht so recht auf das, was wir in der Kommunikation tun. Es ist irgendwie eine fremdartige Sicht von außen. So etwas kennen oder erleben wir selbst nicht.

Das Modell baut auf die Ideologie, dass Denken vor Sprache sei und sozusagen primär. Es gebe einen Bedeutungsvorrat, aus dem geschöpft wird, die einzelnen Bedeutungen würden dann sprachlich kodiert. Aber was genau sind sie vorher? Und wenn sie nicht auch schon sprachlich wären, dann könnte man sie nicht kodieren. Zum Kodieren gehört ein Kode. Was sollte hier der Kode sein? Normalerweise besteht ein Kode aus zwei Zeichensätzen, deren Elemente einander eineindeutig zugeordnet sind.

Kode

Zeichensatz 1	a	b	c	d	e	f	g	...
Zeichensatz 2	ب	ﺐ	ﺑ	ﻋ	ﺔ	ﺎ	ﺍ	...

Sollte die Darstellung nur von der Dignität des Terminus leben?

Es gibt noch mehr Fragen:

- Was ist eigentlich eine Bedeutungssequenz? Gibt es sowas? Oder sind nicht erst die Zeichen (und nicht vorsprachlich gefasste Bedeutungen) sequenziell kombinierbar?
- Wie enkodiert man?
- Wieso haben die beiden eigentlich den gleichen Zeichenvorrat und gleiche Kodierungsverfahren?
- Was steckt hinter der Idee der Störung? Sowas wie im Fernsehen, wenn das Bild mal flackert? Wenn damit erfasst sein soll, dass nicht immer genau das ankommt, was abgeschickt wurde, dann muss man sagen: Das ist der Normalfall in der Kommunikation. Es als Störung anzusehen geht von einem unrealistischen und unbegründbaren Ideal aus.

All diese Fragen werden uns noch beschäftigen.

Die harmonische Idee, die Intention gehe im Verständnis auf und werde eigentlich nur durch äußere Störungen gefährdet, entspricht in keiner Weise menschlicher Kommunikation.

Menschliche Kommunikation ist immer riskant. Die Störungen kommen nicht von außen, wie Gewitter, die unsere Leitungen stören. Nein, es ist gerade der Normalfall, dass das, was wir sagen wollen, anders verstanden wird, als wir es meinen.

Entscheidend ist immer das <u>Verstehen</u>. Das Verstehen, der verstehende Partner bestimmt sozusagen, was gesagt wurde.

Ein frühes und bekanntes Kommunikationsmodell ist das Organonmodell von Karl Bühler. Bühler geht aus von Platons Ausspruch, die Sprache sei ein organum. Darin „sind drei Relationsfundamente aufgezählt: einer – dem andern – über die Dinge". (Bühler 1969: 94)

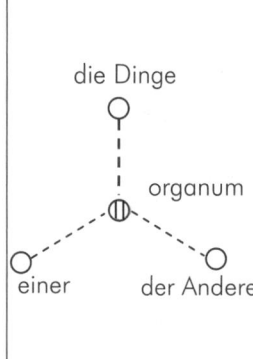

Organon-Modell

Man zeichne ein Schema auf ein Blatt Papier, drei Punkte wie zu einem Dreieck gruppiert, einen vierten in die Mitte und fange an darüber nachzudenken, was dies Schema zu symbolisieren imstande ist. Der vierte Punkt in der Mitte symbolisiert das zu untersuchende organum, welches offenbar zu allen drei Fundamenten an den Ecken in irgendeiner Relation stehen muss [...] Wir ziehen gestrichelte Linien von dem Zentrum zu den Eckpunkten unseres Schemas und überlegen, was diese gestrichelten Linien symbolisieren. (Bühler 1969: 94)

Diese Einführung erinnert an das Vorgehen eines Kindes, das etwas aufs Papier kritzelt und die Erwachsenen fragt, was es geschrieben hat. Es ist aber klar, dass sie einer didaktischen Tradition verpflichtet ist. Vielleicht entspringt sie einer Vorlesung. Also fragen Sie sich auch, was die Linien symbolisieren? Nun, der eine produziert Äußerungen, der Andere rezipiert und die Äußerung hat einen Bezug zur Welt.

In der Tradition wurde Bühler wie Platon einseitig gedeutet: organum wurde windschief als Werkzeug deklariert. Es könnte aber ebenso gut Organ sein und damit an eine evolutionär denkende Sprachauffassung anschließen. Bühler spricht in diesem Zusammenhang jedenfalls auch von Organ und er zieht zum Vergleich das menschliche Auge heran. Wie dem auch sei: In einem Punkt ist die Werkzeug-Idee nicht adäquat. Sprache ist nichts, was zu einem Zweck gemacht wurde, Sprache ist funktional entstanden und auch die kommunikativen Zwecke sind evolutionär entstanden. Wenn Menschen die Sprache als Werkzeug konzipiert hätten, dann hätten sie schon vorgängig einen Zweck gefasst haben müssen. Aber sollte es vor der Kommunikation die Idee der Kommunikation gegeben haben?

Bühler differenziert das Modell weiter, er entwickelt sozusagen aus dem Strukturmodell ein Modell, das die Funktionen des Zeichens und Aspekte der Kommunikation darstellt. Nicht mehr nur der Aspekt der Darstellung von Realität, sondern auch die Sprecher und ihre Beziehung werden einbezogen.

Grundlagen der Kommunikation

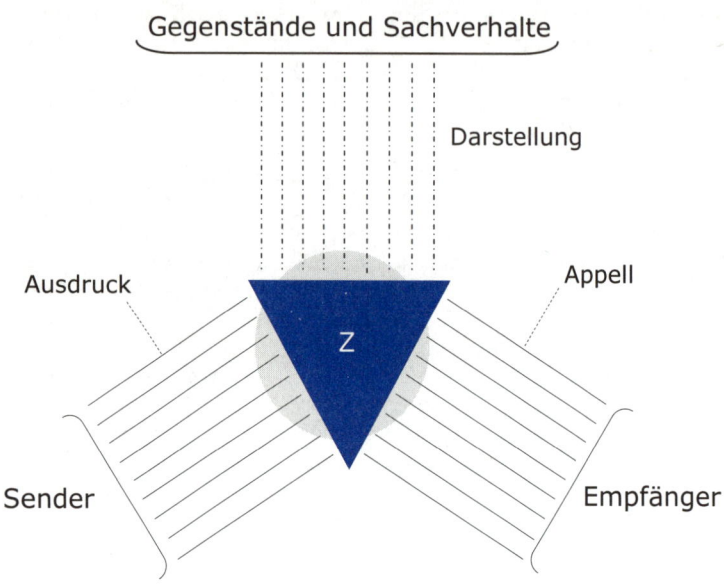

Die drei Funktionen

„Der Kreis in der Mitte symbolisiert das konkrete Schallphänomen. [...] Das Dreieck [= das Zeichen] umschließt in einer Hinsicht weniger als der Kreis (Prinzip der abstraktiven Relevanz). In anderer Richtung wieder greift es über den Kreis hinaus, um anzudeuten, dass das sinnlich Gegebene stets eine apperzeptive Ergänzung erfährt. Die Linienscharen symbolisieren die semantischen Funktionen des Sprachzeichens. Es ist *Symbol* kraft seiner Zuordnung zu Gegenständen und Sachverhalten, *Anzeichen* (*Indicium*) kraft seiner Abhängigkeit vom Sender, dessen Innerlichkeit es ausdrückt, und *Signal* kraft seines Appells an den Hörer." (Bühler 1969: 116)

Innovativ hieran ist die Betonung der Ausdrucksfunktion und der Appellfunktion. Die Ausdrucksfunktion umfasst auch Stimme und Gestik-Mimik. Aber auf eine exakte Appellfunktion ist nach Bühler alles zugerüstet. Dafür gibt er ein schönes Beispiel.

> Ein Bonner Student soll einmal, so geht die Fama, im Wettkampf das schimpftüchtigste Marktweib mit den Namen des griechischen und hebräischen Alphabetes allein („Sie Alpha! Sie Beta!" usw.) zum Schweigen und Weinen gebracht haben. Eine psychologisch glaubwürdige Geschichte, weil beim Schimpfen wie in der Musik fast alles auf den Ton ankommt.

Kommunikationsmodelle

Insgesamt scheinen die klassischen Kommunikationsmodelle vielen plausibel, weil sie einer allgemein verbreiteten Auffassung von Kommunikation verpflichtet sind. Diese Auffassung lässt sich charakterisieren als das Transportmodell der Kommunikation: Von mir zu dir.

Eine Person A hat die Intention, einer anderen Person B etwas mitzuteilen. Dieses Etwas fasst A in Worte (kodiert es) und äußert diese Worte entweder lautlich oder schriftlich. Die Person B vernimmt die Laute oder liest die Buchstaben und entnimmt ihren Sinn (dekodiert sie). Was vorher im Kopf von A nur war (die wolkige Intention) ist danach auch im Kopf von B. – Aber vielleicht ist es auch nur die halbe Wolke.

Transportmodell

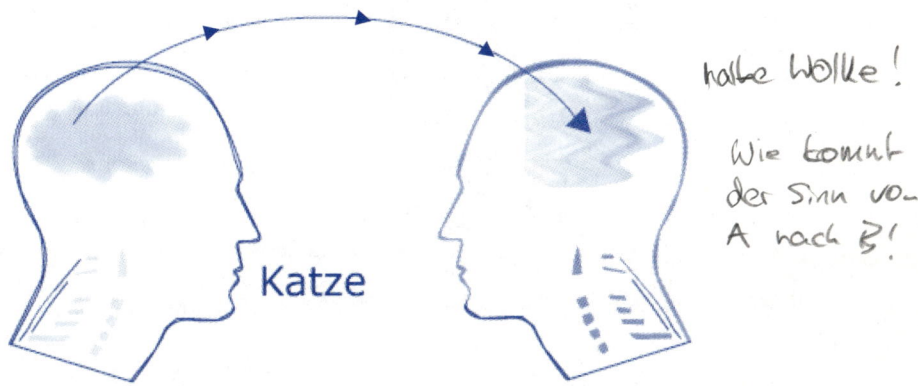

halbe Wolke!
Wie kommt der Sinn von A nach B?!

Das Modell krankt vor allem an zweierlei:

- Sinn wird überhaupt nicht transportiert. A produziert nur Laute oder Schriftzeichen. Wie kommt also der Sinn von A zu B?
- Der Sinn oder die Intention von A wäre doch nur in beider Köpfe. Wie wäre denn festzustellen, was im Kopf von A ist oder war und was im Kopf von B ist? Und wie könnte man feststellen, dass beides (ungefähr) gleich ist?

Das Transportmodell stellt menschliche Kommunikation nicht adäquat dar.

Anregung

> Es gibt noch weitere mehr oder weniger technisch orientierte Kommunikationsmodelle.
> Recherchieren Sie. Suchen Sie mindestens zwei weitere Modelle.
>
> - Welche Einwände werden gegen diese Modelle erhoben?
> - Welche Probleme sehen Sie?

1.3 Axiome der Kommunikation

Bühler hatte die Idee, grundlegende Eigenschaften der menschlichen Sprache und Kommunikation herauszuarbeiten. Er nannte sein Buch „Axiomatik der Sprachwissenschaften". Mit der Rede von Axiomen machte er Anleihen bei den angesehenen exakten Wissenschaften wie Logik und Mathematik. Wir sollten das metaphorisch verstehen. Ein entscheidender Fortschritt war aber, die an der Kommunikation Beteiligten von vornherein in die Untersuchung einzubeziehen. Wir können das der psychologischen Sichtweise gutschreiben.

Paul Watzlawick
*1921
Psychopathologe und Psychotherapeut
Vertreter eines kommunikativen Ansatzes in der Therapie

Bekannt ist W. besonders durch seine populären und lebendigen Publikationen wie *Anleitung zum Unglücklichsein*, 1983.

Fünf Grundsätze der Kommunikation hat in gleicher Tradition die Forschergruppe um Paul Watzlawick aus Untersuchungen gestörter oder pathogener Kommunikation und aus ethnografischem Fallmaterial gewonnen. Auch sie haben ihre Ergebnisse in Axiomen der Kommunikation zusammengefasst, die mittlerweile zu den Klassikern der Kommunikationsliteratur zählen. (Watzlawick 1969)

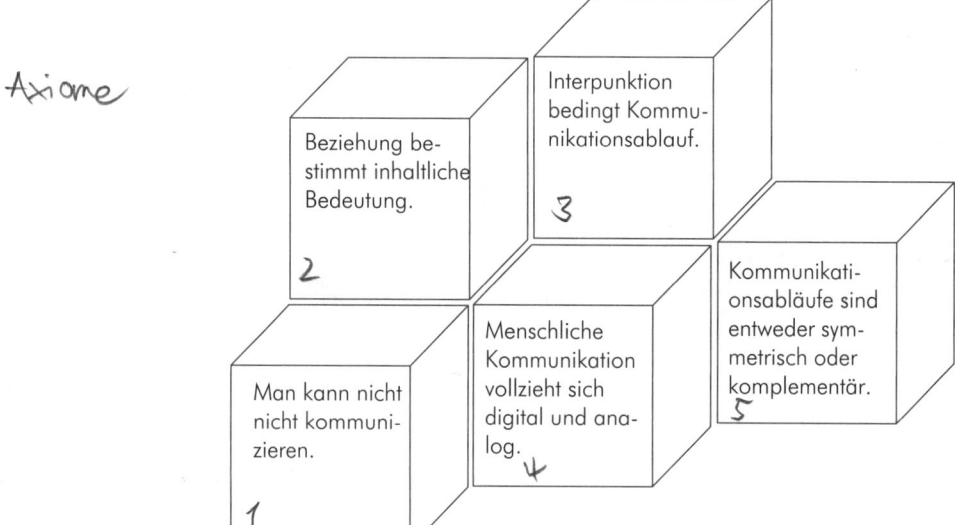

Axiome

- Beziehung bestimmt inhaltliche Bedeutung. (2)
- Interpunktion bedingt Kommunikationsablauf. (3)
- Man kann nicht nicht kommunizieren. (1)
- Menschliche Kommunikation vollzieht sich digital und analog. (4)
- Kommunikationsabläufe sind entweder symmetrisch oder komplementär. (5)

Axiome der Kommunikation

Man kann nicht nicht kommunizieren. — 1. Axiom

Das Axiom verweist uns darauf, dass alles, was wir tun, gedeutet wird. Sogar Nichtstun wird gedeutet, wenn es als Unterlassung oder als Absicht verstanden wird. Wenn ich also nichts tue, kann ein Partner dies als Unterlassung deuten – und das könnte ein Missverständnis sein.
Beispiel Schweigen: Der britische Professor Lord Acton war Ende des 19. Jahrhunderts Abgeordneter im englischen Parlament. Nach einigen Jahren wurde er gefragt, warum er beständig schweige. Er antwortete, dass „er mit niemanden übereinstimme, so wie auch mit ihm niemand übereinstimme." Solcher Art Schweigen kann natürlich leicht missverstanden werden, weil Schweigen öfter als Zustimmung genommen wird.
Man kann einfach nichts tun und schweigen. „Ich warte, bis der andere gesprochen hat." Man kann aber auch vielsagend schweigen. „Ich bin nicht einverstanden, widerspreche aber meinem Gesprächspartner nicht." Es kommt auf den Kontext an, was Schweigen ist und was es bedeutet.
Besonders in der interkulturellen Kommunikation können hier Probleme auftreten, weil es kulturell verschiedene Ausführungsbestimmungen dafür gibt, was als Schweigen zählt und als was Schweigen zählt. Während in der deutschen Kultur eine Gesprächspause ab 20 Sekunden peinlich zu werden beginnt, gelten für andere Kulturen andere Regeln.
Deutungen über unterlassene Handlungen sind im interkulturellen Kontext noch riskanter als in der eigenen Kultur. Unterlassungen zu deuten setzt sehr viel Wissen über Konvention und Kultur voraus. Schweigen, Nicht-in-die-Augen-Schauen, erwartungswidriges Nichtstun usw. können kulturell sehr unterschiedlich gedeutet werden, oft gegenläufig zur deutschen Deutung.

Im Grund ist dieses Axiom etwas windschief; es scheint einer einseitigen, hörerorientierten Auffassung von Kommunikation anzuhängen. Schweigen bleibt doch eigentlich Nichtstun. Und wer nicht handelt, der kommuniziert nicht. Wir müssen zwar als Sprecher akzeptieren, dass unsere Akte von den Partnern gedeutet werden. Das bedeutet aber noch lange nicht, dass etwas, was so und so gedeutet wird, auch so und so gemeint war. Das sprechende Individuum kann nicht für jede Deutung verantwortlich gemacht werden. Verstehende tragen Mitverantwortung, vielleicht sogar die Hauptverantwortung.
Nur: Als Sprecher sollte ich mir Gedanken machen, wie ich verstanden werden könnte. Denn ich will ja, dass der Hörer das versteht, was ich sagen will, und sich nicht allzu viel hinzutut.

2. Axiom

Beziehung bestimmt inhaltliche Bedeutung.

Das Axiom basiert auf der Unterscheidung von Inhaltsaspekt und Beziehungsaspekt. Es soll darauf verweisen, dass in der Kommunikation nicht nur der sachliche Gehalt eine Rolle spielt, sondern stets auch mitschwingt, wie die Beziehung zwischen den beiden Partnern gesehen wird. Die Unterscheidung wird verbunden mit der Behauptung, die Beziehung bestimme die Kommunikation zwischen Gesprächspartnern.

Auch dies gilt nicht generell, es ist kulturspezifisch: Während in der deutschen Kultur die Sachorientierung sehr hoch geschätzt wird und die Beziehung zwischen den Kommunikationspartnern als Gestaltungsaufgabe nur untergeordnete Bedeutung hat, ist es in anderen Kulturen selbstverständlich, zunächst die Entwicklung der Beziehung in den Mittelpunkt der Kommunikation zu stellen. „Wie soll ich mit jemand einen Vertrag schließen, wenn wir uns nicht kennen? Das Wichtigste ist eine gute Beziehung – dann sind auch alle schwierigen Sachfragen schnell und gut zu lösen."

> Deutsche Verwaltungsmitarbeiter erleben es häufig als lästig oder als Ablenkungsmanöver, wenn Angehörige beziehungsorientierter Kulturen nicht gleich zur Sache kommen. In deutschen Behörden, wie überhaupt in beruflichen und zielorientierten Kontakten, gilt das oft als Zeitverschwendung, macht deutsche Gesprächspartner ungeduldig. Aber es gibt auch diese Erfahrung: Wenn keine kooperative Arbeitsbeziehung zwischen Mitarbeiter und Klient entwickelt ist, wird für die Fallbearbeitung insgesamt mehr Zeit, Energie und Nerven verbraucht, als dies durch eine Anfangsinvestition zur Entwicklung einer guten Beziehung der Fall wäre.

3. Axiom

Interpunktion bedingt Kommunikationsablauf.

Das Axiom fokussiert auf die Sequenzierung der Kommunikation und darauf, dass die Partner den Verlauf unterschiedlich segmentieren und ordnen. Daraus entstehen Missverständnisse.

Margaret Mead hat in einer berühmt gewordenen Studie die Missverständnisse beim Flirt zwischen britischen Krankenschwestern und amerikanischen Soldaten während des zweiten Weltkrieges untersucht. Verwirrend für beide Seiten war offensichtlich die Frage, was an welcher Stelle Küssen bedeutet.

> In der britischen Kultur kam damals Küssen erst sehr spät in der Schrittfolge, kurz vor der Einwilligung zum Geschlechtsverkehr; für Amerikaner hingegen war Küssen eine wenig verpflichtende Handlung am Beziehungsbeginn. Wenn nun ein amerikanischer Soldat schon nach kurzer

Axiome der Kommunikation

> Zeit seine Krankenschwestern-Bekanntschaft zu küssen versuchte, war dies für die britische Frau sehr ungewöhnlich, und amerikanische Soldaten gerieten in den Ruf, draufgängerisch und wenig sensibel zu sein. Wenn eine britische Frau dem Drängen zum Küssen nachgab, bedeutete dies für sie nach ihren kulturellen Normen, dass sie dann auch zum nächsten Schritt bereit wäre. Die schnelle Bereitwilligkeit zum Sex wiederum verstörte die amerikanischen Männer, die britische Frauen aufgrund dieser Erfahrung als leicht rumzukriegen und schamlos werteten.

Hinsichtlich der Bedeutung der Reihenfolge von Sprechhandlungen und Themen lassen sich unmittelbar Bezüge zu interkulturellen Situationen herstellen. Die Fragen, wer darf ein Gespräch beginnen, was soll zuerst und was erst am Schluss gesagt werden, sind in unterschiedlichen Kulturen unterschiedlich geregelt.

Menschliche Kommunikation vollzieht sich digital und analog. 4. Axiom

Das Axiom bezieht sich auf das Medium der Kommunikation. Es ist zu exemplifizieren am Unterschied von verbaler und nonverbaler Kommunikation. In verbaler Kommunikation verwenden wir Wörter, die distinkt sind, für die wir diskrete Muster der Wahrnehmung besitzen. Verbale Kommunikation ist digital. In nonverbaler Kommunikation ist viel mehr Spiel, sie ist analog.
Nehmen wir das Beispiel Lächeln.

> Wenn jemand lächelt in unserer Gegenwart, kann das als freundlich, falsch, verlegen, verlogen, triumphierend, wissend, amüsiert, ironisch usw. zählen – je nach Ausführung und Annahmen über den Partner.
> In interkulturellen Situationen entstehen hier besonders häufig Missverständnisse: Gestik, Mimik, Bewegungen, der Ausdruck von Gefühlen sind in vielen Gesellschaften spezifisch ausgeprägt und in traditionalistischen Kulturen stark normiert.

Mit dem Axiom wird die Bedeutsamkeit und gleichzeitig die Vieldeutigkeit der nonverbalen Ebene für die Kommunikation betont, insbesondere für die Beziehungsebene.
Die Frage der Übersetzbarkeit von der analogen in die digitale Modalität erweist sich als kritische Stelle in der Kommunikation. Was darf in einer Kultur verbal expliziert werden, was muss nonverbal bleiben? Es liegt nahe für Deutsche, wenn man sich nicht sicher ist, was die andere nonverbal eigentlich sagen will, einfach zu fragen: „Wie meinen Sie das jetzt? Ist Ihnen das nicht recht?" Dies kann aber interkulturell als schwerer Normverstoß erlebt werden.

Deutsche neigen zur Explizitheit und zum Ausdiskutieren, was ihnen wiederum in manchen Kulturen den Ruf einträgt, indezent, derb oder unhöflich zu sein.
Auch der Empfehlung „Metakommunikation als Lösung für Kommunikationsprobleme" zu folgen kann im interkulturellen Kontext riskant werden.

5. Axiom   **Kommunikationsabläufe sind entweder symmetrisch oder komplementär.**

Das Axiom behandelt die Beziehung der Beteiligten und Arten der Wechselseitigkeit: Symmetrie und Komplementarität. In symmetrischer Kommunikation sind die Handlungsmöglichkeiten der Partner gleich verteilt. Beide sind bestrebt keine Ungleichheiten und Unterschiede aufkommen zu lassen. In komplementärer Kommunikation ergänzen sich die Handlungsmöglichkeiten der Partner. Dabei kann die Asymmetrie in verschiedenen Positionen manifest werden: Ein Partner nimmt die überlegene Stellung ein, der andere die entsprechende inferiore. Das muss nicht bewusste Dominanz sein.

Die positive, auf Gleichheit beruhende Form symmetrischer Beziehung könnte als ein Ideal proklamiert werden. Es zeigt sich aber bei der Begegnung von Partnern aus unterschiedlichen Kulturen, dass im Hintergrund häufig die Frage verhandelt wird: Wer ist mehr wert?

Dies kann zu destruktiven Entwicklungen in interkulturellen Begegnungen führen bis hin zu internationalen Konflikten, zu einem Prozess gegenseitiger Eskalation. Zu beobachten sind solche Prozesse häufiger, wenn die Beteiligten sich jeweils von der anderen Seite nicht respektiert fühlen oder selbst dominant auftreten – oder als Dominanz beanspruchend wahrgenommen werden. Die Beziehungen verschlechtern sich zusehends, es kommt ein eisiges Klima auf: Die Störung der Kommunikation impliziert Misstrauen und das Verwerfen der Selbstdefinition des Partners (Watzlawick 1969: 104).

Wenn z.B. das Verhalten des Individuums A in der betreffenden Kultur für dominant gehalten wird und als kulturbedingtes Verhalten von B darauf Unterwerfung erwartet wird, so ist es wahrscheinlich, dass diese Unterwerfung ein erneutes Dominanzverhalten auslöst, das seinerseits wieder Unterwerfung fordert.

1.4 Der frame „Kommunikation"

Im Zuge des Kognitivismus ist es üblich geworden, Phänomene über ihre (ausgedachte) mentale Repräsentation zu erfassen. So kann etwa Kommunikation in einer sog. Szene oder in einem frame dargestellt werden, der uns die wesentlichen Aspekte bietet.

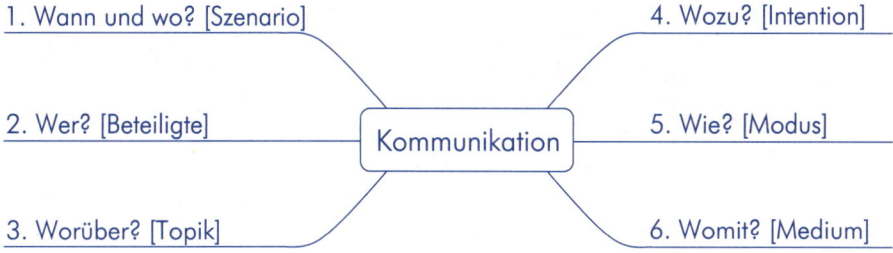

Wann wird kommuniziert? Kommunikatives Szenario
- Wie weit reicht für die Teilnehmer die relevante Zeit?
- Was bedeutet das für die Teilnehmer?
- Wie weit beziehen sie den Zeithorizont ein?

Wo wird kommuniziert?
- Wie weit konzipieren die Teilnehmer den Raum?
- Welche Räumlichkeit?
- Welche räumliche Anordnung der Teilnehmer?
- In welchem Abstand, in welcher Position befinden sie sich?
- Sind die Teilnehmer kopräsent oder nicht?

Wie viel Beteiligte gibt es? Beteiligte
- Nur zwei?
- Mehrere?
- Gibt es Parteien oder Koalitionen?

Welche Rollen schreiben sich die Partner im Gespräch zu?
- Mann? Frau?
- Freund? Feind?
- Alt? Jung?

Von wem wird welche Beteiligung erwartet?
Was wissen die Teilnehmer voneinander?
In welcher Beziehung sehen sich die Teilnehmer?
- Symmetrisch? Asymmetrisch?
- Tun beide das Gleiche, dürfen beide das Gleiche tun?
- Fühlen sich beide jeweils vom Partner respektiert?
- Tritt ein Partner dominant auf oder wird sein Auftreten so empfunden?

Die Rollenzuschreibungen der Partner sind nicht starr, sie ändern sich dynamisch in der Kommunikation. Jeder Akt kann in Bezug auf die Beziehung gedeutet werden und kann auch so intendiert sein.

Topik

Worüber wird gesprochen? Worum geht es?

- Wird von allen Partnern das Gleiche als Topik gesehen?
- War das Topik vor dem Zusammenkommen klar?

Findet ein Wechsel des Topiks statt?
Gibt es eine Ordnung der Topiks?

- Gibt es übliche Sequenzen von Topiks?
- Ist eine Struktur von Subtopiks zu erkennen?

Was sagt man und was besser nicht? (Tabu)

Ein Topik wird recht allgemein bezeichnet. Es ist aber schon innerlich differenziert und vielleicht gar nicht als ein einziges Topik bestimmbar.
Mehr als bei anderen Komponenten der Kommunikation gehen wir gern davon aus, dass von Anfang an feststünde, worum es geht, worüber kommuniziert wird. Mehr als bei anderen Komponenten kann diese Annahme gefährlich werden. Worum es eigentlich geht, ist prozessual, dynamisch. Es wird im Prozess bestimmt, verändert, implizit ausgehandelt. Oft genug weiß man nicht, worauf die Partnerin hinaus will. Es gibt konventionelle Topikstrukturen, die den Beteiligten bekannt sein mögen oder nicht. Für unser Verstehen spielt es offensichtlich eine zentrale Rolle, an welcher Stelle in der Rede etwas gesagt wird. Westliche Kulturen stellen beispielsweise das Wichtige an den Anfang, asiatische Kulturen bauen ihre Rede so auf, dass das Wichtige später kommt. (Scollon / Scollon 1995: 2)
Im Schriftlichen gibt es unterschiedliche Textformen mit unterschiedlichen Abfolgen, ebenso wie unterschiedliche Formen der Argumentation: logisierende, rhetorische, assoziative, die hiermit allerdings schon im Lichte einer Kultur charakterisiert sind.

Was ist das Ziel des Ganzen?   Intention
- Ist das Ziel klar oder vorgegeben?
- Wie entwickelt sich das Ziel?

Welche Ziele haben die Teilnehmer?
- Welches Ziel ist ihnen gemeinsam?
- Welche Ziele sind unterschiedlich?
- Akzeptieren die Partner ihre wechselseitigen Ziele?

Geht es um Kooperation oder geht es um Kompetition?

Hier gibt es Probleme analog zum Topik. Es mag von Anfang an ein Grobziel geben, darin gibt es aber Feinziele und Etappen zum Grobziel. Vor allem ist zu differenzieren: das gemeinsame Ziel und die individuellen Ziele.

Wie wird kommuniziert: Was ist verbal, was nonverbal?   Modus
Wie wird etwas gesagt?
- Direkt oder indirekt?
- In welcher Sprache: Muttersprache oder Fremdsprache?
- In welchem Stil?

Wie ist die Kommunikation strukturiert?
- Wer hat welche turns?
- Wie funktioniert das turn taking?
- Gibt es eine vorgegebene Sequenzierung?

Wie oft direkt und wie oft indirekt gesprochen wird und bei welcher Gelegenheit, ist von Kultur zu Kultur unterschiedlich geregelt. Ostasiatischen Kulturen spricht man einen hohen Grad an Indirektheit zu; Indirektheit sei im Chinesischen typisch. Man stellt eine Frage und will damit einen Hinweis geben. Man verweist auf die Unangemessenheit der Kleidung, indem man sich nach dem körperlichen Wohlbefinden erkundigt. Man „zeigt auf einen Hirsch und nennt ihn Pferd" – wie eine chinesische Redensart besagt. Den Zusammenhang zwischen Pferd und Hirsch muss der Adressat selbst herstellen. Dahinter steht das Prinzip des Gesichtwahrens und der Harmonie. Das Gesicht zu wahren ist ein allgegenwärtiger Imperativ der Kommunikation.
Westlichen Kulturen spricht man einen hohen Grad an Direktheit zu. Individualismus und Wahrhaftigkeit gelten als wichtige Werte der Kommunikation. Dennoch sind auch wir oft genug indirekt und wir haben eine ganze Palette indirekter Ausdrucksweisen, vor allem im höflichen Umgang. Geht das wirklich so weit, wie Goethe meinte: Im Deutschen lügt man, wenn man höflich ist?

Medium

Welches Medium findet Verwendung?
- Schrift (optisch)?
- Gesprochene Sprache (akustisch)?
- Körpersprache (gestisch, mimisch, taktil)?

Ist das Medium digital oder analog?
Werden technische Hilfsmittel oder Sekundärmedien verwendet?
- Telefon?
- Chat?
- Projektor?

Sinn ohne Medium gibt es nicht. Medium ist das, worin sich Sinn manifestiert.
In der Regel werden für die Differenzierung des Mediums die rezeptiven Sinnesorgane zugrunde gelegt. Man spricht auch von Kanälen. Gesprochene Sprache wird dann dem akustischen Kanal, Mimik und Gestik dem optischen Kanal zugerechnet.

Kanaldiskrepanzen bringen Probleme: Wenn ein Gesprächspartner etwas Trauriges erzählt und dabei lacht, was dann?

Für den asiatischen Raum, wo man darauf bedacht ist, dass der Partner sein Gesicht wahren kann, gelte es als völlig normal, wenn man (in einer bestimmten Weise) lächelt in Gesprächssituationen, in denen man etwas Belastendes berichtet, aber auch, wenn man mit dem, was der andere äußert, nicht einverstanden ist. Dies führt häufig zu Fehlinterpretationen durch westliche Gesprächspartner, die von der Annahme ihrer eigenen Kultur geleitet sind: Lächeln = Freude, Zustimmung usw.

2 Sprechen und Verstehen

Culture depends on symbolic structure.
Culture is learned sign behavior.

Raimo Anttila

Wir seien von Zeichen umstellt, sagen Semiotiker. Und da haben sie Recht. Zeichen sprechen nicht direkt zu uns. Sie haben ihren eigenen Gebrauch und von daher ihre Bedeutung.

- Welche Arten von Zeichen gibt es?
- Wie verstehen wir sie?
- Wie kommen sie zu ihrer Bedeutung?

Wenn wir den Schlüssel nicht kennen, können wir sie nicht verstehen. Wir wissen nicht einmal, ob es Zeichen sind. Steht in der Mitte der Grafik der Rest eines „Schiffe versenken"? Oder ist es eine Botschaft an extraterrestrische Wesen? Handelt es sich links unten um das verdrehte, uns vertraute Kreuz? Und erzählt das oben rechts gar eine Geschichte?

2.1 Was sind Zeichen?

Repräsentationsmodell

Eine gängige und alte Antwort auf die Frage, was Zeichen sind, lautet: *Aliquid stat pro aliquo*. Etwas steht für etwas Anderes, ein X für ein Y. Das Wort *Katze* steht für eine Katze.

Dieses Modell wird gepflegt durch die Jahrhunderte. Es wird kritisiert und es hat verschiedene Ausformungen erlangt.

Einwände

Ein Kritikpunkt war, dass etwa das Wort *Katze* ja für jede Katze stehen könne, dass damit gar keine eins-zu-eins-Beziehung existiere. Es müsse also etwas anderes sein, was dem Wort entspreche. Der Ausweg war, dass die Beziehung zwischen dem Zeichen und dem Ding nicht mehr so direkt zu sehen sei, sondern indirekter: Das Wort ruft eine Vorstellung in den sprechenden Individuen hervor.

Eine der Ausformungen dieser Vorstellungstheorie wird festgehalten im sogenannten semiotischen Dreieck (nach Ogden / Richards 1923: 6).

Die Beziehung zwischen X und Y sei demnach nur indirekt, sie sei vermittelt über eine Vorstellung.
Das ist aber eher eine Verschlimmbesserung.

Gegen das Modell der Repräsentation sind weitere Einwände vorzubringen und vorgebracht worden.

- Bei vielen unserer Wörter führt die Annahme, sie stünden für Dinge oder Vorstellungen, nicht weit. Welche Vorstellung ist verbunden mit Wörtern wie *ähnlich*, *wichtig*, *und*, *nichts*?
- Wie erreicht man oder wie kommt es, dass Kinder im Spracherwerb diese Verbindungen lernen?
- Wie kommt ein Partner auf meine Vorstellung von Y, wenn ich das Wort X verwende? Und vor allem: Wie können wir feststellen, dass unsere Vorstellungen gleich sind?
- Wie stellt man fest, dass z.B. zwei Wörter synonym sind, also mit den gleichen Vorstellungen verbunden?

Eine weitere Schwäche dieses Ansatzes ist, dass er voraussetzt, dass es X und Y gibt und dass beides unabhängig voneinander fassbar sei. Wie das aber gehen soll, ist unklar.

Ein konträrer Ansatz zum Repräsentationsmodell ist das funktionale Zeichenmodell. Es ist eher genetisch orientiert und daran, wie Zeichen entstehen in menschlicher Kommunikation und wie sie sich wandeln. Es fokussiert nicht so sehr darauf, wofür ein Zeichen steht, sondern was es zu einem Zeichen macht.

Auch hier unterscheidet man zwei Aspekte des Zeichens: den Aspekt der Manifestation und den Aspekt der Wirkung, des Effekts, der Funktion.

Das Zeichen etabliert sich im Verlauf der Kommunikation. Seine Bedeutung ist das, was es uns ermöglicht, in der Kommunikation dies oder jenes mit ihm zu erreichen.

Das funktionale Zeichenmodell

Was ein sprachliches Zeichen zeichenhaft macht, ist die Tatsache, dass ein geregelter Gebrauch ihm kommunikative Funktion verleiht. Es spielt eine Rolle im Spiel des Kommunizierens. Dies ist, auf einen kurzen Nenner gebracht, die Zeichenauffassung Wittgensteins. Sein Ansatz wird auch als Gebrauchstheorie der Bedeutung bezeichnet.

Gebrauchstheorie

Gebrauch ist hierbei durchaus vage zu verstehen: Einmal als aktuelle Verwendung und dann sozusagen als die Summe aller bisherigen Verwendungen.

Wittgensteins berühmte Formulierung lautet:
„Man kann für eine große Klasse von Fällen der Benützung des Wortes „Bedeutung" – wenn auch nicht für alle Fälle seiner Benützung – dieses Wort so erklären: die Bedeutung eines Wortes ist sein Gebrauch in der Sprache" (Wittgenstein 1967: 43).

Vorteile der Gebrauchstheorie

1. Die Sprache wird in den Zusammenhang des gesamten menschlichen Handelns gestellt, weil der Gebrauch eben dieses Handeln ist.
2. Die Sprache wird nicht als Zeichensystem angesehen, das unabhängig von Sprechern und sozialen Gruppen existiert.
3. Mit dem Gebrauch kommt die Möglichkeit der Entstehung, der Veränderung und des Erwerbs der Bedeutung in den Blick.
4. Die Bedeutung ist nichts Geheimnisvolles. So wie ich den Gebrauch des Turms im Schachspiel lernen kann, und zwar mehr oder weniger gut, so kann ich den Gebrauch eines Wortes lernen.
5. So, wie man überprüfen kann, wie weit jemand den Gebrauch des Turms beherrscht, kann man überprüfen, ob er die Bedeutung eines Wortes beherrscht, ohne ihm in den Kopf schauen zu müssen.
6. Bedeutungen lassen sich formulieren, ohne erfundene Entitäten wie Vorstellungen, Begriffe, semantische Merkmale und dergleichen.

> **Ludwig Wittgenstein
> 1889-1951**
> Wird von vielen als bedeutendster Philosoph des 20. Jahrhunderts gesehen.
> Im Zentrum seiner Philosophie stand die Sprache. Allerdings nicht, weil er sich als Sprachphilosoph gesehen hätte, sondern aufgrund der Überzeugung: Alles wird in Sprache ausgetragen.
> Er selbst publizierte sehr wenig. *Tractatus Logico-Philosophicus*, 1922. Aber der Nachlass ist immens. Posthum veröffentlicht *Philosophische Untersuchungen*, 1953.

In der funktionalen Zeichentheorie ist nicht vorausgesetzt, dass ein Zeichen aus zweierlei bestünde, zwei Seiten habe. Dennoch können wir durchaus zwei konstitutive Aspekte des Zeichens erkennen: Erstens die Manifestation und das Muster für die Manifestation und zweitens den Sinn, den wir damit vermitteln, und die Bedeutung, die uns das erlaubt.

Eine weitere Unterscheidung ist angebracht: Erstens das Zeichen als Muster, als Einheit der Sprache (langue) und sein Bedeutungspotenzial, das uns ermöglicht, dies oder jenes mit ihm zu meinen, und zweitens die Verwendung des Zeichens in der Kommunikation (parole) und der Sinn in der jeweiligen Situation.

In Kombination der beiden Unterscheidungen sollten wir also terminologisch so differenzieren:

Zur Unterscheidung

Potenzial	Ausdruck	Bedeutung
Realisierung	Manifestation / Okkurrenz	Deutung / Sinn

> **Ferdinand de Saussure
> 1857-1913**
> Wird als Begründer der modernen Linguistik betrachtet. In seinen *Grundfragen der allgemeinen Sprachwissenschaft* entwickelt er eine allgemeine Theorie der Sprache als Zeichensystem und die Methode zur strukturellen Analyse.
> Mit seinem Namen verbunden sind die wichtigen Dichotomien:
> • Langue vs. parole
> • Synchronie vs. Diachronie
> • Signifiant vs. signifié

Nach dem Saussureschen Zeichenmodell unterscheidet man bei sprachlichen Zeichen ihren Ausdruck und ihren Inhalt. Beide sind konventionell miteinander verbunden, beide existieren aber nicht unabhängig von einer Sprache. Sie existieren nur qua Zeichen, also in einer Sprache und durch eine Sprache.

Und beide Seiten wie das ganze Zeichen sind Schematisierungen. Der Ausdruck ist nicht das physikalische Lautereignis, der Inhalt ist nicht das je Gemeinte (Saussure 1984: 98). Die Schemata sind konventionell; sie haben ihr individuelles Pendant, insofern sie im sprachlichen Wissen einzelner Individuen sind.

Was sind Zeichen?

Deutung von Zeichen

Was aber macht ein Zeichen zum Zeichen? Oder wie gelingt es, mit dem Zeichen Sinn zu vermitteln?
Nach dem Prinzip der Autopoiese wird der Verstehende irgendwie den Sinn erzeugen und der Sprechende muss davon ausgehen, dass dem Verstehenden das gelingt.
Der Verstehende deutet, er erschließt den Sinn. Dazu muss er aus dem geäußerten Zeichen, aus der Manifestation, seine Schlüsse ziehen, um zu verstehen. Das klingt allerdings etwas zu aktivistisch, denn so viel Arbeit haben wir damit nicht. Um die aktivistischen Anklänge zu vermeiden, verwenden wir für diesen Vorgang die Kunstwörter *inferieren* und *Inferenz*.
Selbstverständlich inferiert der Verstehende nicht im luftleeren Raum. Er tut dies auf der Basis seiner aktuellen Wahrnehmung, seines aktivierten Wissens und des Kontexts. All dies wird sozusagen mit verrechnet. Und nur wenn das Resultat, das Verstehen, in diesen Zusammenhang passt, wird der Verstehende sich zufrieden geben.

Drei Typen

Für die Deutung verwenden Verstehende drei Verfahren:

1. Symptomische Inferenz
2. Ikonische Inferenz
3. Symbolische Inferenz

Entsprechend können wir drei Typen von Zeichen unterscheiden: Symptome, Ikone und Symbole.

Symptome

Das Symptom basiert auf kausalen Zusammenhängen. Wer etwas als Symptom wertet, schließt auf der Basis eines kausalen Zusammenhangs: Wenn jemand Masern hat, bekommt er Flecken; so sind die Flecken ein Zeichen, ein Symptom für Masern. Wo Rauch ist, ist auch Feuer. Wir werten den Rauch als Symptom für Feuer — landläufig könnte man auch sagen, ein Zeichen für Feuer. Es ist ein Zusammenhang, der auf Welterfahrung beruht.
Symptome sind im strengen Sinn vielleicht gar keine Zeichen. Zum einen können wir sie nicht direkt und willentlich erzeugen. Zum andern sind sie nicht eigentlich kommunikativ. Sie werden eben nicht zum Zweck der Kommunikation verwendet.
Die Grenze zu bloßen kausalen Folgen besteht eigentlich nur in der Nutzung: Öfter scheint die Folge für uns im Vergleich zur Ursache so viel weniger wichtig, dass wir ihr keinen eigenen Wert zusprechen, sondern sie nur als Zeichen für die uns eigentlich wichtigere Ursache nehmen.
Symptome sind in keinem Sinn arbiträr oder willkürlich. Das heißt, der Zusammenhang beider Zeichenaspekte ist fest und natürlich.

Ikone

Das Ikon basiert auf dem Zusammenhang der Ähnlichkeit.
Ikonische Inferenz verwendet die Ähnlichkeit, um von der Manifestation auf das Intendierte zu kommen. Wer etwas als Ikon wertet, erkennt Ähnlichkeiten zwischen dem Zeichen und dem, was es vermitteln soll.

Wer etwa dieses Zeichen sieht und darauf schließt, dass bedeutet werde *schleudern*, der macht sich die Ähnlichkeit zu nutze.
Er inferiert ikonisch.

Ikone haben durchaus Züge von Arbitrarität, weil nämlich die Wahrnehmung und Feststellung der Ähnlichkeit selbst konventionell geregelt sein kann, ja vielleicht immer konventionell geregelt ist.
Was als ähnlich gilt oder wahr genommen wird, ist bereits wieder kulturell bedingt.
Hierzu ein Fall, der aus Sambia berichtet wird.

> Ein Gesundheitsexperte hielt in einem sambischen Dorf einen Vortrag, um über die Gefahren zu informieren, die durch die Tsetse-Fliege drohen. Der Experte beherrschte die Landessprache nicht, er sprach Englisch und musste übersetzt werden.
> Zur Veranschaulichung verwendete er ein großes Demonstrationsmodell der Fliege.
> Die Sambesis meinten hinterher: „Es mag alles stimmen, was Sie über diese Fliege sagen. Aber das betrifft uns nicht. Unsere sind viel kleiner."

Allerdings ein Lehrbeispiel! Wer war so blöd? Die Sambesis, der Experte oder der Erzähler? Vielleicht wurde der Experte auf den Arm genommen.
Dennoch: Ikone müssen nicht so weit universal sein, wie oft angenommen. In China finden wir schon in Bahnhöfen andere Ikone. Was sagt das große I einem Chinesen? Oder Ihnen dieses Schild?

Entweder man kennt das Ikon oder man muss Hypothesen aus der Situation gewinnen.

Symbole

Das Symbol basiert auf dem Zusammenhang der Präzedenz und Konvention. Symbolische Inferenz macht sich frühere gelungene Deutungen zunutze. Wem es gelungen ist, einmal mit dem geäußerten Zeichen einen bestimmten Sinn zu verbinden, und wer dies als gelungen erlebt hat, der wird das Zeichen auf diese Präzedenz hin nächstes Mal wieder so deuten und verwenden.

Symbole sind arbiträre Zeichen ohne natürlichen Zusammenhang von X und Y. Aber sie sind nicht deutbar auf der Basis der Arbitrarität. Denn die wäre nichtssagend und würde keine Inferenz zulassen. Das Individuum basiert seine Inferenz auf seiner Erfahrung, auf Präzedenz. Es geht davon aus, dass das Zeichen X jetzt so gebraucht wird wie früher. Dem sprechenden Individuum genügt als Kriterium, dass es den intendierten kommunikativen Erfolg hat (oder glaubt zu haben). Dem verstehenden Individuum genügt, dass die Deutung, die Inferenz passt.

Menschliche Kommunikation beruht auf der Verwendung von Symbolen. Es genügt nicht einfach, dass mein Partner mein Gähnen als ein Zeichen der Müdigkeit deutet. Damit das Gähnen symbolisch wird, muss mein Partner davon ausgehen, dass ich gähne, um ihm etwas zu verstehen zu geben. Und vor allem muss ich es in der Absicht getan haben, dass mein Partner dies erkennt. Denn nur dann kann ich davon ausgehen, dass er mich versteht.   Konvention

In dieser Struktur liegt der Knackpunkt menschlicher Kommunikation, in dieser Struktur ist das eigentlich Intersubjektive aufgehoben. Kommunikation basiert auf gegenseitigen Erwartungen und Annahmen. Kommunikation basiert auf reziprokem Wissen.

Das reziproke Wissen darf nicht als irgendwie objektiv gesichertes Wissen verstanden werden. Es ist vielmehr Glaubwissen. Es muss auch nicht so sein, dass dieses Wissen geteilt wird in dem Sinn, dass die Partner das Gleiche glauben, dann könnten wir uns nie verstehen. Es genügt für mich völlig, wenn ich weiß oder zu wissen glaube, was mein Partner glaubt usw.

Die Inferenz auf der Basis von Präzedenz bleibt natürlich nicht individuell und subjektiv. Ein Individuum wird ja auch davon ausgehen, dass der Partner genau dies meint, was es versteht. Das heißt: Durch den Rekurs auf das reziproke Wissen basiert die Inferenz nicht mehr nur auf Präzedenz, sondern auf einer Konvention, auf einer als gemeinsam unterstellten Tradition.

Eine Verhaltensregularität R von Mitgliedern einer Gruppe G, die an einer wiederholt auftretenden Situation S beteiligt sind, ist genau dann eine Konvention, wenn es wahr ist und wenn es in G zum gemeinsamen Wissen gehört, dass bei jedem Auftreten von S unter Mitgliedern von G

(1) jeder R folgt;
(2) jeder von jedem andern erwartet, dass er R folgt;
(3) jeder es vorzieht, R zu folgen, sofern auch die übrigen es tun, weil S ein Koordinationsproblem ist und die allseitige Befolgung von R in S ein koordinatives Gleichgewicht ergibt. (Lewis 1975: 79)

Metamorphosen

Es gibt Spielarten der drei Zeichentypen und es gibt Übergänge zwischen den verschiedenen Typen (Keller 1995: 176), die auch phylogenetisch wichtig sind.
Übergangsbedingungen vom Symptom zum Ikon wären etwa:

- X wird absichtlich erzeugt.
- Es wird vom Verstehenden erkannt, dass X absichtlich erzeugt wurde.

Beispielsweise mag der Ausruf „au" eine kausale Reaktion auf einen plötzlichen Schmerz gewesen sein, also ein Symptom. Wenn ihn jemand absichtlich äußerte und das vom Partner erkannt wurde, konnte er als symbolisches Zeichen verstanden werden. Durch Wiederholung und Verbreitung konnte so daraus das deutsche Wort *au* werden, das durchaus ein Symbol ist, weshalb etwa seine Äquivalente in anderen Sprachen auch anders lauten. Auch in der Realisierung ist oft unbestimmt, ob ein Symptom oder ein Symbol vorliegt. Lachen etwa mag einfach eine Folge von Wohlbefinden sein, es mag aber auch als kommunikativ gedacht sein, um etwas zu verstehen zu geben.

Symptome können zu Symbolen werden, wenn sie konventionalisiert sind.

> In Spanien irgendwo, in einem ganz kleinen Dorf – wo weiß ich nicht mehr – gibt es eine Fischerkneipe und da gibt es Sardinen vom Grill. Wir waren zu viert essen und da hat uns der Wirt vier Plastikteller hingestellt und einen großen Teller mit den Sardinen drauf. Jeder hat sich also mit den Händen die Fische genommen und gegessen. Nachdem der Teller leer war, brachte er den nächsten Teller. Da haben wir uns gefreut, dass noch ein Teller kommt und haben den auch aufgegessen. Und irgendwann kam dann noch ein Teller und wir haben überhaupt nicht gewusst, wie wir jetzt das noch verkraften können. Also drei Teller waren für vier Leute okay, aber danach haben wir echt nicht gewusst: Wie sollten wir dem jetzt klar machen, dass wir einfach total satt waren?

Die Lösung ist ganz einfach: Man muss einfach den letzten Fisch liegen lassen. Dann weiß der Wirt, dass die Gesellschaft satt ist und bringt nichts mehr. Aber solange man aufisst, ist das für ihn ein Zeichen dafür, dass man noch etwas will.
Natürlich ginge das nicht endlos weiter. Ein Ausweg ist in diesem kulturellen Verfahren vorgesehen.
Bemerkenswert an diesem Beispiel ist, dass man gezwungen ist, auf dieses Zeichen einzugehen: Entweder man isst den letzten Fisch oder nicht. Beides hat etwas zu sagen.

Was sind Zeichen?

Die Geschichte der Hieroglyphen und ihrer Entzifferung ist ein Exempel der Zeichenmetamorphose. In der Historie sehen wir, was passiert, wenn man Zeichen nicht deuten kann. Die ägyptischen Obelisken in Rom zeigten ja ständig Hieroglyphen; verstanden hat sie wohl niemand mehr, nur vermutet, es seien wundersame Figuren. Die Sinnvermutung hat diverse Quellen, sie entspringt wohl:

Hieroglyphen?

- der Gebrauchssituation, manifest in den imposanten Steinen,
- der sorgfältigen Ausführung der Figuren,
- der Wiederholung und dem Arrangement der Zeichen.

Wenn es Zeichen waren, dann waren sie doch unverständlich und geheimnisvoll. Daher die Vermutung, dies sei beabsichtigt. Eine ganze Tradition ihrer Verwendung und Deutung: Mythische, okkulte Zeichen und ihre Adaptation in Astrologie und in Esoterik. Wenn wir etwas nicht verstehen, fragen auch wir uns vor alten Überlieferungen: Ist das ikonische Zeichnung oder konventionalisierte Schrift? So wie rechts oben in unserer Eröffnungsgrafik.

Die Hieroglyphen sind ikonisch, hat man lange gedacht und sich die Zähne an ihrer Entzifferung ausgebissen. Den entscheidenden Schritt tat erst Champollion. Er sah, dass Hieroglyphen nicht ikonische, sondern gemischte Zeichen sind. Eine ikonische, aber effiziente Schrift musste sich so erweitern:

Mischzeichen

- Ikonisch sind vorderhand Gegenstände darstellbar. Von daher müssen etwa Verben über Assoziationen und Metaphern dargestellt werden. Ein Auge also für *Auge*, aber auch für *sehen*.
- Vom Dargestellten zur Form des Wortes. Saliente Phoneme des Wortes werden zur Bedeutung des Zeichens. So steht das Bein für /b/, weil das Wort mit b anfing. Deshalb können Hieroglyphen für Phoneme, Phonemkombinationen und Silben stehen.
- In der Verwendung ergibt sich Stilisierung durch Abschleifung und kommunikative Ökonomie in Schreibgewohnheiten.
- Das Gemisch aus ikonisch und phonetisch bringt nicht den vollen Kode, grammatische Phänomene sind nicht darstellbar. Darum wurde der Plural etwa durch drei Striche dargestellt und für feminin gab es ein eigenes, nicht ikonisches Zeichen.

In der Entwicklung der Hieroglyphen zeigt sich die Freiheit der Konventionalisierung: Die Ikone wurden gespiegelt in der Symbolwerdung. Warum wohl?

Anregung

2.2 Was ist Bedeutung?

Allen Zeichenmodellen ist gemeinsam, dass ein Zeichen einerseits eine äußere Form, einen Ausdruck, eine Manifestation habe und andrerseits einen Inhalt, eine Bedeutung. Die Bedeutung ist das Potenzial des Zeichens, in der jeweiligen Realisierung etwas zu verstehen zu geben. Sie ist auch das Potenzial, das uns überhaupt gestattet, in der Verwendung dies oder jenes zu meinen.
Dieses Potenzial entsteht in Kommunikation, ganz entsprechend dem genetischen Modell sprachlicher Zeichen.
Eine Bedeutung ist eine lange Geschichte. Denn der Gebrauch eines Wortes in der Sprache ist eine sehr lange Geschichte. Und um davon wenigstens etwas zu erfassen, braucht es wenigstens eine short story. Nur die pedantische Beschreibung bringt Einsichten in die Sprache und ihren tatsächlichen Gebrauch. Nur die detaillierte Darstellung des Gebrauchs offenbart die konstitutive Rolle eines Wortes für die Kultur und für die Weltansicht.

Language as the product of speech

Die übliche Annahme, dass Wörter eine Bedeutung haben, wird oft überzogen windschief gedeutet.
Letztlich kann es doch in der Phylogenese nicht so gewesen sein, wie Antal es im sprachlichen Alltag sieht.

> If we use the words according to their meaning, the meaning precedes the use of the word, just as the use of language presupposes knowledge of that language. (Antal 1963:51)

Natürlich kommen wir ohne die Bedeutung nicht weit, wir kommen im Gebrauch aber doch über die Bedeutung hinaus. Sonst wären Sprachwandel und Sprachentstehung nicht möglich.
Was immer Sprache auch sei, sie war nicht vor der Kommunikation da. Die Sprache hat mit der Kommunikation angefangen, sich in und mit der Kommunikation entwickelt.
Konventionelle Kommunikation via Bedeutung muss erklärt werden auf der Basis vorkonventioneller Kommunikation. In diesem Sinn sind die Äußerungen primär.

> But, as theorists, we know nothing of human language unless we understand human speech. (Strawson 1971:189)

Ontogenese

Das Gleiche wie für die Phylogenese gilt übrigens für die Ontogenese. Ontogenese ist bestes Beispiel dafür, dass es nicht mit Bedeutungen anfängt. Der Lerner kann seine Kompetenz nur ausbilden in Kommunikation, auf der Grundlage von Äußerungen.

Als Kind lernt man die Reaktionen kennen auf bestimmte Kommunikationsversuche. Ja man lernt sogar, dass etwas als Kommunikationsversuch verstanden wird. Die Reaktionen, die passen, werden individuell als regulär verarbeitet. Da man immer mehr und mit immer mehr Individuen kommuniziert, wächst die Koordinationsbreite der vermuteten Regularität oder des autopoietisch erzeugten Sinns. Muss man anfangs alle Reaktionen als sakrosankt hinnehmen – man lernt ja erst, wie das Ganze geht –, so kann man später schon leichte Abweichungen tolerieren und letztlich sogar ignorieren. Man lernt, sie jeweiligen Individuen zuzuschreiben, ohne am Funktionieren des ganzen Unternehmens zu zweifeln.

Das semantische Wissen eines Individuums wird im Spracherwerb aufgebaut (und wahrscheinlich nie abgeschlossen). Das Individuum muss sein Wissen gewinnen aus Kommunikationen, also aus Untermengen verwendeter Zeichen und aus den entsprechenden Situationen. Das Wissen wird kaum darin bestehen, dass alle Äußerungen und Situationen im Gedächtnis bleiben. Es findet eine Schematisierung oder Verdichtung statt.
Wie dies aussieht, wissen wir nicht.

Die genetische Auffassung der Bedeutung ist verbunden mit der Gebrauchstheorie der Bedeutung. Zentraler Slogan der Gebrauchstheorie ist:
Die Bedeutung eines Wortes ist sein Gebrauch in der Sprache.
Dieser Slogan wehrt bestimmte Auffassungen ab. Er richtet sich gegen die Idee,

Bedeutung als Gebrauch

- es gebe eine sprachfreie Welt, die für Bedeutungen bestimmend sei,
- es gebe ein Reich der Bedeutungen in Unabhängigkeit von den Zeichen,
- es gebe Bedeutungen als identifizierbare Gegenstände,
- es gebe Bedeutungen ohne die Sprecher, die Zeichen verwenden.

Wittgenstein hat den Slogan nicht nur geprägt, sondern auch seinen Geist bestimmt. Er reflektiert nicht auf der sozusagen ontologischen Ebene der Bedeutung, sondern etwas weiter oben über die Möglichkeiten, Bedeutungen zu erfassen und zu beschreiben. Darum heißt es bei ihm:

Die Bedeutung des Wortes ist das, was die Erklärung der Bedeutung erklärt. D.h.: willst du den Gebrauch des Wortes *Bedeutung* verstehen, so sieh nach, was man *Erklärung der Bedeutung* nennt.
(Wittgenstein 1967: 560)

Wittgenstein behandelt in diesem Zusammenhang besonders die Tatsache, dass unser Sprechen von Regeln geleitet sei. Insofern ist eine Variante des Slogans nicht ganz schief:
Die Bedeutung eines Wortes ist die Regel seines Gebrauchs.
Diese Variante verkennt aber, dass Gebrauch im gleichen Sinn vage ist. Der Gebrauch ist einerseits Usus, Gewohnheit, andererseits die tatsächliche Äußerung, das historische Kommunikationsereignis sozusagen.
Damit macht es nicht unbesehen Sinn, den Gebrauch zu verkürzen, von bestimmten Aspekten des Gebrauchs abzusehen und sie in der Betrachtung zu vernachlässigen. Vielmehr ist der Gebrauch dann eigentlich alles, was je mit einem Wort getan oder erreicht wurde. Jede Begrenzung, jede Fokussierung und jede Abgrenzung im Gebrauch und in der Historie eines Worts muss gerechtfertigt werden. Und sie kann eigentlich nur für bestimmte praktische Zwecke gerechtfertigt werden. So möchte man zum Beispiel in einem Wörterbuch eher einen kurzen praktischen Hinweis auf die Verwendung eines Wortes. Oft begnügt man sich mit einem Scheinäquivalent. Unterschiede merkt man im Gebrauch.

Sprache und Welt

Lange Zeit waren Linguisten bestrebt, eine Grenze zu ziehen zwischen dem sogenannten sprachlichen Wissen und dem sachlichen oder enzyklopädischen Wissen (analog: sprachliche Bedeutung und Sachbedeutung). Sensitiv waren besonders die Substantive (möglicherweise auch Verben und Adjektive). Das Bemühen bestand letztlich darin, einen je konstanten Kern als Bedeutung aufzufassen, eine flexiblere Peripherie als Sachwissen.
Die Rechtfertigungen der Unterscheidung gleiten schnell ab: Sie diskutieren Wörter wie *Hund*, *Tiger*, *Löwe* und fragen gleich, welche Eigenschaften der Spezies notwendig zukommen oder wie der Begriff *Löwe* zu definieren, abzugrenzen oder dergleichen sei. Kein Wort mehr von den Wörtern und deren Verwendung. Hinzu kommt schnell noch die Idee, es sei erstrebenswert die Spezies oder den Begriff, das Konzept so zu charakterisieren, dass es von allen andern unterschieden sei. Aber warum so ärmlich?

Tatsächlich ist es eine andere Fragestellung, wie das Wort *gehen* verwendet wird und was bei seiner Verwendung verstanden wird, als was beim Gehen vor sich geht, welche Muskeln und Nerven aktiviert werden usw. Dies heißt aber nicht, dass zum Verstehen nicht Wissen über die Vorgänge (die Welt) gehöre. Was wäre, wenn Experten entdecken würden, dass man zum Gehen die Füße gar nicht braucht? So etwas geht nur über lange, lange Zeit; und da hätte sich gewiss die Bedeutung von *gehen* geändert.
Im übrigen haben Uhren keine Füße.

Was ist Bedeutung?

Die wissenschaftliche Wahrheit ist es nicht, was die Bedeutung ausmacht. Sonst gäbe es keine Bedeutung.
Wenn die Bedeutung der Zeichen das ist, was den Sprechern Kommunikation und Verstehen ermöglicht, dann ist es abstrus anzunehmen, einige Experten kännten die wahre Bedeutung. Das hieße, dass all die anderen sich gar nicht recht verstehen könnten und dass unsere Vorfahren sich über weite Strecken nicht verstanden hätten. Ja, da unsere Kenntnis der Wahrheit bekanntlich nicht sicher oder abgeschlossen ist, könnten wir uns jetzt und in Zukunft nicht verstehen.
Die Elemente der Bedeutung ergeben sich aus den Elementen, die für das Verstehen wichtig, relevant usw. sind. Das sind aber nicht immer die gleichen und nicht einmal ein fester Grundstock.

> Ein Chilene, der nach dem universitären Sprachkurs die Prüfung ablegen sollte, konnte nicht verstehen, warum der Lektor auf seine Hinweise, dass er doch sein amigo sei, nicht reagierte, sondern normal weiterprüfte. Nach Auffassung des Chilenen hätte sein amigo ihn mit leichten Fragen durch die Prüfung lotsen müssen (sonst wäre er kein amigo) oder ihm vorher die Freundschaft kündigen müssen.
> So fühlte er sich verraten.

An Sprache gebunden

Wörterbücher suggerieren uns, es gebe äquivalente Wörter in verschiedenen Sprachen. Das gilt aber nur mit einem groben Körnchen Salz. Wir können zwar den Sinn einer Verwendung mehr oder weniger gut übersetzen. Aber dass zwei Wörter äquivalent seien, erscheint nach der Genese von Bedeutungen absurd.
Mit den Wörtern *Freund, friend, amigo* sind ganz unterschiedliche kulturelle Tatsachen verknüpft. In USA ist man schnell ein friend, in Deutschland hat man mit Freundschaft eine tiefere Beziehung und für sowas wie Amigotum haben wir das Lehnwort.
Überall sollte man sich vor dem Universalismus hüten.
So ist es üblich, Gefühle als universal anzusehen, stillschweigend. Das weithin übliche psychologische Supervokabular setzt die Universalien einfach voraus. Denn nur so kann von Identität über Kulturen und Sprachen hinweg die Rede sein. Die Interdependenz von Individuen und Geschichte, von Individuum und Kultur wird in solchen Ansätzen ignoriert.
Die Annahme, Ausdruck und physiologische Reaktionen bei Gefühlen seien weitgehend genetisch bestimmt, wird auf Darwin zurückgeführt. Danach kann man bei Affen und Menschen etwa ähnliche Gesichtsausdrücke in bestimmten Situationen erkennen. Aber wir erkennen nur Parallelen im Ausdruck und ein bisschen im Verhalten. Von da schließen wir aufs Erleben. Welche Kriterien könnte es geben, dass Tiere solche Gefühle haben?

Universelles?

Das gültige Kriterium ist eines der Kommunikation.
Universell orientierte Untersuchungen beginnen etwa mit einer englischen Auswahl *joy, sadness, fear, anger* und dann wird übersetzt. Wenn ich einen Japaner befragen will nach seinen emotionalen Erlebnissen, muss ich ihn auf Japanisch fragen. Wenn es aber keine Ausdrücke mit gleicher Bedeutung gibt, und die gibt es natürlich nicht, was bekomme ich dann?
Interkulturell verstehendes Vorgehen setzt eine Analyse der Kultur und der Sprache voraus.
Halbherzig erscheint uns die Vorstellung, „dass Sprache und Kultur etc. die Bewertung von Emotionen determinieren" (Schmidt-Atzert 1980: 48), sodass die Bewertungen umso unterschiedlicher ausfielen, je unterschiedlicher die Kulturen sind. Nein, die Gefühle selbst sind verschieden. So ist schon die Begründungsidee verdächtig. Sie klingt ja so, als sei Kultur irgendwie etwas, das seine Ausformungen z.B. bei den Gefühlen bestimme. Eine Kultur besteht aber genau aus diesen Dingen, etwa welche Gefühle etabliert sind und wie sie beschaffen sind.
Wie steht es mit der Trauer in Indien, falls es so etwas gibt, im Unterschied zu Deutschland oder Europa? Nur wenn man schon das Gemeinsame als Trauer voraussetzt, kann man so reden. „Natürlich haben die anderen Menschen die gleichen Gefühle wie wir." Nur: Wir sind es, die das annehmen. Es ist ein Aspekt der Rolle von Gefühlen bei uns, ein Aspekt der Bedeutung von *Gefühl*.

Nuancen

> Ich hoffe, es wird dem deutschen Wörterbuch gelingen, durch eine Reihe ausgewählter Belege darzutun, welcher Sinn in dem Wort eingeschlossen ist, wie er immer verschieden hervorbricht, anders gerichtet, anders beleuchtet, aber nie völlig erschöpft wird: der volle Gehalt lässt sich durch keine Definition erklären. (Grimm 1847/ 1953:811)

Die Verwendungen eines Wortes sind einander ähnlich, familienähnlich wie Wittgenstein es nannte. Die Frage, ob allen Verwendungen etwas gemeinsam sei, kann nur dadurch beantwortet werden, dass man zeigt, was jeweils.
Aber warum soll das allen Gemeinsame gerade so interessant sein? Sind die Einzelheiten, die vielen Details und Nuancen nicht viel interessanter?
Für das Erlernen der Bedeutung scheint ein Gemeinsames wichtig, weil wir die Fähigkeit haben, manchmal aus dem Gemeinsamen auf die Nuancen zu kommen. Weil wir die Fähigkeit haben, aus dem Gemeinsamen die feinen Nuancen zu erschließen. Beim Lernen bekommen wir erst einmal irgendeine Verwendung, und wir müssen aus der erstbesten Verwendung schon ein Gemeinsames setzen; nicht gleich das Gemeinsame.

Was ist Bedeutung?

Die Offenheit und Vagheit der Bedeutung zeigt sich in mehrerlei Hinsicht.
Zuerst einmal gibt es kontextgebundene Wörter, deren Sinn kontextuell stark variiert. Hierzu gehören alle Pronomen:

Vagheit

(1) Er war interkulturell sehr erfolgreich.

Kontextlos denkt man hier, mit dem Pronomen *er* sei wohl ein männliches, menschliches Wesen gemeint. Im Kontext mag das aber so aussehen:

(2) Das ist der erste Roman dieser Art. Er war interkulturell sehr erfolgreich.
(3) Dieser Fisch wird erst seit einiger Zeit gezüchtet. Er war interkulturell sehr erfolgreich.
(4) Unser Freund schrieb seinen ersten Roman. Er war interkulturell sehr erfolgreich.

Diese Varianz gehört zur Bedeutung des Pronomens. Wir haben selten Probleme damit. Es sei denn, der Bezug ist nicht so ganz klar, wie es in (4) der Fall ist.

Eine andere Art der Offenheit liegt in der Genese der Wortbedeutung. Nicht alle Sprecher einer Sprache sind mit den selben Verwendungen vertraut. Darum kann die volle Bedeutung von Sprecher zu Sprecher, von Gruppe zu Gruppe variieren. Gewöhnlich funktioniert die Kommunikation trotzdem, weil es vielleicht einen gemeinsamen Kern gibt und die Verstehenskriterien nicht so anspruchsvoll und scharf sind.
Ein Beispiel bietet das Verb *lügen*. So ziemlich alle Sprecher des Deutschen scheinen sich darin einig, dass, wer lügt, etwas sagt, das nicht stimmt. Für Kinder erschöpft sich die Bedeutung darin. Sie zeihen Erwachsene der Lüge, wenn irgendwas Gesagtes nicht eingetroffen ist. So werden es vielleicht auch manche Erwachsene sehen.
Ein entscheidender Zusatz wäre aber, dass der Sprecher auch nicht geglaubt hat, was er gesagt hat. Die klassische Lügendefinition: eines auf der Zunge, ein anderes im Herzen. In kritischen Fällen kann es aber zu Konflikten zwischen beiden Kriterien kommen. Es könnte sich herausstellen, dass stimmt, womit einer gelogen hat. Er hat fälschlich geglaubt, es stimme nicht. Ist das Lüge?
Oder der Sprecher glaubt nicht, was er sagt, und es stimmt auch nicht, er geht aber davon aus, dass der Partner ihm nicht glaubt, was er sagt. Der glaubt ihm aber. Ist das Lüge?
Ist die Bedeutung nicht so plastisch, dass sie all diese Verwendungen unterstützt?

Was ist eine Familie?

Offenheit und Vagheit können wir demonstrieren an dem Wort *Familie*. In einem dickeren Wörterbuch wird der Eindruck erweckt, als sei das Wort mehrdeutig:

1. Gemeinschaft der Eltern und ihrer Kinder
2. Gruppe aller miteinander verwandten Personen

Zum ersten Punkt erkennen wir mit wenig Überlegung, dass es hier Probleme gibt:

- Was ist, wenn keine Kinder da sind?
- Geht es nur um blutsverwandte Kinder?
- Was sind Eltern? Ein gleichgeschlechtliches Paar?

Beim zweiten Punkt haben wir ähnliche Probleme. Sie stören aber die Kommunikation in der Regel nicht. Geht es zum Beispiel um ein Familientreffen, so denken wir vielleicht eher an den Fall 2. Aber wir würden auch den Fall 1 akzeptieren. Es sind also nicht zwei Bedeutungen, und ob 1 oder 2 gemeint ist, kann uns schlicht egal sein. Wenn es relevant wird, kommen wir schon drauf – oder auch nicht.
Und wer ist der Familienvorstand? Oder was ist Familienbesitz?

Spektakulär sind Fälle, in denen der Sinn kippt, wo wir sagen, ein Wort sei mehrdeutig. Kippen ist zu verstehen als Aspektwechsel, wie Wittgenstein ihn am Hasen-Enten-Kopf demonstrierte: Eine ruhende Ente auf dem Rücken oder ein sitzender Hase?

Solcherlei Kippen gibt es lexikalisch, syntaktisch und textuell:

(5) Kauf dir ein neues Schloss.
(6) Ich schreib das Wort rot.
(7) Auch du auch du auch du
    wirst langsam eingehn
    an lohnstreifen und lügen
    reich, stark erniedrigt (Enzensberger)

Vagheit ist Stärke

Stellt man sich die Bedeutung eines Worts als seinen semantischen Hof vor, in dem sich Züge, Kriterien, also andere Ausdrücke, mehr oder weniger eng um den Kern herum lagern, so wird einerseits erklärbar, wieso verschiedene Tiefen des Verstehens möglich sind und wieso bei der Vagheit der Wörter nicht ständig Missverständnisse auftreten.
Je nach dem Zustand des gemeinsamen Wissens werden verschiedene Sprecher bestimmte Regionen des Hofes aktivieren, und entsprechend tief wird ihr Verständnis sein.

Was ist Bedeutung? 43

Wir halten unsere Kriterien des Verstehens entsprechend flexibel. Bei einem Partner, der nur allgemeines Wissen mit uns gemeinsam hat, erwarten wir nur normale Verstehenstiefe. Die Vagheit der Bedeutung wird oft kritisch als Unzulänglichkeit der Sprache gebrandmarkt. Aber Vagheit ist eine der Stärken unserer Sprache:

- Vagheit ist eine notwendige Konsequenz der Bedeutungsgenese.
- Vagheit ist Grundlage für die flexible Zuschreibung von Sinn.
- Vagheit ist die Basis dafür, dass Neues gesagt werden kann.
- Vagheit ist Voraussetzung für Adaptation und den Wandel der Sprache.

Um zu verstehen, muss einem etwas einfallen und vielleicht etwas auffallen. Das kommt aus dem semantischen Hof. Man kann ihn partiell erfassen über die assoziative Bedeutung, die allerdings in der Linguistik und der Sprachphilosophie nicht recht ästimiert wird. Die assoziative Bedeutung beruhe nicht auf einer allgemeinen Regularität. Insofern sie nicht regulär sei, sei sie eher subjektiv. Zum Beispiel könne man gegenüber einem Sprecher die entsprechenden Komponenten des Gesagten nicht einklagen.

Assoziative Bedeutung

Aber erstens sind Assoziationen durchaus nicht subjektiv. Es wurden sogar entsprechende Normbücher erarbeitet (Postman / Keppel 1970). Und zweitens ist doch die Frage, welche semantischen Regularitäten überhaupt regulär sind in dem Sinn, dass sie für alle Sprecher und immer gelten. Hier wird nur an eine fiktive sprachliche Homogenität appelliert (von der wir natürlich alle überzeugt sein müssen). Im übrigen scheint es nur ein kultureller Usus, dass intrinsische Bedeutungszüge einklagbar seien. Man kann sich durchaus vorstellen, dass in einer Kultur assoziative Verbindungen verbindlicher wären als inferenzielle. Um eine solche Kultur zu finden, brauchen wir nicht weit zu gehen.

> Unterwegs in Ghana hört man auf Schritt und Tritt Musik – meist sogenannte high-life-music. Mir gefiel diese Musik sehr gut; ich empfand sie leicht und beschwingt, recht warm, lebensfroh und spielerisch. In Gesprächen mit afrikanischen Freunden versuchte ich, meine Wahrnehmung in Worte zu fassen, und ich beschrieb diese Musik als akustische Sonne – ein Bild, das europäische Bekannte als eine treffende Metapher bezeichnet hatten. Die Ghanaer hingegen schwiegen zu meinem mit Begeisterung vorgetragenen Vergleich, bis mich einer fragte: „Warum findest du, dass diese Musik wie Sonne ist? Die Sonne ist doch hart und unbarmherzig, sie verbrennt und zerstört das Leben – man muss sich vor ihr schützen! Unsere Musik ist ganz anders!"

Sprechen und Verstehen

Assos interkulturell Untersuchungen der assoziativen Bedeutung gibt es für verschiedene Sprachen. Es wurden auch schon interkulturelle Unterschiede ermittelt (Szalay / Deese 1978). Ergebnisse werden normalerweise in Listen gegeben, man kann sie auch graphisch darstellen. So zeigen sich wichtige Unterschiede bei vordergründig äquivalenten Wörtern.

Tatsächlich taugt die assoziative Methode, um kulturelle Unterschiede ans Tageslicht zu bringen. Dies zeigen die folgenden Sterne nach Daten von Szalay / Deese 1973 eindrucksvoll.

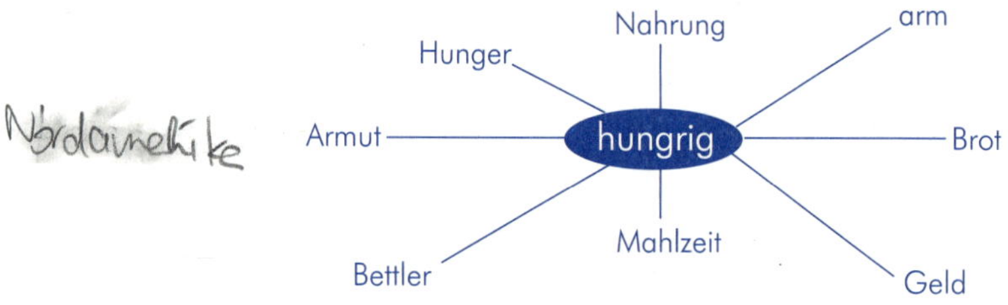

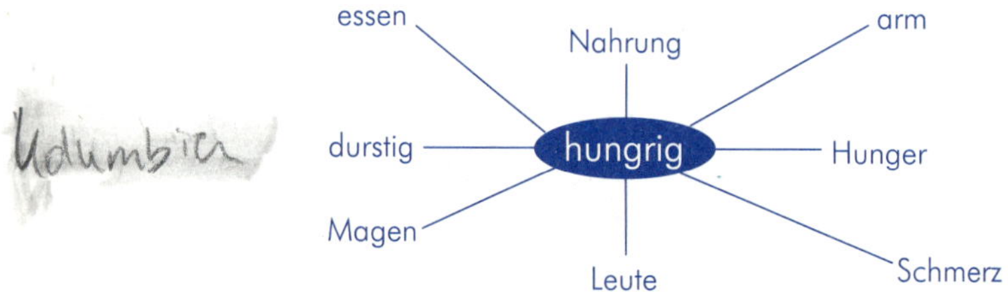

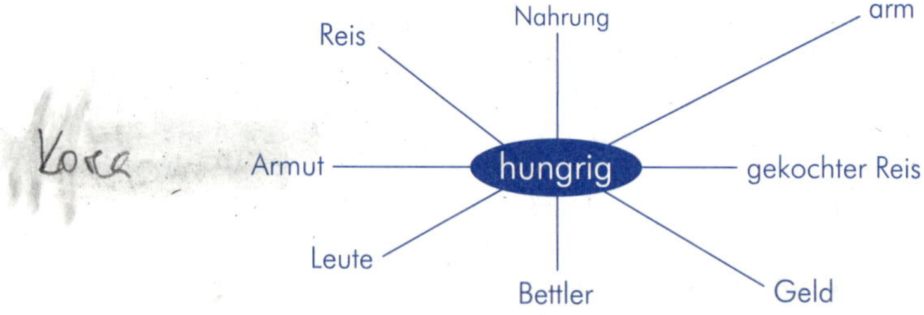

Die Sterne zeigen, welche Assoziationen überhaupt frequent und wichtig sind. Je näher ein Satellit beim Kern steht, umso schneller und häufiger wurde er assoziiert, umso mehr — können wir annehmen — hat er mit der Bedeutung des Wortes zu tun. Einige Assoziationen kommen in allen Sternen vor, sind aber unterschiedlich nah. Andere sind ganz spezifisch und sagen recht viel über die Kultur, über unterschiedliche Speisen und wohl auch über den Hunger in dem Land.

Ein Problem hierbei ist natürlich, dass alles übersetzt ist. Was eigentlich assoziiert wurde, verschließt sich uns. Aber die Bedeutung der jeweiligen Stimuli sind natürlich nicht Lexikon-Äquivalenzen. Die jeweilige Bedeutung zeigt sich gerade in den Assoziationen.

Ausdeutung

Wir müssen uns darüber im Klaren bleiben:

- Es gibt keine einheitliche Auffassung darüber, was eine Bedeutung ist.
- Es gibt keine Einigkeit darüber, was die Bedeutung irgendeines Wortes ist.
- Es gibt keine Klarheit darüber, wie die semantische Darstellung eines Wortes aussehen sollte oder gar aussieht.
- Es gibt keine Methoden, die uns verlässlich die Bedeutung eines Worts gewinnen ließen.

Fazit

Die drei Sterne zu „hungrig" wurden erhoben in Korea, Kolumbien und Nordamerika.
Überlegen Sie, welchen Stern würden Sie welcher Kultur zuordnen, und besonders, an welchen Indizien Sie das festmachen.
Es ist auch immer wichtig, Ihre Folgerungen auszuformulieren.

Anregung

2.3 Was heißt Verstehen?

Verstehen ist primär

Zur sprachlichen Verständigung gehören bekanntlich wenigstens zwei: ein Sprecher und mindestens ein Hörer. Der Sprecher will etwas sagen, der Hörer will verstehen, was der Sprecher sagt. (Dies sind nicht-sexus-sensitive Rollenbeschreibungen.)
Typisch ist auch, dass diese Gesprächsrollen wechseln können. Wer jetzt Sprecher ist, kann gleich darauf Hörer sein und umgekehrt. Als Sprachteilhaber haben wir darum beides gelernt: Wir können Äußerungen, Sätze, Texte produzieren, und wir können sie verstehen oder rezipieren.
Verstehen erscheint uns natürlicher und unproblematischer, weil wir beim Verstehen selten Mühe haben. Es stellt sich eben ein – oder auch nicht. Verstehen ist so leicht, dass wir es sogar unseren Hunden unterstellen. Wieso halten wir trotzdem die Ansicht für normal, dass es beim Spracherwerb besonders darum gehe, sprechen zu lernen, also die aktive Kompetenz zu entwickeln?

Anregung

> Wie ist das Verhältnis bei Ihnen? Was glauben Sie, wie viel mehr deutsche Wörter Sie verstehen, als Sie verwenden? Verstehen Sie das Wort *Hain*? Und verwenden Sie es auch?

Sprache lernen fängt mit dem Verstehen an, weil wir als Kind beim Spracherwerb erst einmal – zumindest ungefähr – verstehen müssen, was andere sagen. Ein Kind lernt die Sätze von den Erwachsenen, darum muss es sie zuerst verstehen – um es einmal angemessen zweideutig zu sagen.

Verstehensbegriffe

Was ist unter Verstehen zu verstehen? Taugt der Begriff als Terminus einer wissenschaftlichen Theorie? Ist er nicht allzu vielschichtig und mit allerlei theoretischen Reflexionen imprägniert? Hier einige gängige Verwendungsweisen des Wortes *verstehen*:

- verstehen, was jemand meint (seine Intentionen erkennen),
- einen Text verstehen (seinen Sinn erfassen),
- einen Satz verstehen (seine Bedeutung verstehen),
- ein Wort verstehen (wissen, was es heißt),
- eine Sprache verstehen (sie können),
- eine Handlung verstehen,
- eine (z.B. eine physikalische) Theorie verstehen,
- ein Phänomen verstehen (seine Ursachen kennen),
- einen Menschen verstehen (Verständnis für ihn haben).

Zentral erscheint der erste Aspekt, insofern er den eigentlichen Sinn menschlicher Verständigung charakterisiert und insofern er jeder Entwicklung anderer Verstehensfähigkeiten vorangeht.

Intentionen erfassen muss logisch unabhängig sein von konventionellen Zeichen. Man kann ja bekanntlich verstehen, was jemand meint, ohne dass man seine Worte genau versteht. Nur darum ist die Phylogenese der menschlichen Sprache möglich. Die Deutung geht über die Bedeutung hinaus.

Für den Verstehenden ist das entscheidende Kriterium, zu verstehen, was der Autor, sein Partner, gemeint hat. Verstehen ist kein frei schwebendes Ratespiel mit Texten, wo es etwa darum geht, schöne Deutungen zu finden. Verstehen ist Teil der Kommunikation, und da geht es immer darum, den andern zu verstehen.
Aber wie kann man die Intention des Partners denn herausbekommen? Nur durch Kommunikation und Verstehen. So ist die Intention also kein Kriterium, kein Maßstab für das Verstehen? Natürlich nicht. Wer Verstehen notwendig versteht als Verstehen, was der Partner gemeint hat, der erhebt einen kommunikativen Anspruch für sich. Er verweist nicht auf ein Kriterium außerhalb der Kommunikation.

Verstehen, was gemeint ist

Verstehen, was der Partner gemeint hat, setzt dem Verstehen auch eine sinnvolle Grenze. Sicher kann ich gute Intuitionen darüber haben, warum jemand dies oder jenes sagt. Ich kann sozusagen seinen Motiven nachgehen, seiner Lebensgeschichte gar und damit den Partner vielleicht besser verstehen. Aber verstehe ich so auch besser, was er gemeint hat? Möglich ist das. Und da gehört es eben zum Verstehen dazu. Aber etwas verstehen, was der Partner gar nicht gemeint hat, setzt einen wesentlich anderen, nämlich einen nicht kommunikativen Verstehensbegriff voraus. Er scheint oft eine Rolle zu spielen beim Interesse an der Körpersprache, die uns dann etwas verraten soll, was der Sprecher nicht kundtun wollte. Ist das Kommunikation?

Wenn wir verstanden haben, bleibt immer die Frage, was wir verstanden haben. Gibt es dafür ein Kriterium, ein Kriterium des guten, des richtigen Verstehens?

Ein Kriterium des Verstehens?

Jeder Text lässt eine unbestimmte Zahl von Verständnissen zu. Explikationen solcher Verständnisse sind selbst wieder Texte, die zwar methodische Vorteile bieten, da sie weiteren Untersuchungen zugänglich sind. Aber letztlich sind all die einzelnen Verständnisse nicht explizierbar, weil sich jede Explikation selbst wieder der Urfrage gegenübersieht: Wie wird sie verstanden?

Hermeneutische Überlegungen haben auch ausgesprochen, wodurch die unterschiedlichen Verständnisse zustande kommen: Ein Text, ein Zeichen ist ja kein Objektivgebilde, kein Zeichen für sich, sondern Zeichen und verständlich immer nur für bestimmte Individuen.

Der Verstehenshorizont ist Grundlage des Verstehens. Und dieser Verstehenshorizont ist natürlich gerade das, was neuere linguistische Theorien explizieren wollen. Sie gehen zwar meistens nicht so weit, die regelhafte Homogenität des Zeichens aufzulösen, aber sie zeigen doch, wie sich die Welt im Kopf der Kommunikationspartner auf das jeweilige Verständnis auswirkt.

Zur Beurteilung dessen, was wir überhaupt verstehen, gibt es kein vorgängiges allgemeines Kriterium, das zu bewerten gestattet, ob ein Verständnis gut oder schlecht, falsch oder richtig ist. Alles bleibt eigentlich in der Schwebe. Ein gutes – wenn auch nicht letztes – Kriterium des Verstehens ist, dass Sie mit einem Verständnis zufrieden sind, dass es für Sie passt, dass es keine weiteren Probleme aufwirft.

Was wir tun können

Natürlich ist es richtig, dass Hörer je nach Wissen und Erkennen der Situation einen Text unterschiedlich verstehen. Das ist ja gerade, was das hermeneutische Grundprinzip besagt. Aber daraus folgt nicht, dass sie dies alles aktiv oder gar bewusst tun. Und dass wir als Hörer jeweils das notwendige Glaubwissen schaffen, ist fern jeder vernünftigen Überlegung.

Stehendes, episodisches wie laufendes Wissen sind sozusagen der Boden, auf den der Textsamen fällt. Wenn ich bestimmte scripts oder frames kenne, so werden sie sich automatisch abspielen in meinem Verstehen. Natürlich kann es sein, dass ich Alternativen aus dem gemeinsamen Wissen durchnehme und das sich daraus ergebende Verständnis gegen ein anderes abwäge, dass ich sozusagen hypothetisch verschiedene Möglichkeiten des Verständnisses durchspiele. Aber das geschieht, wenn ich rekonstruiere, wenn ich zweifle, wenn ich unsicher bin, also gerade dann, wenn sich mir kein befriedigendes Verständnis einstellt. Dann interpretiere ich. Es ist zum Beispiel die Tätigkeit, die ich als Linguist dauernd pflege und von deren Art jede theoretische Behandlung von Textbedeutungen sein sollte.

Aber ein Hörerleser, der dies ständig täte, wäre ein armer psychopathischer Tropf.

Vergessen wir nicht: Ziel des Interpretierens ist ein Verständnis, und auch dieses Verständnis wird sich einstellen. So wie ich möglicherweise durch Handeln die Bedingungen dafür herstellen kann, dass ich mich wohl fühle, so kann ich handeln, um bessere Bedingungen für mein Verstehen herzustellen. Dies kann zur Folge haben, dass sich ein besseres Verständnis einstellt. Nur, ob und welches weiß vorher niemand.

Was heißt Verstehen?

Wir sollten dabei bleiben, dass jeweils das Verstehen viel direkter ist, ohne Reflexion passiert. Und man muss wohl davon ausgehen, dass es Verstehen gibt, das der Verstehende so nicht explizieren kann, ja das so gar nicht explizierbar ist. Vielleicht liegt da eine gewisse Grenze des Verstehens, weil wir dieses Verstehen doch als ganz subjektiv ansehen.
In dieser Sache wähnen wir auch Wittgenstein auf unsrer Seite, dem es ja zuerst einmal darum ging, was Verstehen nicht ist. Und da waren seine beiden wesentlichen Einsichten:
Verstehen ist kein Interpretieren als ..., und es ist kein psychischer Prozess.
Kein Interpretieren als ... ist das Verstehen, weil man beim Verstehen nicht etwa einen Satz entschlüsseln muss, sozusagen einen andern an seine Stelle setzen muss. Bedürfte jeder Satz in diesem Sinn einer Interpretation, so könnte kein Satz direkt, ohne einen Zusatz verstanden werden. Aber das ist absurd.
Die Auffassung des Verstehens als psychischem Prozess ist irreführend. Fragt man etwa naiv nach den Kennzeichen dieses Vorgangs, so findet man eben die wesentlichen Kennzeichen eines Vorgangs nicht, und man schließt, „dass das Wesentliche des Vorgangs etwas bisher Unentdecktes, schwer Erfassbares" sein müsse. Man kommt auf das Okkulte des Verstehens, in Wittgensteins Verständnis eine typische philosophische Verhexung unseres Verstands.

Wenn Verstehen entscheidendes Kriterium menschlicher Kommunikation ist, dann wäre es erstaunlich, wenn es nicht kommunikativ behandelt und verhandelt würde. Kommunikation führt ja nicht mit einem Schlag zum Erfolg. Und darum ist auch die Sache mit den einseitigen Überlegungen nicht zu Ende. Verstehen verbessert sich im Verlauf der Kommunikation und wir versuchen Nicht-Verstehen auszuräumen, wenn wir uns dessen überhaupt bewusst werden.

So sind die Beispiele der kommunikativen Verstehensarbeit Legion. Im dynamischen Prozess verwenden wir Methoden, um das Verständnis zu verbessern. Dies gilt vor allem im Gespräch mit Nicht-Muttersprachlern. Solche Methoden sind:

- Hervorheben der relevanten Elemente
- Wiederholungen
- Reformulierungen
- Formulierungsvorschläge
- Verstehensabsichernde Nachfragen („Verstehen Sie?")
- Übersetzungen
- Rückgriffe auf die Muttersprache

Verstehen ist unmittelbar

Am Verständnis arbeiten

Muttersprachliche Sprecherin: Angela (A),
nicht-muttersprachliche Sprecherin: Frau S. (S)

```
01  S:  caffè?
    A:  ja bitte. das ist ja wirklich sehr schön hier
03      auf dem balkon.
    S:  balkon, ja.
05  A:  sie haben ja früher woanders gewohnt, oder?
        also ich meine eine andere wohnung,
07      in der sie gewohnt haben, früher als sie noch
        nicht hier waren. verstehen sie?
09  S:  nicht hier.
    A:  ja, also jetzt wohnen sie hier und vorher
11      haben sie in einer anderen straße gewohnt,
        woanders, verstehen sie?
13  S:  anderes ja, ahornestraße, andere seite
    A:  wie heißt die straße? verstehen sie? den namen
15      von der straße.
        also jetzt hier das ist die eschenhofstraße
17      und die andere straße wie heißt die?
    S:  anderes ahornestraße
19  A:  wie?
    S:  ahornestra-
21  A:  ach ahorner straße, ja das ist ja gleich dort
        drüben, und gefällt es ihnen hier gut? äh,
23      wohnen sie hier gerne.
        es ist ja eine sehr schöne wohnung, verstehen
25      sie?
    S:  ja wohnung gut, balkon gut, kinder au, kinder.
27  A:  ja die daniela kommt jetzt dann bestimmt
        gleich wieder und ihr sohn, wo ist der? ihr
29      sohn ist in der arbeit oder?
    S:  ja, sohn arbeit, äh spät kommt.
```

Anregung

> Dies ist ein Beispiel interkultureller Kommunikation.
> Erkennen Sie Methoden der kommunikativen Verstehensarbeit
> in dem Transkript?

3 Was ist Konversation?

Konversation klingt recht gehoben. Es ist ein Terminus der con-versation analysis, die Alltagsdialoge oder Gespräche analysiert. Ihre wichtigsten Gesichtspunkte sind:

- Die Analyse geht über den Satz hinaus.
- Sprache wird im Gebrauch, in der sozialen Praxis untersucht.
- Alle Aspekte werden beachtet ohne methodische Einschränkung.

Ansätze zur Analyse längerer Gesprächsfolgen finden sich auch in der Gesprächsforschung, in der Dialoganalyse, der Diskursanalyse, der Sprechakttheorie und der Textlinguistik. Alle diese Theorien nähren sich aus verschiedenen Traditionen und verfolgen verschiedene methodische Ansätze. Empirische Grundlage sind jedoch meist authentische Gespräche, face-to-face-Interaktion.

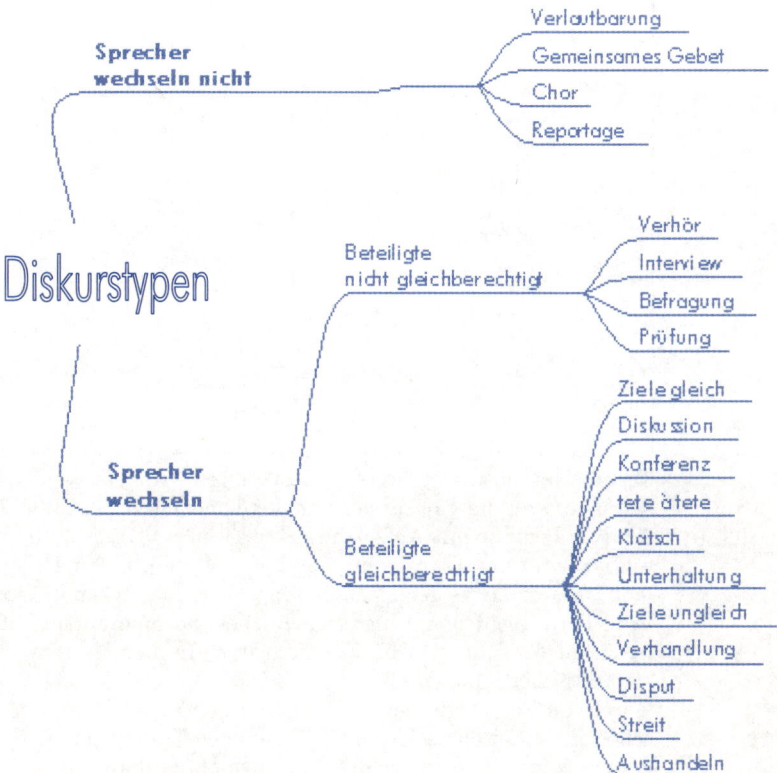

3.1 Gesprächsanalyse

Dies ist die Transkription eines einfachen Gesprächs. Strukturelle Merkmale sind nicht berücksichtigt. Allerdings sind ein paar Fragezeichen eingefügt.

> guten morgen morgen johanna hast du gut geschlafen? o ja es ging mit tablette oder ohne? ohne ohne hast du nämlich vergessen gell? ja du bräuchst nämlich gar keine ich glaub meine uhr is stehen geblieben können wir hier mal n bissel anmachen? das können wir nicht nein geht die richtig deine küchenuhr? die geht wohl richtig vielleicht drei minuten vor wohin hat der papa geschrieben? ach nach berlin so also noch einmal hör mal soll ich ... nich holen? okay so ... notwendig eigentlich hätt ich ... dir schmeckts heut nich so gut hier mach auf danke is ja wieder blöd mit m wetter ich muss laufen na gottseidank is viel gesünder

Strukturierte Darstellung

AAA	BBB
guten morgen	morgen johanna
	hast du gut geschlafen?
o ja es ging	mit tablette oder ohne?
ohne	ohne hast du nämlich vergessen gell?
ja	
	du bräuchst nämlich gar keine
ich glaub meine uhr is stehen geblieben	
können wir hier mal n bissel anmachen?	das können wir nicht nein
geht die richtig deine küchenuhr?	die geht wohl richtig vielleicht drei minuten vor
wohin hat der papa geschrieben?	ach nach berlin so also noch einmal
GERÄUSCHE WIE VON KOHLENSCHAUFELN	hör mal soll ich ... nich holen?
okay	so

Technische Voraussetzung für die akribische Analyse von Konversationen war die Konservierung der ephemeren Gespräche. Die Analyse beginnt mit Aufzeichnungen, Ton- und Videoaufnahmen und arbeitet mit Transkriptionen dieser Daten. Unser Beispieldialog ist zwar etwas geglättet, er zeigt aber, dass schon die sprachliche Form nicht den schriftsprachlichen Normen entspricht. Die Spontaneität führt zu Abbrüchen, grammatischen Umschwüngen, syntaktischen Anomalien.

Durch die Verschriftlichung gehen die phonetischen und prosodischen Eigenheiten verloren. In akribischen Transkripten versucht man möglichst viel dieser Erscheinungen festzuhalten.

Gesprächsanalyse

Durch ihre Zielsetzung, tatsächliche Gespräche zu untersuchen und damit primäre Daten der sozialen Welt zu gewinnen, konzentierte sich die Analyse auf das Vorkommende. Das Regelhafte stand erst an zweiter Stelle; es sollte ja das Ergebnis der Untersuchungen sein. Und das Theoretische, die Zusammenschau sollte erst ganz am Ende stehen.

Von daher erstaunt es auch nicht, dass Forscher anderer Traditionen den Konversationsanalytikern immer wieder vorwarfen, sie seien nicht explizit genug hinsichtlich ihrer Termini und theoretischen Grundlagen. Und überhaupt laufe das Ganze nicht auf eine stringente Theorie hinaus.

Dem können Konversationsanalytiker zu Recht entgegenhalten, die Theoretiker seien so beschäftigt damit, voreilig Regularitäten zu formulieren – die sie meist durch Introspektion gewinnen –, dass sie die Realität nicht kennen. Empirische Forschung verlangt aber empirische Daten als Grundlage und als produktiven Ausgangspunkt. Nur so kann Neues in den Blick kommen.

Grundeinheit der Konversationsanalyse ist der turn oder der Gesprächsbeitrag, eine neue linguistische Einheit.

Der turn

Obwohl ein Gespräch natürlich aus Sprechakten besteht, untersucht die Konversationsanalyse nicht Sprechakte als reguläre Muster im Sinn der Sprechakttheorie und ebensowenig einfach Äußerungen im weitesten Sinn. Im Fokus steht der reale Verlauf. Von einer theoretisch abgesicherten sprechhandlungstheoretischen Verlaufsanalyse wäre ja zu fordern, dass jeder in der Beschreibung verwendete Ausdruck für eine sprachliche Handlung durch eine vollständige Charakterisierung des betreffenden Sprechakts abgesichert ist und dass darüber hinaus der Sprechakt selbst in einer Systematik lokalisiert ist.

> The reason that conversations do not have an inner structure in the sense that speech acts do is not (as is sometimes claimed) because conversations involve two or more people, but because conversations as such lack a particular purpose or point. Each illocutionary act has an illocutionary point, and it is in virtue of that point that it is an act of that type.
> (Searle 1992: 20)

Und dennoch haben Gespräche eine eigene innere Struktur, wie die weiteren Forschungen zeigen. Ein turn ist weder identisch mit einem Satz noch einer Äußerung noch mit einem Sprechakt.

Ein turn findet sich im Gegensatz zu einem Satz oder einem Sprechakt als ein reales Segment, als eine reale Äußerung in einem realen Gespräch. Er beginnt mit dem Einsatz eines Sprechers, endet, wenn der aufhört, in der Regel, wenn ein anderer Sprecher anfängt.
Irgendwann hört ein Sprecher immer auf, ein anderer beginnt. Das klingt also eher willkürlich und trivial – und scheint es auch zu sein. In dem Gründungsaufsatz (Sacks / Schegloff / Jefferson 1974: 701) heißt es noch lapidar: „Turn size is not fixed, but varies." Das stimmt, gibt aber keine Antwort auf die Frage nach einer regulären Bestimmung des turns. Diese Frage war denn auch ein erster Forschungsschwerpunkt für das Verständnis des Gesprächsmanagements. Wie kommt es, dass Sprecher im Gespräch bei aller Unbestimmtheit normalerweise geordnete Übergaben und Wechsel bewerkstelligen? Sollte das nicht doch irgendwie geregelt sein?
Die Antwort gibt die Theorie des sog. turn taking. Sie erweist die lineare Struktur des Gesprächs als ein gegliedertes und organisiertes, auf Koordination basiertes System.

TRPs

Als Voraussetzung für einen möglichen Sprecherwechsel werden Übergangspunkte, sog. transition relevant places (TRPs) gesehen. An solchen Stellen ist prinzipiell ein glatter Wechsel möglich. TRPs markieren also potenzielle turn-Wechsel, ein Wechsel muss aber nicht stattfinden.
Traditionell sind erst einmal naheliegende TRPs:

- Satzeinschnitte
- Phraseneinschnitte
- semantische Kriterien: Vollständigkeit des Sprechakts, Vollständigkeit der Proposition, Valenzframes-Abschlüsse, Rhema als thematischer Abschluss

In neuerer Zeit sind besonders Intonationsmerkmale untersucht worden (Senken der Stimme).
Andere paraverbale Mittel sind Zögern, Pausen.
Hinzu kommen nonverbale Mittel: Haltung (Hinwendung), Gestik, Mimik, vor allem der Blick.

Der Sprecherwechsel ist ein Koordinationsproblem. Die Sprecher selbst regeln den Sprecherwechsel aktiv. Sie halten sich dabei weitgehend an das Kooperationsprinzip.
Für die Beteiligten geht es darum, wie der Dialog aufrecht erhalten und weitergeführt wird, wie man mit den Themen umgeht, wie man in einen Dialog hineinkommt und wen man wie hineinlässt.

Man unterscheidet:

1. **Fremdwahl**: A gibt den turn frei, sie signalisiert dem B diesen Wunsch an einem TRP:

- Mit Stimme und Intonation
    - Dehnung eines Vokals oder eines Schwa
    - Glottisschlag
    - pitch
    - abnehmende Lautstärke
    - stereotype tags (Interjektionen, Partikel, Wendungen: *nicht wahr, ne, nicht, ja*)
- Mit Gestik, Mimik
    - Abbruch des Blickkontakts
    - Blick
    - hinweisende Gesten
- Konventionell
    - Ende des Erstglieds eines adjacency pairs
    - Inhaltlicher Abschluss

2. **Selbstwahl**: An einem TRP steigt ein neuer Sprecher ein.

- Einklinken (*ja aber, na gut, ach ja, ja*)
- Selbstkorrektur

3. **turn-Behauptung**

- Schneller sprechen

Wichtig wird öfter auch als inhaltliches Kriterium die Frage, ob ein Topik als abgeschlossen gesehen wird.

Gewisse Hilfen für den Sprecherwechsel bieten auch die sog. adjacency pairs wie Gruß – Gegengruß, Einladung – Akzeptieren, Verabschiedung – Verabschiedung.
Adjacency pairs

Adjacency pairs

- folgen einander,
- sind nicht umkehrbar,
- bilden eine inhaltliche Einheit,
- sind von verschiedenen Sprechern produziert,
- haben konventionellen inhaltlichen Zusammenhang.

Es gibt auch mehrgliedrige Abfolgen:
    Fragen – Antworten – Nachfragen
    Fragen – Antworten – Frage wiederholen

Adjacency pairs sind nicht formal bestimmt. Es sind Deutungsmuster, die Verstehen manifest werden lassen.

> By an adjacently produced second, a speaker can show that he understood [...] and that he is willing to go along with that.
> (Schegloff / Sacks 1973: 297)

Adjacency pairs können durch einen Einschub, beispielsweise eine Zwischenfrage, eine Klärungsfrage getrennt sein. Das geht normalerweise ohne Probleme in der Kommunikation:

A: Darf ich eintreten?
B: Haben Sie eine Karte?
A: Ja, hier.
B: Bitteschön.

Reale turn-Wechsel

Glatter turn-Wechsel
A ⎯⎯⎯⎯⎯⎯⎯⎯⎯   ⎯⎯⎯⎯⎯⎯⎯⎯⎯
B   ⎯⎯⎯⎯⎯⎯⎯⎯⎯
C

Synchrones Sprechen
A ⎯⎯⎯⎯⎯⎯⎯⎯⎯⎯⎯⎯⎯⎯⎯⎯⎯⎯
B   ⎯⎯⎯⎯⎯⎯⎯⎯⎯
C

Dies muss nicht immer eine Unterbrechung sein. Unterbrechen ist ein signifikanter Akt, der beispielsweise voraussetzt, dass B nicht berechtigt war, dass A sich gestört fühlt usw. Ein objektives Kriterium für Unterbrechen gibt es nicht.

Simultanstart
A ⎯⎯⎯⎯⎯⎯⎯   ⎯⎯⎯⎯⎯⎯⎯
B   ⎯⎯⎯⎯⎯⎯⎯
C ⎯⎯

Frühstarts
A ⎯⎯⎯⎯⎯⎯⎯   ⎯⎯⎯⎯⎯⎯⎯
B
C   ⎯⎯⎯⎯⎯⎯⎯⎯⎯
Ohne Behinderung

Fehlstart
A ⎯⎯⎯⎯⎯⎯⎯⎯⎯⎯⎯⎯⎯⎯⎯⎯⎯⎯⎯⎯
B   ⎯
C
Aufgeben von B

Gesprächsanalyse

Die Wichtigkeit des kooperativen Verlaufs von Gesprächen und der Koordinierung zeigt sich darin, dass wir in der Sprache bereits ein einschlägiges Vokabular hierfür ausgebildet haben.

Koordination

- ausreden lassen
- unterbrechen
- fertig sein
- dran sein
- dran kommen

Konversation wird auch als turn-taking-game bezeichnet. Zwar wird bisweilen gedacht, das Spiel sei universal. Die Ausführung variiert aber interkulturell signifikant.
Hier gibt es etwa ein Problem zwischen Amerikanern und athabaskischen Indianern. Athabasker machen leicht längere Pausen als Amerikaner. Wir kennen das individuell: Bei der kleinsten Pause springt jemand ein und erobert den turn. Ein Amerikaner hält das für normal, der Athabasker hat ein Problem.

Es gibt bei uns die Forderung, nicht zu unterbrechen. Sie basiert irgendwie auf einer normativen Grundannahme, dass wer gerade spricht, das Recht habe zu bestimmen.
Das ist eine übergeneralisierte Norm für Kinder.
Gelungenes und vom Partner akzeptiertes Unterbrechen ist sogar ein Kriterium für ein gutes Verstehen. Es zeigt, dass das turn taking klappt, und dies zeugt von einem weitgehenden Verständigtsein in kommunikativen Gewohnheiten und Vorwissen. Gelungenes turn taking ist ein Indiz für gelungene kommunikative Kooperation.
Unterbrechungen werden natürlich gedeutet. Und es gibt kulturelle Standards dafür, was als Unterbrechung zählt und wie Unterbrechungen zu verstehen sind.

Unterbrechen

> Während meines ersten Spanienaufenthaltes wurde ich von Bekannten zu einem Abendessen eingeladen. Wir saßen gemütlich beisammen und unterhielten uns angeregt über Gott und die Welt. Als Deutsche wartete ich natürlich höflich ab, bis einer der Gesprächspartner zu Ende gesprochen hatte und tat dann meine Meinung zu diesem Thema kund. Doch ich wurde ständig unterbrochen und mit der Zeit überkam mich das Gefühl, unhöflichen und schlecht erzogenen Personen gegenüber zu sitzen. Mir wurde erst später bewusst, dass man in ihrer Kultur, und somit auch in ihrer Sprache, dem Gesprächspartner durch Unterbrechungen sein Interesse zeigt.
> Meinen Bekannten ging es nicht anders. Sie wussten nicht, was sie von mir halten sollten und waren sich nicht im Klaren darüber, ob mich nun ihre Erzählungen langweilen oder ich sie vielleicht gar nicht verstehe.

Im Fokus der Konversationsanalyse standen zwei weitere Themenkreise:

- openings und closings: Beginne und Beendigungspassagen (Schegloff 1968; Schegloff / Sacks 1973),
- repairs: Behebung kommunikativer Störungen und Sinnaushandlung.

Emanuel A. Schegloff * 1937
Amerikanischer Soziolinguist, einer der führenden Vertreter der conversation analysis, Mitbegründer der Ethnomethodologie.
Schegloff befasste sich mit vielen Aspekten von Gesprächen, vor allem auch Telefongesprächen: Eröffnungen, Unterbrechungen, Überlappungen, repairs, in neuerer Zeit auch mit gestörter Kommunikation.

Hier wurden wiederkehrende Phänomene beschrieben: Beginnfloskeln, Anhängsel, Neuanfänge, Vervollständigungen, Wiederholungen, Behebungen von kommunikativen Störungen, Markierungen neuer Themen usw.

Intrakulturell gibt es Standards für den Beginn und das Beenden eines Gesprächs. Es gibt formelhafte Wendungen. Aber es ist immer die Frage, wie weit Partnervorschläge akzeptiert werden. Interkulturell besteht so etwas eigentlich nicht. Alles, was intrakulturell selbstverständlich geregelt ist, kann zum Problem werden: Wer spricht zuerst, wer beendet das Gespräch, wer ist als Nächster dran?

Probleme können in dieser Hinsicht schon früh anfangen. So wird berichtet, dass im Zusammentreffen von Amerikanern und Athabaskern schon zu Beginn Probleme auftreten, weil die Athabasker, bevor sie zu sprechen beginnen, erst eine gute Beziehung etablieren wollen, die Amerikaner aber sofort zu ihrem Anliegen kommen. Somit führen die Amerikaner am Beginn das Topik ein und bestimmen es damit fürs Erste in ihrem Sinn.

Es gibt in der Interkulturellen Kommunikation wie auch sonst Konstellationen, die nicht im Sinne beider Seiten auflösbar sind. Das gegenseitige Verständnis ist unabdingbar.

Anregung

> Athabasker resignieren oft und machen sich ein Bild vom Amerikaner. Was würden Sie als Athabasker tun, um Ihre Absichten und Gewohnheiten zu realisieren?
> Sehen Sie eine Lösung des Problems?

Metakommunikativ können sich die Sprecher über Inhalt und Absicht ihrer Redebeiträge verständigen, über den Sprecherwechsel und das Topik, ihr Verständnis von eigenen oder fremden kommunikativen Akten klären. Aber Vorsicht:

repairs

> When people do not share these linguistic conventions, the kind of minor misunderstanding which would hardly bother people with similar conventions become dangerous because the very means that you use to repair a misunderstanding or an error are themselves misunderstood. So you may be wanting to repair a situation and you're really making it worse. – You see, it's this cumulative effect in an inter-ethnic conversation which is so difficult and damaging.
> (Gumperz 1982: 48)

Metakommunikative Äußerungen können als Mittel der Sprecherwechselregelung und der thematischen Verknüpfung dienen; mit ihnen können sich die Sprecher über Inhalt und Absicht ihrer Redebeiträge verständigen, ihr Verständnis von eigenen oder fremden kommunikativen Akten mitteilen. Aber solche Mittel sind eben auch kommunikative Mittel und unterliegen allen Problemen der Kommunikation.

Meta-Kommunikation

> Metakommunikativ ist zum Beispiel die Regel, dass man nicht unterbrechen soll.
> Wie fühlen Sie sich, wenn ein Sprecher Sie darauf hinweist und beansprucht, dass er weiterreden darf?
> Wie reagieren Sie?
> Hatten Sie gute Gründe zu unterbrechen?

Anregung

3.2 Sprechakttheorie

Es ist üblich, Sprechen und Handeln als zweierlei zu betrachten. Geflügelte Worte wie „Der Worte sind genug gewechselt, nun lasst uns endlich Taten sehn" belegen das. Aber wer spricht, handelt auch, und zwar in recht komplexer Weise.

Pit Meister	Anja Lindt
aber sie sind doch heute abend da	heute abend bin ich wieder da
mhm dann wollt ich ihnen eine introduction auf den tageslichtprojektor geben sie kennen den ja auch	tageslichtprojektor
ja eben	nö ich kenn das ding so ganz vage
herr Noll hat darum gebeten sachen an die wand zu werfen	das biest steht dann aber schon oben
das steht schon oben	ich muss mich noch entschuldigen ich nehme an der konferenz nicht teil

Was geschieht

Zuerst einmal haben die beiden Beteiligten einiges geäußert: Sätze, Wörter, Laute. Dies könnten wir weiter analysieren und genauer beschreiben.

Aber es gibt mehr Handlungen: Pit stellt wohl am Anfang eine Frage und Anja antwortet ihm, sie bejaht die Frage und behauptet oder verspricht, dass sie wieder da ist. In ihrer darauf folgenden Äußerung fragt sie (verunsichert?) zurück, um nach Pits Bestätigung eine verneinende Antwort zu geben. Worauf? Pit hat ja eigentlich keine weitere Frage gestellt, sondern etwas behauptet. Aber mit dieser Behauptung hat er offenbar indirekt eine Frage ausgesprochen.

> In einer typischen Sprechsituation mit einem Sprecher, einem Hörer und einer Äußerung des Sprechers gibt es viele Arten von charakteristischen Akten, die mit der Äußerung des Sprechers verbunden sind. Der Sprecher wird in spezifischer Weise Gaumen und Zunge bewegen und Geräusche erzeugen [...] und er wird auch Akte vollziehen, die zur Klasse derjenigen Akte gehören, welche die Tatsache berücksichtigen, dass man Feststellungen trifft, Fragen stellt, Befehle erteilt, Berichte gibt, Grüße und Warnungen ausspricht.
> (Searle 1996:143)

Sprechakttheorie

Ziele

Die komplexe Handlungsstruktur des Sprechens zu untersuchen ist Ziel und Aufgabe der Sprechakttheorie. Ihre Kerneinheit sind die Sprechakte. Ihre Grundthese wird von Searle formuliert.

> Es ist nicht, wie dies allgemein angenommen wurde, das Symbol oder das Wort oder der Satz oder gar das Zeichen für das Symbol oder das Wort oder den Satz, was die Einheit der sprachlichen Kommunikation ausmacht, sondern vielmehr ist es die Produktion des Zeichens im Vollzug des Sprechaktes.

Mit diesem Ansatz wird das sprachliche Handeln in den Fokus genommen. Sprachliche Einheiten wie Satz, Wort usw. werden in ihrer Funktion in Sprechakten betrachtet und letztlich definiert. Die Sprechakttheorie hat ihren Ursprung in der sprachanalytischen Philosophie. Sie ist verbunden mit den Namen Wittgenstein, Austin und Searle.

John Rogers Searle *1932
einer der bedeutendsten amerikanischen Philosophen der Gegenwart. Er erweiterte und systematisierte Austins Sprechakttheorie. In neuerer Zeit befasst er sich mit den Grundlagen des Kognitivismus.

Searle entwickelte:
- eine Taxonomie illokutionärer Akte, die großen Einfluss auf die Linguistik hatte,
- die „Netzwerk-Hintergrund-Hypothese" als Grundlage einer intentionalistischen Bedeutungstheorie.

Gegenstand der Sprechakttheorie

Im Zentrum der Sprechakttheorie steht der Handlungsaspekt sprachlicher Äußerungen. Den Gegenstand bilden die Fragen:

- In welchem Sinne kann man davon sprechen, dass mit sprachlichen Äußerungen Handlungen vollzogen werden?
- Wovon hängt es ab und wie kann man feststellen, welche Handlungen mit solchen Äußerungen vollzogen werden?
- Was ist die Struktur solcher Handlungen und wie lassen sie sich systematisieren?

Die Sprechakttheorie ist nicht nur ein Beitrag zur Klärung der Frage, was der Gebrauch einer Äußerung ist, sie ist Teil einer systematischen Rekonstruktion der Auffassung, die Bedeutung sprachlicher Äußerungen bestehe in ihrem Gebrauch.
Ausgangspunkt der Sprechakttheorie sind spektakuläre Fälle, in denen die sprachliche Handlung die gesamte Handlung ausmacht:

(1) Ich taufe dieses Schiff auf den Namen „Queen Elizabeth".
(2) Ich muss mich entschuldigen.
(3) Ich wette 50 Euro, dass du das nicht schaffst.

Mit den Äußerungen (1)-(3) wird nicht beschrieben, was getan wird, es wird auch nicht festgestellt, dass man ein Schiff tauft, sich entschuldigt, um 50 Euro wettet. Mit dem Äußern dieser Sätze (unter geeigneten Umständen) wird der Akt vollzogen: Man tauft ein Schiff, man entschuldigt sich, man wettet.

Performative

Formen wie (1)-(3) heißen auch Performative, die entsprechenden Äußerungen performative Akte.
Allgemein sehen Performative so aus:

(4) Ich X-e (dir) (hiermit), dass ...

Während bei feststellenden Äußerungen die Frage nach der Wahrheit oder Falschheit im Vordergrund steht, ist für performative Äußerungen die relevante Beurteilungsdimension die des Gelingens, des Glückens oder Nicht-Glückens.

Allgemeine Bedingungen

Damit die sprachliche Handlung gelingt, müssen entsprechende Bedingungen erfüllt sein.
Allgemeine Bedingungen, die für einen erfolgreichen Vollzug sprachlicher Handlungen notwendig sind:

1. Es muss eine Konvention geben, kraft derer wir mit der Äußerung bestimmter Wörter eine bestimmte Handlung ausführen können.
2. Der Konvention muss unter den richtigen Umständen gefolgt werden. (Mit *ich befehle* kann nur befehlen, wer in der passenden Machtposition ist.)
3. Das von der Konvention geforderte Vorgehen muss korrekt ausgeführt werden. Die Prozedur muss vollständig sein. (Zum Wetten gehören mindestens zwei.)

Damit wir mit Äußerungen Handlungen vollziehen können, müssen sie nicht unbedingt die Form der Beispiele (1)-(3) besitzen. Das Versprechen, morgen zu kommen, kann man nicht nur mit dem Äußern von (5) abgeben, man kann auch einfach (6) äußern:

(5) Ich verspreche dir, dass ich morgen komme.
(6) Morgen komme ich.

So sind performative Äußerungen auch keineswegs häufig in der Kommunikation. Viel häufiger wird mit den entsprechenden Verben über Sprechakte berichtet, wird wiedergegeben, was jemand sprachlich getan hat oder getan haben soll.

(7) Du hast mir doch versprochen, pünktlich zu sein.

Solche Wiedergaben sind an Deutungen der Handlung geknüpft.

Die Beschreibung eines Handlungsmusters besteht aus: Handlungsmuster

1. der Angabe der Bedingungen, unter denen man nach dem Muster handeln kann,
2. der Angabe des Handlungszwecks, den das Muster hat,
3. der Angabe der Handlungsmittel, der Äußerungsformen, die konventionell zur Realisierung des Musters dienen.

Nehmen wir als Beispiel: A möchte von B eine Auskunft.

1. A geht davon aus, dass B die Auskunft geben kann, dass er das Notwendige weiß, dass er bereit ist usw.
2. A möchte wissen, ob X, möchte es von B erfahren usw.
3. A könnte zum Beispiel äußern: *Können Sie mir sagen, ...* oder *Wo bitte ist ...*

Sprachliche Handlungen haben wie alle Handlungen eine innere Struktur. Sie sind erzeugt. Ich kann ein Versprechen abgeben, indem ich äußere *Ich komme*. Diese indem-Relation zeigt den inneren Aufbau des Sprechakts. Sprechakte werden demgemäß wie allgemeine Handlungsmuster beschrieben.   Binnenstruktur

Verschiedene sprachliche Akte weisen oft gemeinsame Züge auf. Betrachten wir etwa Äußerungen der folgenden Sätze:

(8)   Wird John den Raum verlassen?
(9)   John wird den Raum verlassen.
(10) John, verlass den Raum!

Mit dem Äußern eines jeden Satzes bezieht sich der Sprecher auf eine bestimmte Person John und schreibt dieser zu, dass sie den Raum verlässt. Diese Zuschreibung ist der propositionale Akt. Die Proposition dient dem Ausdruck dieses Aktes, sie wird formuliert in dem dass-Satz „dass John den Raum verlässt". Der gleiche propositionale Akt ist in den drei Beispielen jeweils eingebettet in einen anderen Akt. Dieser ist der illokutionäre Akt, etwa fragen, behaupten, auffordern, ganz in Entsprechung zu den Satzarten. Searle belässt es bei einer Aufzählung ohne genauere Definition.

Übrigens: Nicht alle illokutionären Akte haben einen propositionalen Gehalt, z.B. enthalten einfache Ausrufe wie *Hurra!* oder *Au!* keine Proposition. In ihnen wird weder auf etwas referiert noch irgendetwas prädiziert. Sie sind dem reinen Ausdrucksverhalten zuzuordnen.

Einige der mit illokutionären Akten verbundenen deutschen Verben und Verbphrasen sind: *feststellen, behaupten, beschreiben, warnen, bemerken, kommentieren, befehlen, bestellen, fordern, kritisieren, sich entschuldigen, bewerten, bejahen, willkommen heißen, versprechen, Zustimmung äußern, Bedauern äußern*.

In der Sprechakttheorie wurde sehr viel Mühe darauf verwendet, die Sprechakte als universal nachzuweisen. Das ist für Philosophen verständlich. Es scheint aber klar, dass ihre genaue Bestimmung an die Verben gebunden sein muss, die zu ihrer Benennung und Klassifikation dienen. Und diese Verben sind wiederum an Sprache und damit an Kultur gebunden.

Anregung

> Versuchen Sie einmal Folgendes. Stellen Sie eine Liste mit voll äquivalenten Verben für *feststellen* in anderen Sprachen her. Überprüfen Sie stets, ob das Verb jeweils in alle Kontexte passt.

Aufbau des Sprechakts

Man kann Sprechakte allgemein strukturieren:
1. Der Äußerungsakt umfasst die Äußerung von Wörtern, Morphemen und Sätzen,
2. der propositionale Akt umfasst die unvollständigen, nur mit illokutionären Akten vollziehbaren Sprechakte der Referenz und Prädikation,
3. der illokutionäre Akt ist gekennzeichnet durch das, was der Sprecher kommunikativ erreichen will.

Man vollzieht einen illokutionären Akt, indem man einen propositionalen Akt mit den Teilakten des Referierens und des Prädizierens vollzieht, indem man etwas äußert.

Ganz links in der Erzeugung steht oft noch ein perlokutionärer Akt. Dabei geht es um die Wirkungen, die der Sprechakt beim Partner hervorruft. Durch den illokutionären Akt des Warnens kann der Sprecher den Hörer erschrecken, durch den Akt des Aufforderns ihn dazu bringen, etwas zu tun, durch Vorbringen eines Arguments sie überzeugen usw. Der perlokutionäre Akt ist nur gelungen, wenn der Effekt eingetreten ist.

Die Bedingungen für das Gelingen hat Searle weiter spezifiziert. — Bedingungen

1. Normale Eingabe- und Ausgabebedingungen

Sie gewährleisten, dass die allgemeinsten Bedingungen für sinnvolles Sprechen sowie für Verstehen erfüllt sind.

2. Bedingungen des propositionalen Gehalts

Hier wird die Proposition entsprechend dem jeweiligen illokutionären Akt charakterisiert. Beim Versprechen z.B. muss es sich um einen künftigen Akt des Sprechers handeln.

3. Einleitungsbedingungen

Der Akt muss sinnvoll sein. Man kann nicht sinnvoll jemanden zu etwas auffordern, das er bereits tut. Bei Aufforderungen z.B. muss der Aufgeforderte in der Lage sein, die Handlung zu tun, zumindest muss der Sprecher dies annehmen.

4. Aufrichtigkeitsbedingung

Die Beteiligten müssen es ernst meinen. Wer etwas behauptet, muss es auch glauben; wer etwas fragt, sollte es nicht schon wissen. Beim Versprechen muss A die Absicht haben den Akt auszuführen und muss glauben, dass es ihm möglich ist.

5. Wesentliche Bedingung

Sie spezifiziert, worin die Natur des illokutionären Akts besteht. Bei Versprechen z.B. besteht sie in der Absicht, sich zur Ausführung einer bestimmten Handlung zu verpflichten.

6. Bedeutungstheoretische Bedingung

Sie gewährleistet, dass die vorgebrachte Äußerung aufgrund von Konventionen als Vollzug des jeweiligen illokutionären Akts gilt.

Was ist Konversation?

Explizite Kriterien

Der Unterscheidung von Sprechakttypen liegen zwölf explizite Kriterien zugrunde. Die wichtigsten sind:

- Unterschiede im illokutionären Zweck. So gewinnt man etwa einen Typ von Akten, mit denen versucht wird, den Hörer dazu zu bringen, etwas zu tun.
- Unterschiede in der Anpassungsrichtung zwischen Sprechen und Welt. Beim Versprechen soll die Welt mit den geäußerten Worten in Übereinstimmung gebracht werden. Beim Behaupten sollen umgekehrt die Worte mit der Welt übereinstimmen.
- Unterschiede in den ausgedrückten psychischen Zuständen.

Klassifikation

In der Anwendung der Kriterien ergibt sich diese Klassifikation.

Repräsentativa
wie *behaupten, feststellen, informieren, beschreiben*

> In einem repräsentativen Sprechakt teilt der Sprecher dem Hörer mit, dass etwas der Fall ist, dass er eine Proposition für wahr hält. Prototyp eines repräsentativen Sprechakts ist die Aussage.
> Entsprechend sollen die Worte mit der Welt in Übereinstimmung sein.

Direktiva
wie *befehlen, auffordern, verbieten, erlauben, raten*

> In einem direktiven Sprechakt versucht der Sprecher, den Hörer dazu zu bringen, etwas Bestimmtes zu tun. Prototypen sind die Frage und die Aufforderung.
> Die Welt ist mit der Äußerung in Übereinstimmung zu bringen; der ausgedrückte psychische Zustand ist ein Wunsch.

Kommissiva
wie *versprechen, ankündigen, schwören, drohen*

> Im kommissiven Sprechakt verpflichtet sich der Sprecher selbst zu einer zukünftigen Handlung. Prototyp ist das Versprechen. So ist die Welt mit der Äußerung in Übereinstimmung zu bringen; der ausgedrückte psychische Zustand ist eine Absicht.

Deklarativa
wie *kapitulieren, den Krieg erklären, heiraten, kündigen*

> In deklarativen Sprechakten schafft der Sprecher durch seine Worte einen neuen Sachverhalt. Wie die Taufe sind diese Sprechakte meist performativ und an die Existenz von Institutionen gebunden (z.B. Gericht, Kirche, Regierung).

Expressiva
wie *danken, gratulieren, klagen, sich entschuldigen*

> In einem expressiven Sprechakt gibt der Sprecher seinem psychischen Zustand bezüglich eines Sachverhalts Ausdruck. Beispiele sind die Danksagung und die Gratulation.
> Es gibt keine Anpassungsrichtung zwischen Wort und Welt.

Die Deutung und Identifikation von Sprechakten ist nicht vollständig an sprachlichen Zeichen festzumachen. Sie wird mitbestimmt durch Kontext und gemeinsames Wissen.

Indirekte Sprechakte

Spektakuläres Beispiel hierfür sind indirekte Sprechakte. In einem indirekten Sprechakt wird eine Äußerungsform, die normal einem bestimmten Typ zuzuordnen ist, noch einem anderen Typ zugeordnet.

(11) Kannst du mir das Salz reichen?

Dies ist nur vordergründig eine Frage. Vielmehr wird die Äußerung im Normfall als Bitte verstanden.

Es handelt sich also um zwei illokutionäre Akte:

Unsere Kommunikation ist voller indirekter Sprechakte. Üblich sind sie vor allem für Aufforderungen:

(12) Ihr Fax ist da.
(12) Vielleicht können Sie nun etwas entspannen.
(13) Wir brauchen mehr Wasser.

So wäre (12) deutbar als Aufforderung, das Fax zu lesen oder zu holen; (13) als sanfter Vorschlag und (14) als Planungsanlass.
Aber wie gelingt es, solche Äußerungen richtig, also indirekt zu verstehen?

Was ist Konversation?

Wie Sprecher in indirekten Sprechakten dem Hörer mehr kommunizieren als sie in der Äußerung overt zu sagen scheinen, erklärt ein Gricesches Räsonnement, das auf gemeinsames Wissen und auf Rationalitätsannahmen der Beteiligten Bezug nimmt. Ein kurz gefasstes Räsonnement rekonstruiert etwa die indirekte Deutung von *Kannst du mir das Salz reichen?*

Gricesches Räsonnement

1. A hat mir eine Frage gestellt.
2. Ich erkenne nicht die Relevanz einer ja-nein-Antwort für A.
3. Ich gehe davon aus, dass A weiß, dass ich das Salz reichen kann.
4. Ich vermute deshalb, A bezweckt etwas Anderes.
5. Was hat As Frage zu tun mit dem, was A eigentlich will?
6. Wir sind beim Essen. Was hat A hier mit dem Salz? Braucht A Salz?
7. Ich vermute, A möchte Salz und, da A mich fragt, das Salz von mir.
8. Warum sagt A das indirekt?
9. A möchte höflich bitten.

Die zentralen Punkte einer solchen Rekonstruktion sind:

- der Nachweis, dass es außer dem vordergründigen illokutionären Zweck einen weiteren Zweck der Äußerung gibt,
- die Strategie oder Inferenz, mit der man herausfindet, worin der weitere illokutionäre Zweck besteht.

Indirektheit lässt den Beteiligten einen größeren Spielraum:

- Unerwünschte Verpflichtungen könnten umgangen werden.
- Der mögliche Rekurs auf Status oder Berechtigung des illokutionären Akts kann vermieden oder verschleiert werden.
- Ein Anschein von Unverbindlichkeit kann erweckt werden.
- Höflichkeit kann insinuiert werden.

Die Unterschiede der Kulturen bezüglich direkt und indirekt werden gewöhnlich für groß erklärt.

Folgendes wird berichtet von einem Treffen des japanischen Premier Sato Eisaku mit dem amerikanischen Präsidenten Nixon.
Es ging darum, eine Lösung zu finden in der schwierigen Frage der japanischen Textilexporte in die USA. Die Exporte haben viele Nixon-Wähler irritiert und Nixon wies Sato auf die Probleme hin. Sato antwortete: zensho shimasu. Was wörtlich so viel heißen soll wie: Ich kümmere mich darum, so gut ich kann. Für Nixon hieß das: Ich kümmere mich darum. Und er glaubte, dass Sato das Problem lösen werde. Für Sato war das allerdings nur eine höfliche Form, das Thema zu beenden.

Sprechakttheorie

Sprechakte werden fast nie isoliert vollzogen, sondern bilden stets Teil eines Kommunikationsablaufs und sind darin situiert. Eine Kommunikation besteht meist in einer Folge von Sprechakten.
In der Entwicklung der Sprechakttheorie finden so auch Sequenzen von Sprechakten besondere Beachtung, Sequenzen, deren Elemente regulär aufeinander bezogen sind. Dabei ist zwischen zwei großen Klassen von Sprechakten zu unterscheiden:

- initiative Sprechakte (wie die Frage), die eine Sequenz eröffnen,
- reaktive Sprechakte (wie die Entschuldigung), die eine Sequenz abschließen oder innerhalb einer Sequenz vorkommen.

Zweigliedrige Sequenzen sind: fragen – antworten, behaupten – widersprechen; mehrgliedrig wäre Beschuldigung – Entschuldigung – Akzeptieren der Entschuldigung. So kann man Muster für mögliche Kommunikationen und Verläufe skizzieren.

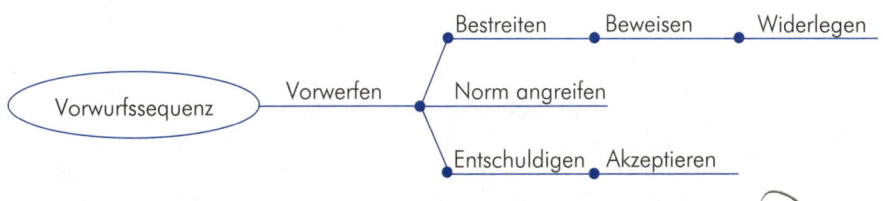

Die Grundannahmen der Sprechakttheorie fassen wir zusammen: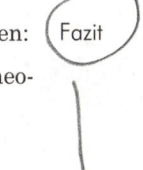

- Sprechen muss als Handeln analysiert werden. Die Sprachtheorie ist Teil einer allgemeinen Handlungstheorie.
- Die Einheit sprachlicher Kommunikation ist der Sprechakt.
- Sprachliches Handeln ist regelgeleitet.
- Für die korrekte Ausführung eines Sprechakts lassen sich explizit Bedingungen angeben.
- Die sprachliche Handlung eines Sprechers ist innerlich strukturiert. Allgemein ist zu unterscheiden: der lokutionäre Akt, der illokutionäre Akt und unter Umständen der perlokutionäre Akt.
- Die illokutionäre Rolle einer Äußerung kann man festmachen an bestimmten sprachlichen Elementen oder Indikatoren.

In der Anwendung auf Gespräche ist besonders zu achten auf folgende Aspekte:

- Welche Arten Sprechakte führt A aus, welche B?
- Welche Arten Sprechakte sind an A gerichtet, welche an B?
- Wie lang sind die Sprechaktsequenzen (oder turns in Zahl der Wortformen) von A, wie lang die von B?

3.3 Logic and Conversation

Eine der größten linguistischen Entdeckungen sind nach unsrer Meinung die Griceschen Maximen. Und wir denken, dass hier wirklich die Redeweise „Entdeckungen" angebracht ist, wo sonst in der Darstellung linguistischer Theorien eher der Ausdruck „Erfindungen" zu wählen wäre. Die Griceschen Maximen haben uns das Funktionieren menschlicher Kommunikation besser verstehen lassen, sie haben die kommunikative Analyse entscheidend verbessert, sie haben vielleicht auch den Grund gelegt für eine Ethik der Kommunikation. Es ist verblüffend, dass es so lange dauerte, bis sie entdeckt wurden. Der Grund mag ihre Selbstverständlichkeit sein. Denn gerade das Selbstverständliche, das Grundlegende unserer Kommunikation ist uns besonders schwer zugänglich. Es ist sozusagen das Natürliche.

Grice argumentierte in der Tradition der logischen Semantik. Er zeigte, dass zum Verständnis von Konversation die wahrheitswertfunktionale Betrachtung unzureichend ist, und vor allem, warum sie das ist. Zugleich erarbeitete er eine Methode, den semantischen Überschuss zu fassen.

Grice geht davon aus, dass menschliche Kommunikation ein vernünftiges und kooperatives Unternehmen ist, wenngleich er zugesteht, dass es andere Formen der Kommunikation geben mag (Grice 1967: II 11). Das deutet darauf hin, dass man von den Maximen der Kommunikation abweichen könnte, dass es aber Argumente dafür gibt, dies nicht zu tun.

Kooperationsprinzip und Maximen

Als Basis gilt Grice das Kooperationsprinzip.

> Mache deinen Beitrag zu einem Gespräch so, wie der akzeptierte Zweck oder die Richtung des Gesprächs es verlangt an der Stelle, wo du ihn machst.
> (Grice 1967:II7)

Aus diesem Grundprinzip sind speziellere Maximen abzuleiten.

> 1. Quantität
> Sei informativ!
> Mache deinen Beitrag so informativ wie notwendig; sage nicht mehr und nicht weniger.

> 2. Qualität
> Sei wahrhaftig!
> Sag nichts, was du für falsch hältst oder wofür du keine gute Rechtfertigung hast.

3. Relation/ Beziehung
Sei relevant!
Geh auf deinen Partner ein, sage ihm nur, wovon du annehmen kannst, dass es für ihn wichtig ist.

4. Art und Weise
Sei klar!
Sprich verständlich und vermeide Vagheiten, fasse dich kurz (ohne Umschweife) und sprich geordnet.

Die Wirkung der Griceschen Maximen erkennt man am besten an Beispielen. Die Beurteilung der Beispiele verlangt allerdings einen frischen Blick aus einer gewissen Distanz, weil die kommunikativen Maximen unsere Deutung unbewusst und als Routinen stützen.
Nehmen wir als erstes Beispiel einfache Wiederholung.

Besuch in Korea — Wiederholen
Jemand sagt zu mir: „Ich komme morgen um 10 Uhr". Dies ist eine einfache behauptende Ankündigung. Eine Stunde später sagt er das Gleiche nochmal. Jetzt ist es ein anderer Akt, weil nicht mehr im gleichen Sinn relevant. Ich werde ihn vielleicht als eine Erinnerung auffassen, wenn ich davon ausgehe, dass wir beide wissen, dass das Gleiche schon gesagt wurde. Oder ich werde mich wundern, dass der andere meint, ich wisse das nicht mehr. Hält er mich für doof? Oder ich erkenne, dass es für den andern besonders wichtig ist, dass ich weiß, dass er morgen um 10 kommt. Am anderen Tag um 9 Uhr ruft der Partner mich an und sagt mir noch einmal das Gleiche. Jetzt werde ich den Akt nicht einmal wie die erste Wiederholung verstehen können. Es ist fast eine Störung oder gar Beleidigung, wenn ich davon ausgehe, dass er meint, dies sei meinetwegen angebracht. Oder aber ich nehme an, der Partner sei etwas schusselig oder sowas.

Ein Gricesches Räsonnement exemplifiziert die methodische Verwendung der Maximen.

Parkplatz — Enigma
Auf der Fahrt durch die südfranzösischen Dörfer bekamen die deutschen Urlauber F. und B. Appetit. Der kleine Laden in der Kurve mit dem vielversprechenden Hähnchengrill kam da genau richtig. Vor der Bankfiliale gegenüber fanden die beiden auch sofort eine Parkmöglichkeit. Gerade als sie aussteigen, kommt ein jüngerer Mann auf sie zu und bemerkt in akzentfreiem Deutsch: „Zweihundert Meter weiter ist ein Parkplatz". Dann geht er weiter.

Wenn man Glück hat oder geübt ist, fällt einem etwas auf. Normal kommen uns die Deutungen, und wir folgen den Maximen ohne Aufmerksamkeit, Überlegung oder Bewusstheit. Das enigmatische Beispiel ist also ein Sonderfall, von einem bewussten Schreiber geschrieben, aber für unseren Zweck nützlich.

Eine Deutung? Wenn man uns so etwas erzählt, fangen wir an zu deuten. Wir gehen davon aus, dass die rätselhafte Bemerkung relevant war und kramen in unserem Bewusstsein oder schauen in der Umgebung. Relevant ist dabei nicht so zu verstehen, dass die Bemerkung für eine der beteiligten Parteien nützlich sein müsse, sondern nur in dem Sinn, dass die Bemerkung kommunikativ berechtigt war, weil es etwas zu sagen gab.

Warum wird gesagt, dass die beiden vor der Bankfiliale parkten? Wahrscheinlich, weil der Schreiber meinte, dies habe etwas mit der Deutung zu tun. War der Warner (war es überhaupt eine Warnung?) ein Bankangestellter und konnte deshalb so gut Deutsch? War die Bemerkung also ein Hinweis, dass dies ein Kundenparkplatz war, der nicht für die leidigen Grillbesucher gedacht war? Oder war der akzentfrei Deutsch Sprechende ein Passant, der den beiden Ärger ersparen wollte, weil die Bankleute Fremdparker ungern sahen? Oder vielleicht auch ein Tourist, der schon seine Erlebnisse hatte? Und was hat es mit der Erwähnung der Kurve auf sich? Erschien dem Erzähler dieser Parkplatz vielleicht gefährlich? Wir müssen unsere Indizien aus dem Text eruieren, oder wir müssen wild in unserer Erfahrung suchen, um Deutungsmöglichkeiten zu finden. Die Beteiligten haben noch den Vorteil, dass sie in der Situation etwas entdecken können. Sie könnten das Ganze systematisch absuchen. Aber immer bleiben sie im Rahmen der Relevanzannahme. Denn ohne Relevanz wäre die Bemerkung einfach Unsinn, ein Deutungsversuch würde sich nicht lohnen.

Und auch die weiteren Indizien müssen relevant sein, und zwar relevant für eine plausible Gesamtdeutung. Unsere beiden verbessern ihre Situation übrigens nicht prinzipiell, wenn sie bei dem jungen Mann nachfragen. Sie bekommen vielleicht mehr Daten, aber auch die wollen gedeutet sein.

Das Analoge gilt für uns, die wir uns mit dem kargen Text begnügen müssen. Daten gibt es massenhaft, wir brauchen relevante Daten. Relevant sind sie aber nur für eine Deutung.

Die Relevanz einer Äußerung ist sozusagen die Kehrseite der Annahme, dass sie sinnvoll ist. Wenn sie keine Relevanz hat, dann macht sie keinen Sinn. Darum müssen wir in unseren Deutungen immer davon ausgehen, dass Äußerungen relevant sind. Sonst gibt es nichts zu deuten.

Das Kooperationsprinzip ist übergeordnet, es ist der Anfang, aus dem die Maximen sich herleiten lassen. Der Status des Kooperationsprinzips wie der Maximen ist umstritten. Diskutiert werden vor allem drei Ansichten:

Status der Maximen

1. Die Maximen sind eine Art ethischer Postulate, an die sich zu halten nicht nur vernünftig ist, sondern auch ethisch angezeigt. In diesem Sinn definieren die Maximen eine ideale Kommunikation, die wir erreichen sollten und sicher partiell auch erreichen. Nach dieser Auffassung ist ein Verstoß gegen Maximen ohne Weiteres möglich, aber ethisch nicht zu billigen.

2. Maximen sind eine Art sprachlicher Regeln, die üblicherweise befolgt werden. Mit dem Spracherwerb wird man in sie hineinsozialisiert wie in andere Sprachregeln auch. Man befolgt die Maximen blind. Sie sind unbewusste, wertfreie, aber bewährte Verfahren der Deutung, und davon abgeleitet auch des sprachlichen Handelns. Nach dieser Auffassung ist eine Abweichung von Maximen zwar möglich, aber eher schwierig, weil sie uns nicht bewusst sind. Die Abweichung wird als eine Art Lapsus angesehen.

3. Die Maximen definieren die Grundprinzipien menschlicher Kommunikation, die wir selbstverständlich befolgen, um zu unseren Deutungen zu gelangen. Die Maximen begrenzen das, was wir Kommunikation nennen; sie sind definitorisch oder grammatisch (im Wittgensteinschen Sinn). Ein Verstoß ist nicht möglich; er macht keinen Sinn, weil der Partner den Verstoß in seine Deutung inkorporiert.

Möglicherweise haben die verschiedenen Maximen in den erwähnten Hinsichten unterschiedlichen Status.

Ein gemeinsames Ziel?

Wichtiger erscheint, wie die Maximen eigentlich im Detail zu verstehen sind. Und auch hier herrscht bis jetzt noch keineswegs Klarheit. Dieser Mangel zeigt sich schön in einem Artikel über das Kooperationsprinzip (Sarangi / Slembrouck 1992). Hier wird gegen die Gültigkeit des Kooperationsprinzips argumentiert, weil es unrealistisch sei.

> First, we wish to abandon a notion of „cooperation as goal sharing" as an overarching presumptive feature in interactions. In reality, it makes more sense to talk about goal „sharing", goal „adoption", goal „imposition", goal „resistance", etc.
> (Sarangi/ Slembrouck 1992: 138)

Die beiden Autoren verstehen das Kooperationsprinzip in der Anwendung so: Seien A und B zwei Kommunikationspartner. A hat ein Ziel, B hat ein Ziel, und diese Ziele sind identisch, darum beiden gemeinsam. Wie sollte aber mein Partner mein Ziel haben können? Klingt das nicht schon von der Logik her etwas komisch? Zum Beispiel, ich möchte, dass mein Partner mir zehn Euro leiht. Sollte dann das Ziel meines Partners sein, dass er mir zehn Euro leiht? Auch das klingt etwas komisch. Vor allem, wenn das so wäre, dann bräuchten wir überhaupt nicht zu kommunizieren.

Der doofe Grice

Müsste Grice nicht irgendwo anders gelebt haben als auf dieser Welt, wenn er sein Kooperationsprinzip so gemeint hätte? Sollte seine Formulierung so naiv zu verstehen sein, dass sie unter anderem folgende Implikationen enthält:

- Die Kommunikationspartner haben je nur ein Ziel.
- Ihr jeweiliges Ziel ist ihnen wechselseitig bekannt.
- Ihre Ziele sind identisch.
- Ihre Ziele bleiben konstant in der Kommunikation.
- Ihre Ziele sind von beiden akzeptiert.

Dies alles wäre logisch kaum vorstellbar. Woher sollte ich dein Ziel kennen? Und wie sollten wir ein gemeinsames, von beiden akzeptiertes Ziel in unsrer Kommunikation verfolgen? Müssten wir das nicht vorher geklärt haben? Und wie denn, wenn nicht durch Kommunikation? Wir stünden vor einem Regress.

Das gemeinsame Ziel

Das gemeinsame Ziel einer Kommunikation muss man erfassen, es liegt auf einer anderen Ebene. Wenn etwa zwei miteinander argumentieren, möchte vielleicht jeder Recht behalten. Das sind entgegengesetzte Ziele. Jeder kann aber nur Recht behalten, wenn er auf einer höheren Ebene kooperiert: Jeder muss verständlich reden, jeder muss beim Thema bleiben, muss auf die Argumente des andern eingehen. Sonst kann er nie das Spiel gewinnen, nie in einem echten Sinne Recht behalten, also sein eigenes Ziel gar nicht realisieren.
Oder: Wenn ich jemanden auf der Straße nach der Uhrzeit frage, haben wir wohl erst mal kein gemeinsames Ziel. Ich will wissen, wie viel Uhr es ist, und mein Partner wird von vornherein keine Ziele einbringen. Er wird erfassen, was ich will, und wenn er sich auf die Kommunikation einlässt, wird dieses Ziel nicht unser gemeinsames. Er könnte sich ja noch verweigern. Das gemeinsame Ziel liegt auch hier auf einer anderen Ebene. Wir wollen diese angefangene Kommunikation vernünftig abschließen, wollen uns verstehen oder auch – wenn der Partner mitspielt –, dass mein Wunsch erfüllt wird. Das ergibt sich trivial aus der Tatsache, dass wir die Kommunikation eingehen.

Gemeinsam ist, dass die Kommunikation stattfindet und gelingt. Ein Kriterium des Gelingens ist nicht festgelegt. In der Kommunikation kann jeder andere Ziele anstreben, der Gefragte kann einfach nett sein wollen oder hilfsbereit. Aber auch wenn er sagt, er weiß nicht, wie viel Uhr es ist, war er kooperativ. Mehr konnte er nicht tun. Eine Schwierigkeit mit der Kooperation ist, dass viele sie im Zusammenhang mit Hilfsbereitschaft usw. sehen. Aber in der Kommunikation kann man durchaus eigene Ziele verfolgen und kooperativ sein. Altruismus ist nicht gefordert.

Wenn also ein Ausländer und ein Sozialbeamter diskutieren, ob der Ausländer Sozialhilfe bekommen soll oder nicht, dann erschiene es schon windschief, darauf zu verweisen, dass gar kein gemeinsames Ziel existiere, weil beispielsweise des Ausländers Interesse sei, sie zu bekommen, und das des Sozialbeamten vielleicht, sie zu verweigern. Das gemeinsame Ziel könnte ja darin liegen, dass gemeinsam geklärt wird, ob der Ausländer ein Anrecht hat. Man könnte vielleicht so fragen: Welche Ziele habe ich? Welche Ziele hat mein Partner? Und welche sind uns gemeinsam? Man muss die gemeinsamen suchen.

Auch die anderen Maximen liegen auf einer eigenen Ebene. Die Maxime der Informativität könnte man etwa so explizieren: Sei informativ, weil dein Partner davon ausgeht, dass du informativ bist, weil du davon ausgehst, dass dein Partner davon ausgeht, dass du informativ bist.
Obwohl die Maximen vielen nicht realistisch erscheinen, gelten sie tatsächlich für alles gemeinsame Handeln und insbesondere für die Kommunikation. Diese Kooperation hat sich evolutionär bewährt, denn „in dem gleichsam nur vegetativen Daseyn des Menschen auf dem Erdboden treibt die Hilfsbedürftigkeit des Einzelnen zur Verbindung mit Anderen und fordert zur Möglichkeit gemeinschaftlicher Unternehmungen das Verständnis durch Sprache" (Humboldt).
Sprechen ist ein kooperatives Gesamtunternehmen, weil es erst mal allein gar nicht geht und weil der Sprecher will, dass der Hörer ihn versteht, und weil der ihn auch tatsächlich verstehen will. Die Kooperation der beiden liegt darin, dass sie zu diesem Zweck sozusagen von koordinierten Handlungen ausgehen müssen. Die grundlegende Kooperation bildet den äußersten Rahmen jeder Kommunikation. Erst innerhalb dieses Rahmens ist kommunikative Kompetition möglich. Ich kann mich gut nur mit jemandem streiten oder auseinandersetzen, der mich auch versteht. Also werde ich dies prinzipiell so tun, dass er mich versteht, und mich insofern ans Kooperationsprinzip halten.

Der äußere Rahmen

Sogar der Lügner wird sich daran halten. Auch er sagt etwas, was der Belogene versteht, ja er wird sich sogar auf sein Opfer einstellen, da er ja dafür sorgen muss, dass die Lüge plausibel für es erscheint. Nur dann wird es sie glauben.
Also: Kommunikation ist ein Gemisch kooperativer und kompetitiver Zielsetzungen. Aber die äußere Grenze ist Kooperation, sie besteht in gemeinsamen Konventionen und gemeinsamem Wissen.

Die Lehre

Zum besseren Verständnis der Maximen sollten wir zwei Dinge behalten:

1. Das Gricesche Kooperationsprinzip wird öfter kritisiert, weil es davon ausgehe, es gäbe ein akzeptiertes Ziel der jeweiligen Kommunikation. Es ist aber zu bedenken, dass es nur davon ausgeht, dass jeder der Partner davon ausgeht, es gebe ein solches Ziel (Grice 1967: II 6).
Was zu sagen relevant ist, ist natürlich nicht auf geheimnisvolle Weise vorbestimmt. Es ist eher eine Art Eintrittsbedingung, dass die Partner erst einmal davon ausgehen, dass sie gleiche Relevanzkriterien anwenden. Ob etwas Gesagtes relevant ist, klärt sich erst in der Kommunikation.
Der Sprecherschreiber kann unterschiedliche Betonungen in puncto Relevanz vornehmen. Er kann bei einer Kundgabe davon ausgehen, dass etwas relevant ist, was in erster Linie ihn selbst betrifft. Relevant könnte es sein, weil er will, dass der Partner das weiß; auf so viel Vorschuss des Partners dürfen wir vertrauen. Er kann aber auch annehmen, das Gesagte sei in erster Linie für seinen Partner relevant.
Der Hörerleser muss also nicht gleich darauf abheben, dass das Gesagte für ihn relevant sei. Er toleriert durchaus, dass der Sprecherschreiber erst einmal davon ausgeht, das Gesagte sei überhaupt relevant, er gesteht es ihm zu. Wenn er mit der Zeit die Relevanz nicht sieht, wird er vielleicht die Kommunikation abbrechen oder abklingen lassen. Er wird sich ein bestimmtes Bild vom Sprecherschreiber machen. Da der Sprecherschreiber in der Regel dies vermeiden will, wird er natürlich nicht schlicht von seiner Relevanzbeurteilung ausgehen. Er wird sich vielmehr eine Hypothese darüber bilden, was für seinen Partner relevant ist oder was dieser ihm für relevant zu halten zubilligt. So kann sich auch im Zuge der Kommunikation langsam ändern, was die Partner jeweils für relevant halten.
Und ich halte für relevant, was ich glaube, was du für relevant hältst.

2. Die Griceschen Maximen könnten in verschiedener Hinsicht erweitert werden. Grice selbst hat schon darauf hingewiesen, dass sie nach seiner Meinung ins allgemeine Handeln hinüberreichen (Grice 1967: II 9). Darauf deutet der evolutionäre Stellenwert der Kooperation. Aber schon für die Kommunikation wäre eine andere Erweiterung nötig, auf die Grice auch schon aufmerksam gemacht hat (Grice 1967: II 9; Harnish 1976: 342). So wie sie dastehen, sind die Maximen ja nur an Behauptungsakten exemplifiziert. Sie wären darum zu übertragen auf andere sprachliche Tätigkeiten und auf Ausdrucksverhalten.

Maximen gelten ausnahmslos. Sie formulieren globale Forderungen ohne Alternative. Sie gelten für alle sprachlichen Akte, und jeder Verstoß ist schlecht, wenngleich keine Sanktionen vorgesehen sind; alles, was folgt, sind nämlich Konsequenzen. Außerdem gelten die Maximen für alle Sprecher gleichermaßen, so wie bei dir, genauso bei mir. Sie sind symmetrisch und reziprok (gegenseitig anerkannt). Sind die Maximen universal?   *Universalien*
Wie bestimmte syntaktische Prinzipien oder Sprachlernprinzipien zur Ausstattung des Menschen zählen, so könnte man das für die Maximen annehmen. Sie wären dann nicht nur der harte Felsgrund einer Kultur, sondern genetisch vorprogrammiert, so weit menschliche Kommunikation genetisch hinterlegt ist.
Aber sind die Maximen wirklich in diesem Sinn universal? Gelten sie tatsächlich immer und überall?
Nach unserem Verständnis bestimmen die Maximen die Idee der Kommunikation, sie sind aus dem Witz dieses Spiels abgeleitet. Aber auch wenn sie funktional sind, können wir sie für speziesspezifisch halten, sie stecken sozusagen die Grenzen unseres Verstehens ab. Wir unterstellen sie dem Partner in einer hypothetischen Antizipation. Mehr geht prinzipiell nicht, und darum sind auch Verstöße schwer möglich.

Aber gibt es nicht Gegenbeispiele? Höflichkeit zum Beispiel. Höflichkeit besteht meistens darin, mehr Worte zu machen als eigentlich nötig. Ist Höflichkeit also ein Verstoß gegen die Relevanzmaxime? Wird in Kulturen mit ausgeprägtem Höflichkeitssystem und hoher Höflichkeitsnorm ständig gegen die Relevanzmaxime verstoßen? Nein, irrelevant und uninformativ ist der Höfliche nur vordergründig. Das eigentliche Verständnis – die Höflichkeitsdeutung – ergibt sich nur auf der Folie der Relevanzmaxime. Ich weiß, dass nach der Relevanzmaxime eigentlich weniger genügen würde; genau das ist ein Grund, die Äußerung als höflich zu verstehen. Die Relevanzmaxime ermöglicht erst die Deutung als Höflichkeit.   *Gegenbeispiele?*

Dazu genügt allerdings nicht die Relevanzmaxime allein. Entscheidend ist auch,

- dass man weiß, was es heißt, höflich zu sein,
- das man die Regeln kennt, nach denen Verhalten als höflich gilt.

Gerade die kulturspezifischen Regeln und Ausführungsbestimmungen ermöglichen es, Verhalten als höflich zu verstehen. Diese Ausführungsbestimmungen mögen unterschiedlich sein, aber die Relevanzmaxime selbst wird davon nicht tangiert.
Eine generelle Ausführungsbestimmung kann sich etwa ergeben, wenn in einer Kultur klar ist, dass, wer meint, er habe etwas Relevantes zu sagen, natürlich davon ausgeht, dass er in dieser Hinsicht dem Partner überlegen ist, da er etwas weiß oder besser weiß, was der Partner nicht weiß. Gibt es aber in dieser Kultur eine Image schonende Norm, dass man seine Überlegenheit nicht offenbar werden lässt, so wird das natürlich dazu führen, dass Sprecher nicht dazu neigen, Konversationen zu eröffnen, dass sie sogar zurückhaltend sein werden mit Informationen.
Aber auch dies tangiert die Relevanzmaxime nicht.

Ausführungsbestimmungen

Gravierender erscheint ein anderes Beispiel: Keenan hat darauf hingewiesen, dass Malagasy-Sprecher eher die Maxime verfolgen, ihre Redebeiträge uninformativ zu machen, indem sie etwa auf Fragen mit Disjunktionen antworten oder bei Handlungsdarstellungen den Täter weglassen (Keenan 1976).
Die Folgerung klingt so unwahrscheinlich, dass man eine genaue Analyse möchte, eine Antwort auf die Frage: Wie geht dieses Spiel eigentlich? Man könnte sich vorstellen, dass eine Alternative in der Disjunktion einen schon bekannten Wahrheitswert hat, so dass der Hörer seine Schlüsse ziehen kann. Und den Handelnden machen auch wir oft genug nicht dingfest („Bomben fallen").
Der ständige Verstoß gegen die Maximen übersteigt meine Vorstellungskraft. Was ich mir höchstens vorstellen kann, ist: Hier gilt ein anderer Maßstab dafür, was als informativ zählt.
Das Korea-Beispiel zeigt, wie schnell wir bei der Hand sind, Handlungen als partnerspezifisch und idiosynkratisch zu sehen. Es kann aber sein, dass Verabredungen in Korea etwas anders getroffen werden. Gäbe es zum Beispiel den Usus, dass Verabredungen von einem Partner nochmal ratifiziert werden müssen, oder vielleicht vom Initiator oder noch besser vom Nicht-Initiator, so erschiene das Handeln des Partners in einem anderen Licht. Nur ist damit natürlich die Informativitätsmaxime nicht außer Kraft. Sie ist durch kulturelle Ausführungsbestimmungen überlagert. Um darauf zu kommen, muss ich gerade auf Basis der Informativitätsmaxime räsonnieren.

Nehmen Sie an, Sie kommen in eine Kultur, wo es üblicher ist, die Bitten eines Gastes zu erfüllen als in Ihrer eigenen Kultur. Das könnte daran liegen, dass in jener Kultur eine Norm N^1 gilt, die besagt: Man soll[1] Bitten eines Gastes erfüllen. In Ihrer Kultur gälte dagegen N^2: Man soll[2] Bitten eines Gastes erfüllen. N^1 sei stärker als N^2, das entsprechende *soll*[1] der stärkere Modaloperator. Was wird passieren?

Ein Gedankenexperiment

Im einfachsten Fall – wenn Sie nicht wissen, dass N^1 gilt –, werden Sie nach Ihren Relevanzkriterien Ihre Bitten äußern und sich vielleicht wundern, dass sie so oft erfüllt werden. Sie werden diese Menschen für besonders nett halten. Ihre Partner werden auch von ihren eigenen Relevanzkriterien ausgehen und den Eindruck gewinnen, Sie seien ein fordernder Mensch. Das heißt: Beide Partner arbeiten auf der Relevanzmaxime und den ihnen bekannten Ausführungsbestimmungen. Sie richten ihre Deutung entsprechend ein.

Nun können Sie sich leicht die Varianten dieses Gedankenexperiments vorstellen. Sie wissen vielleicht etwas über N^1 oder Ihr Partner weiß etwas über N^2. Einer von Ihnen weiß, dass der Partner Bescheid weiß usw. Alle Kombinationen sind denkbar und kommen vor.

Nehmen wir den Fall, dass Sie bemerkt haben, dass N^1 gilt. Sie werden nun natürlich – da Ihre Intentionen sich nicht geändert haben, da Sie die Wichtigkeit Ihrer Bitten nicht anders einschätzen – weniger Bitten äußern. Sie werden vorsichtiger, und Sie werden nur die wichtigeren Bitten äußern. Das ist von Ihrer Seite völlig korrekt gehandelt. Aber dennoch liegt kein vollständiges Verstehen vor. Ihr Partner wird Ihr Verhalten auf der Basis seiner Norm für völlig normal und unauffällig halten. Er weiß aber nichts von Ihrer Norm und erfasst darum einen entscheidenden Punkt Ihres Handelns nicht, dass Sie nämlich auf ihn eingehen, seine Norm berücksichtigen, kurzum kooperativ sind. Das ist zwar noch kein Missverständnis, es kann sich aber zu einem solchen auswachsen.

Denken Sie sich nun folgenden Fall:
Sie kennen die Kultur Ihres Partners und deren N^1.
Ihr Partner kennt N^2.
Sie handeln nach N^1.
Ihr Partner glaubt, dass Sie nach N^2 handeln.
Wie wird der Partner Sie dann einschätzen?

Anregung

Noch ein Gedankenexperiment	Sie hören den Vortrag eines Wissenschaftlers, der aus einem Land kommt, dessen Sprecher nach Ihrer Meinung wenig kommunikative Zurückhaltung zeigen, die oft vorlaut sind und aggressiv diskutieren. Der Vortragende spricht über Dinge, von denen Sie oft mehr verstehen, ja er sagt sogar Falsches. Sollen Sie ihm in der Diskussion offen widersprechen? Oder sollen Sie schweigen? Würden Sie redend nicht sein Gesicht verletzen? Und indem Sie das tun, vielleicht auch Ihres?

Aber er will offenbar hart diskutieren, er stellt sein Image zur Disposition – in Ihrem Verständnis. Geht es doch nur um Ihr eigenes?

So gibt es viele Begründungen und Überlegungen. Aber all die entsprechenden Akte denken Sie auf dem Hintergrund der Relevanzmaxime und geltender Ausführungsbestimmungen, all die entsprechenden Akte können auch nur so verstanden werden.

Fazit	Die Unterschiede zwischen Kulturen und Personen sind oft groß, aber im Licht der Grundprinzipien nur vordergründig. Sie betreffen nicht Maximen – so unsere These –, sondern nur Ausführungsnormen. Wir alle sind Menschen, und wir haben die gleichen Fähigkeiten zu verstehen, kooperativ zu sein. Wenn wir uns wirklich bemühen, auch lange Wege zu gehen, werden wir uns verstehen. Wir müssen nur richtig zuhören, schauen und offen sein. Und wir sollten die andern nicht für dümmer halten als uns selbst. Dann können wir vielleicht auch jenen Zustand erreichen, den Adorno in den Minima Moralia den nennt, „in dem man ohne Angst verschieden sein kann".

4 Nonverbale Kommunikation

Der Körper ist der Handschuh der Seele.
Samy Molcho

Nonverbale Kommunikation wird in diversen Disziplinen untersucht. Viele Behauptungen basieren da auf Erfahrungen und common sense. Eine brauchbare Methodologie wurde nicht entwickelt. Statt dessen finden sich wilde Behauptungen wie die, dass 70 Prozent unserer Kommunikation nonverbal stattfände.
Da wäre doch interessant, wie man das quantifizieren könnte. Noch interessanter könnte es werden, wenn man in der Übersetzung oder Explikation nicht nur den Weg vom Nonverbalen zum Verbalen ginge. So sollte man mal die beiden letzten Sätze hier nonverbal ausdrücken. Das Experiment bringt Heilung.

Bei der Gestik geht es um Bewegungen der Hände, Finger und Arme (auch des Kopfes). Öfter gibt es eine deutende Beschreibung für die ganze Geste wie den „Vogel zeigen". Wir haben auch deutende Beschreibungen einzelner Aspekte:

Gestik

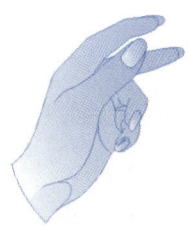

- offen vs. geschlossen
- weit vs. eng
- einladend vs. abweisend

Auch Tempo und Zahl der Gesten werden gedeutet.
Gesten können für Emotionalität, für Engagement sprechen.
Die spezielle Art und Weise der Gestik wie auch Anzahl und Intensität sehen wir schon als stark kulturabhängig. So heißt es, dass Italiener mehr mit den Händen reden als Deutschsprachige oder als Nordlichter. Japaner – heißt es – lecken sich über die Fingerspitzen und streichen sich über eine Augenbraue, um zu signalisieren, dass sie jemanden für einen Lügner halten.

Bei der Mimik geht es um das Spiel der Gesichtsmuskeln, besonders um Bewegungen der Mund-Nasenpartie, der Augenbrauen und der Stirnpartie. Für die Mimik haben wir ähnliche Beschreibungen wie für die Gestik:

Mimik

- offen vs. verschlossen
- freundlich vs. böse
- angespannt vs. locker

Die Mimik nehmen wir als Anzeichen der Gemütsverfassung und auch der Einstellung zum Partner. Interkulturell gibt es unterschiedliche mimische Ideale. Japaner bevorzugen in der Öffentlichkeit das Pokergesicht, im Privaten ein mattes Lächeln.

Blick

Augen sind das Wichtigste im Gesicht. Augen sind der Spiegel der Seele, heißt es. Ein Blick kann sein:

- offen und freundlich
- konzentriert
- interessiert vs. desinteressiert
- ironisch

Der Blick dient dem Partnerbezug.
Mit dem Blick kann man Sympathie und Antipathie zeigen, Zuneigung, Misstrauen oder Einverständnis ausdrücken.
Kommunikativ relevant sind Häufigkeit, Dauer und Intensität des Blickkontakts. Der Blickkontakt ist bei der Organisation des Sprecherwechsels wichtig.
Interkulturell gibt es große Unterschiede. Anderswo schaut man sich vielleicht nicht so oft in die Augen, eher auf den Hals. Einem Vorgesetzten schaut man nur ganz kurz in die Augen. Augenkontakt mit Fremden mag vermieden werden.

Körperhaltung

Die Körperhaltung betrifft das Gesamtbild, insbesondere auch die Haltung von Kopf und Rumpf, von Armen und Beinen.
Deutende Beschreibungen sind etwa:

- schlaff vs. gespannt
- fett ausladend vs. zusammengekrümmt

Die Körperhaltung wird als Ausdruck der Stimmung und des Befindens gewertet. Oft wird die Körperhaltung sogar als Anzeichen für Charaktermerkmale genommen.
Wichtig ist die Hinwendung zum Gesprächspartner oder die Abwendung. Man kann so signalisieren, ob man sich als dabei oder eher als draußen definiert, ob man präsent ist (zum Beispiel breit und ausladend dasitzt) oder keine zentrale Rolle spielt und sich entsprechend optisch dünn macht.

Proxemik

In der sog. Proxemik geht es vor allem um die Distanz zwischen Partnern und ihre Anordnung, besonders das Arrangement in Gesprächen. Wichtige Kriterien sind:

- nah vs. auf Distanz
- in der Runde vs. paarweise
- locker arrangiert vs. zentriert
- eng vs. weit

In der körperlichen Nähe oder Distanz zwischen Gesprächspartnern zeige sich (ikonisch) Nähe oder Distanz der Beziehung.
Auch hier gibt es große kulturelle Differenzen. Araber und Südamerikaner kommen sich näher als Europäer. Und dennoch ist nah eben nah, auch wenn der Abstand verschieden ist.

4.1 Gestik

Gesten sind Bewegungen der Arme, Hände und Finger, die absichtlich gemacht werden und eine kommunikative Rolle spielen. Einige Gesten sind konventionell.

Winken?

> Vom Gang aus winkte einst ein japanischer Student zu einer amerikanischen Lehrerin, die im Zimmer saß. Die Lehrerin winkte zurück und sagte freundlich „Auf Wiedersehen". Der Student schaute leicht verwirrt und gestikulierte weiter. Ich konnte der Lehrerin erklären, dass der Student zu schüchtern war, um in ihr Zimmer einzutreten, und sie dazu bewegen wollte, heraus in den Gang zu kommen.

Die japanische Auf-und-Ab-Bewegung der Hand, mit der Innenhand nach unten, heißt so viel wie „Komm her". Sie gleicht sehr der Geste, die in Mitteleuropa so viel heißen kann wie „Auf Wiedersehen". Allerdings gibt es die Geste mit dieser Bedeutung auch spanisch.

Gesten machen wir mit den Händen. Sie sind Bewegungen. Mehr oder weniger konventionalisierte erkennen wir aber auch in stehenden Bildern.

Diese Gesten hier haben vorwiegend mit dem Zählen und dem Zahlenzeigen zu tun.

Anregung

> Und was es mit den folgenden auf sich hat, können Sie vielleicht selbst herausbekommen. Eindeutig sind die meisten nicht.
> Sie haben etwas zu tun mit gut und schlecht oder klein. Aber wann macht man sie und wem gegenüber?

Der Verlauf

Zahlen zeigen mag sprachbegleitend oder isoliert vorkommen.
Zahlen zeigen scheint weitgehend ikonisch. Aber es ist schon ein Gemisch aus Ikonismus und Konventionalität.
Von daher gibt es interessante kulturelle Unterschiede. Fängt man mit dem Daumen an oder mit dem Zeigefinger? Oder gar mit dem kleinen? Was bedeutet die ganze Faust?
Im Deutschen geht es gewöhnlich so:

> Beginn (meist) rechte Hand, leichte Faust, Handrücken zum Partner, Daumen gestreckt = 1, Finger nacheinander aufklappen, Handinnenfläche zu sich selbst, Zeigefinger = 2, Mittelfinger = 3, Ringfinger = 4, kleiner Finger = 5, weiter linke Hand, analoge Prozedur bis 10, rechte Hand wird irrelevant.

Amerikanisch

Anders schon amerikanisch:

> Beginn (meist) linke Hand, leichte Faust, Handinnenfläche zum Partner, Zeigefinger nach oben gestreckt = 1, Finger nacheinander aufklappen, Mittelfinger = 2, Ringfinger = 3, kleiner Finger = 4, zuletzt Daumen = 5, weiter rechte Hand, analoge Prozedur bis 10, linke Hand wird weiter gezeigt.

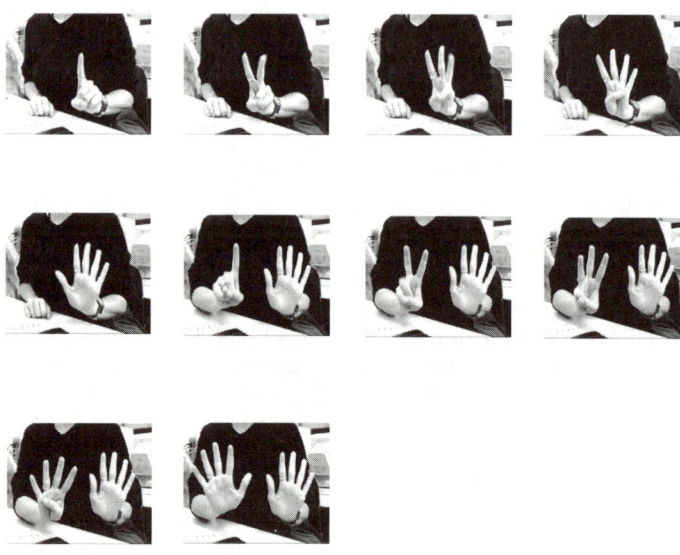

Und noch anders auf Chinesisch. Hier liegen andere ikonische Prinzipien zugrunde. Öfter werden Zahlzeichen nachgebildet, mit einer Hand. Die letzten beiden Bilder zeigen Alternativen.

Chinesisch

Japaner können alle Zahlen mit einer Hand zeigen. Sicher erkennen Sie, dass hier ein anderes Grundprinzip befolgt wird. Japaner klappen die gezählten Finger weg.

Japanisch

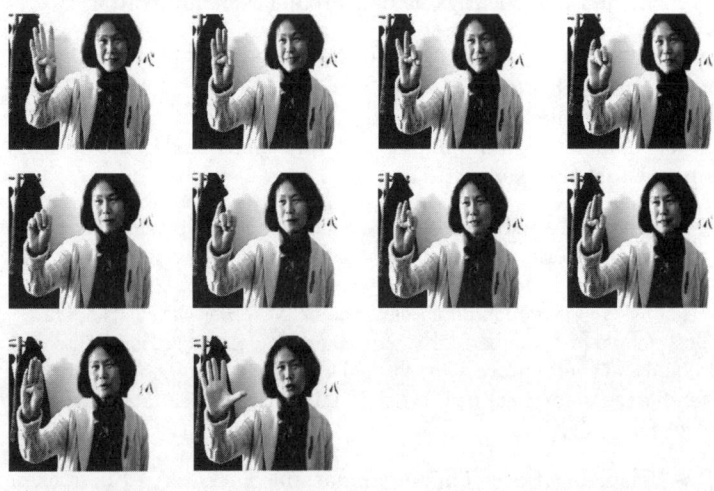

Lassen Sie Menschen verschiedener Kulturen vorzählen und beschreiben Sie die verschiedenen Vorgehensweisen: • Prinzipielle Unterschiede • Details (welche Finger, wie, in welcher Reihenfolge)

Anregung

Stellenwert

Die kommunikativen Erscheinungen, die in diesem Kapitel behandelt sind, werden gemeinhin als analogisch angesehen, und sie sind es auch weitgehend. Jedoch können wir konventionalisierte Gesten als diskret, also als digital ansehen wie vokale Äußerungen. Allerdings sind sie intern nicht strukturiert wie sprachliche Äußerungen.

In der Erforschung interkultureller Kommunikation nimmt die nonverbale oder analogische Kommunikation einen großen Raum ein. Ihr kommt besondere Wichtigkeit zu, weil es hier häufig zu Missverständnissen kommt. Gründe dafür sind vor allem:

- Bei reduzierter sprachlicher Kommunikation kommt etwa der gestischen Kommunikation ein höherer Stellenwert zu.
- Gestische und mimische Kommunikation werden weitgehend für natürlich und universell gehalten. Sie sind es aber nicht.

Allerdings halten wir die Gewichtung angeblicher Anteile nonverbaler Kommunikation für überzogen. Sie scheint eher darauf zurückzuführen, dass viele Psychologen, Anthropologen und Ethnologen sich mit interkultureller Kommunikation befasst haben und zu wenig Linguisten. Völlig aus der Luft gegriffen sind aber Behauptungen wie die nonverbale Kommunikation mache 70% der Kommunikation aus. Da soll man erst erklären, wie man Kommunikation misst und in Zahlen fasst. Solche Absurditäten braucht es nicht, um die Wichtigkeit nonverbaler Kommunikation zu beweisen.

Wir stellen vorsichtshalber klar: Diskrete, sprachliche Kommunikation ist der bei weitem effektivste, differenzierteste und klarste Modus menschlicher Kommunikation.

In den meisten Fällen sind Gesten nur sprechbegleitend und sie sind weitgehend ikonisch.

> Ein Reisender kommt nach einer Nachtfahrt auf dem Busbahnhof in Istanbul an. Er sucht nach einem Bus, der zum Flughafen fährt. Der erste Busfahrer, den er fragt, nickt bedächtig mit dem Kopf. Zufrieden steigt er ein. Ihm wird jedoch durch die anderen Mitfahrer bedeutet, dass der Bus nicht zum Flughafen fährt. Zu müde, um sich über den Fahrer zu ärgern, steigt er aus und versucht sein Glück noch einige Male in anderen Bussen, immer mit dem gleichen Erfolg. Schließlich fährt er mit einem Taxi.

Das Beispiel soll exemplifizieren, dass im Türkischen Kopfnicken als Verneinung gilt. Allerdings, ob die zwei so blöd waren, dürfen wir zu Recht bezweifeln. Wieso sollen die Mitreisenden alles gerafft haben. Und wer ist der allwissende Erzähler?

Im Übrigen ist es wohl ein interkulturelles Gerücht, dass Kopfnicken im Türkischen als Verneinung gilt.

Gestik | 87

Verbreitet ist die Unterscheidung in analogische und digitale Kommunikation. Die Idee dahinter ist, im ersten Fall sei das Medium analog, im zweiten Fall sei es digital.
Ein Beispiel für die Unterscheidung finden wir in Schallplatten: Die guten alten Schelllackplatten sind analogisch. Die Tonspur ist eine verkleinerte Abbildung der physikalischen Ton-Ereignisse, die wieder abgetastet werden kann und dabei 1-zu-1 umgesetzt wird in physikalische Töne. Verluste treten vor allem durch das Maß der Verkleinerung (die Auflösung) auf und durch Mängel des Abbilds und des Wiedergabegeräts.
Digitale Schallplatten erfassen die physikalische Erscheinung in Zahlen (digits) und letztlich binär in einer Folge von 0 und 1. Es geht dem eine Art Übersetzung voraus, in der das physikalische Ereignis strukturiert wird, die Struktur wird anschließend in Zahlen festgehalten, die rückübersetzt werden in Töne.
Verbunden mit der Unterscheidung analogisch und digital ist darum auch die Unterscheidung in kontinuierlich und diskret. Analogische Abbildung kann sozusagen das Kontinuum abbilden, digitale Abbildung setzt eine diskrete Struktur voraus.

Analog vs. digital

Etwas Überlegung zeigt, dass bei der Unterscheidung in analogisch und digital im kommunikativen Bereich nicht eigentlich das Vorkommen, das kommunikative Ereignis gemeint sein kann. Die Äußerung eines Satzes, die im Allgemeinen als Beispiel für digitale Kommunikation gilt, ist nicht diskret. Wenn wir sie etwa aufzeichnen und optisch darstellen, erkennen wir keine Einschnitte, keine Grenzen, sondern ein analoges Kontinuum, natürlich entsprechend der Auflösung. Selbst die Stille setzt kontinuierlich ein.

Analogital!

Die Diskretheit der Äußerung erzeugen wir in normaler Kommunikation, indem wir Wahrnehmungsmuster oder mentale Muster auf sie anwenden. Die Muster, die wir anwenden, können dabei mehr oder weniger deutlich, klar und scharf sein. Sie sind erworben und beruhen auf Konvention und Tradition.
Hierbei können auch äußere Faktoren mitspielen. So ist die Diskretierung des Lautstroms abgesichert durch die Schreibung. Welcher Buchstabe (also grosso modo, welches Phonem) einem Segment zuzuordnen ist, lernen Kinder im Erstlese- und Erstschreibunterricht. Dadurch erst erscheint es uns selbstverständlich, den Lautstrom als diskret und diskontinuierlich anzusehen.

Nicht das token ist diskret.

Die Konvention zählt

Festzuhalten ist: Nicht das kommunikative Ereignis ist analogisch oder digital; wir nehmen es als analogisch oder diskret wahr.

Wenn ein Individuum ein Muster für die Wahrnehmung und gegebenenfalls für die Strukturierung des Ereignisses besitzt, bedeutet das allerdings noch nicht, dass dies auch durch eine Konvention abgesichert ist. Bei Sprache allerdings handelt es sich um Symbole, die konventionell gedeutet werden und damit im Rahmen der Konvention sicherer sind. Bei anderen Zeichen mag das anders sein.

Aus der symbolischen Basierung folgt beispielsweise, dass das gleiche Ereignis erstens individuell unterschiedlich gedeutet werden kann, aber zweitens auch auf Basis unterschiedlicher Konventionen. Dies gilt für lautliche Ereignisse wie für andere. So ist ein deutsches /a/ kein englisches, weil eben das Lautkontinuum sprachlich und damit konventionell anders strukturiert wird. Auch eine gestische Bewegung kann in einer Kultur konventionell sein und etwas Bestimmtes bedeuten, in einer anderen aber nicht. Ja, die oberflächlich gleiche gestische Bewegung kann in verschiedenen Kulturen Unterschiedliches bedeuten, gerade so wie *Ei*, *I* und *ahi*.

In der Behandlung von Gestik ist es verbreitet, den Gesten, den Zeichen also, eine fixe Bedeutung zuzuschreiben, ganz in Entsprechung zu dem statischen Zeichenmodell. Der Gebrauch und die Gebrauchssituation bleiben außen vor. So heißt es, dass in Bulgarien Kopfschütteln so viel wie „ja" bedeute, ganz wie im Türkischen. Eine genauere Betrachtung bringt ans Licht, dass Nicken ebenfalls für ja verwendet wird und besonders dass die bulgarische Übersetzung von *Kopfnicken* auch heißt Jasagen. Es lohnt sich immer zu eruieren, was vokabularisiert ist in einer Sprache. Dann erkennt man, was wichtig und richtig ist.

Nur eine genaue Beschreibung des Gebrauchs bringt uns weiter.

- Unterscheiden die beiden Versionen sich in der Intensität des Jasagens?
- Werden beide bei verschiedenen Gelegenheiten verwendet, in verschiedenen Partnerkonstellationen?
- Spielt eine Rolle, wie oft man den Kopf schüttelt, wie schnell, wie intensiv?
- Nach welcher Seite fängt man an? Spielt das eine Rolle?

Auch hier wird sich die Gebrauchstheorie als überlegen erweisen. Gesten müssen in ihren Verwendungszusammenhängen und differenziert beschrieben werden. Der statischen Auffassung entgehen die wesentlichen Aspekte.

Ein anderes Beispiel für die statische Auffassung ist die Behauptung, in Italien werde die auffällige Geste auf dem Foto verwendet, um jemanden als betrogenen Ehemann (cornuto) zu diffamieren, sei also extrem beleidigend.

Tatsächlich ist es aber, jedenfalls heutzutage, eine Scherzgeste. Man stellt sich beim Fotografieren etwa hinter einen Mann und zeigt mit dieser Geste, dass er gehörnt ist. Spaßeshalber.

Die sog. analogische Kommunikation ist oft keine Kommunikation im echten Sinn. Die Sprecher produzieren nonverbale Äußerungen nicht unbedingt bewusst oder in kommunikativer Absicht. Es geht viel mehr um den Rezeptionsaspekt, wie was gedeutet wird. Oft hat der Sprecher das so und so Gedeutete gar nicht gemacht. Es sind für den Deutenden nur Anzeichen.
In vielen Fällen sind diese Art von Zeichen auch nicht konventionell. Das meiste ist sprechbegleitend und nicht unbedingt selbständig kommunikativ. Es mag der Rhythmisierung dienen, es können gar kleine begleitende pantomimische Darstellungen sein. Darum kann es auch zu widersprüchlichen Verständnissen und Botschaften kommen (double bind). Etwa:

- Einladen mit abwehrender Handbewegung
- „Es geht mir gut" mit säuerlicher Miene
- Zustimmung in mürrischem Ton

Trittbrettfahrer

Öfter wird angenommen, dass gestische Sprache zum Beispiel in der Evolution der vokalen vorausging. Entsprechende Theorien sind eher der Sparte adventure science zuzuordnen. Was wären genau die Selektionsvorteile gestischer Kommunikation gewesen? Wie könnte sie entstanden sein?

Anregung

4.2 Mimik

Mimik wird gemacht, wenigstens partiell, aber der Produzent hat es da schon schwieriger. Er sieht ja nicht, was er tut. Das heißt, er lernt den kommunikativen Effekt nur über die Reaktionen der Partner kennen, die er allerdings eher unreflektiert wahrnimmt. Auch hier haben wir es mit weitgehender Einseitigkeit zu tun. Mimik wie Gestik sind Ereignisse in der Zeit. Es gibt sehr schnelle, kurze und unauffällige Gesichtsbewegungen, die kommunikativ verwertet werden. In Bildern haben wir sie nur eingefroren. Aber auch nach stehenden Bildern schreiben wir kommunikative Absichten und gar stehende Eigenschaften zu.

Porträts

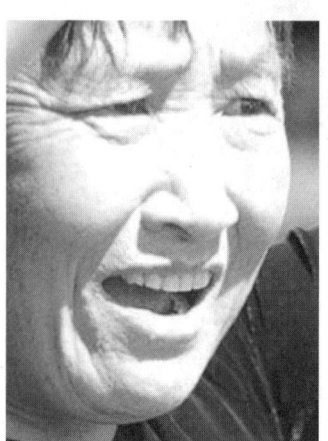 

Anregung

Assoziieren sie nacheinander zu jedem einzelnen Bild. Schreiben Sie die Einfälle auf.

Mimik 91

Unsere Körperhaltung ist uns vielleicht noch weniger bewusst als die Mimik. Aber auch sie wird gedeutet. Wir nehmen als Deuter einfach alles, egal ob intendiert oder nicht. Körperlicher Ausdruck ist nach einer naiven Ansicht genetisch hinterlegt und damit natürlich; daraus wird gefolgert:

Körperhaltung

- universal
- verlässlich

Es heißt: „Der Körper lügt nicht".
Aber er spricht auch nicht!
Schauspieltraining und Brustvergrößerung werden ignoriert.

- Wie würden Sie die Haltungen charakterisieren?
- Erfinden Sie je eine passende Sprechblase.

Anregung

Nonverbale Kommunikation

Sitzen

Anregung

Was passt?
angespannt – aufrecht – aufreizend – breitbeinig – entspannt – freundlich – gespannt – in Pose – lässig – locker – nachdenklich – offen – schlaff – sexy – sittsam – züchtig

Wenn man Kommunikation sehr weit fasst, kann man auch körperliche Berührungen und die Rolle des Körpers einbeziehen. Interkulturell gibt es hier jedenfalls spektakuläre Unterschiede.
Fasst man sich in der Konversation an oder ist das verpönt? Wie nahe kommt man sich bei der Begrüßung? Welche körperlichen Kontakte? Küssen sich Männer und umarmen sie sich?
Wir zeigen die Unterschiede zwischen Amerika und Japan in Bezug darauf, welche Körperstellen von wem gewöhnlich berührt werden oder welche die Probanden gewöhnlich problemlos zu berühren glauben.
Natürlich lassen wir Sex außen vor.

Taktile Kommunikation

Japanisch		USA	
FreundIn DifSex	FreundIn GlSex	FreundIn DifSex	FreundIn GlSex

Japanisch		USA	
Mutter	Vater	Mutter	Vater

(nach Barnlund 1975)

Nonverbal
– Wozu?

Wieso kommunizieren wir überhaupt nonverbal? Wieso deuten wir das Nonverbale?
Die Differenziertheit oder der kommunikative Effekt beantworten die Frage nicht: Die nonverbalen Ausdrucksmittel sind gegenüber den sprachlichen absolut ärmlich oder gar nicht recht zu fassen. Vielleicht tun wir es deshalb:

- Nonverbale Kommunikation ist begleitend. Sie läuft neben der verbalen Kommunikation her. So kann sie ständigen Feedback geben und zur Gesprächsorganisation ausgewertet werden. Da sie in einem anderen Medium läuft, können Parallelbotschaften, auch widersprechende, übermittelt werden.
- Das Nonverbale ist nicht Topik. Es bleibt nebenbei. Es wird zwar gewertet, soll aber in der Regel nicht thematisiert werden. Die eigenen Deutungen auszusprechen kann zur Zerstörung der Kommunikation führen. (Mundgeruch!)
- Das Nonverbale bleibt diffus. Man legt sich nicht fest und kann nicht festgelegt werden. Deutende haben Spielraum.
- Nonverbales wird als ikonisch gesehen und damit für einfacher zu verstehen gehalten.
- Nonverbales halten wir für echter, weil es als weniger arbiträr gilt. Da es eher natürlich scheint, wird es für wahrhaftiger genommen.
- Weil Nonverbales als weitgehend ikonisch angesehen wird, gilt es als direkter. Dies wird gestützt dadurch, dass nur in face-to-face-Kommunikation das Nonverbale seine Rolle spielt.

Nonverbale Kommunikation ist spezifischer gedacht. Sie ist besonders zuständig für Gefühle, also für etwas, was sonst oft als unausdrückbar deklariert wird.

4.3 Paraverbales

> Neulich wollte ich in einem dänischen Möbelgeschäft etwas kaufen und an der Kasse per Scheck zahlen. Beim Öffnen der Brieftasche stelle ich fest: „Oh Gott, jetzt hab ich meine Schecks nicht dabei!" Darauf sagt der dänische Verkäufer, der mich bislang zuvorkommend bedient hatte, nur „Jaja". Aber er sagt das so komisch, mit fallender Betonung, so als wolle er sagen: „Jaja, ich seh schon, erst die dicken Sachen aussuchen, und wenn's dann ans Bezahlen geht ..." Kein Wunder, dass ich etwas in Verlegenheit gerate. „Tut mir wirklich leid. Gestern hatte ich sie noch in der Brieftasche. Aber ich fahr sofort heim, hol die Schecks und bin gleich wieder da", versuche ich mich zu rechtfertigen. Wieder dasselbe „Jaja", so als würde ich sowieso nicht wiederkommen.
> Jetzt bin ich sauer. Möchte ich als so unseriöser Kunde gesehen werden? Was nimmt sich der Verkäufer heraus, sich so überheblich zu benehmen?

Fallende Betonung

Was ist fallende Betonung und was hat sie zu bedeuten?

> Eine pakistanische Bedienung, die in dem Selbstbedienungsrestaurant für höhere Bedienstete des Flughafens Heathrow bei London arbeitet, muss bei manchen Speisen nachfragen, ob die Gäste noch Soße dazu haben wollen. Dazu sagt sie ganz einfach nur „Soße" („gravy"). Einige der Kunden beschweren sich schon nach kurzer Zeit über die Frau, die – ja typisch für diese asiatischen Einwanderer – total unhöflich sei. Der Frau wird die Beschwerde weitergegeben. Sie versteht die Welt nicht. Sie tut ihre Pflicht wie alle anderen auch. Sie weiß nicht, was an ihrem Verhalten unhöflich ist. Sie ändert ihr Verhalten nicht. Auch ob die Gäste noch Soße zum Essen haben wollen, fragt sie in der gewohnten Weise. Wieder gehen Beschwerden ein. Die Gewerkschaft greift ein. Ein gespanntes Arbeitsklima ist die Folge.

Typisch pakistanisch

Worin besteht die gewohnte Weise? Ein Akzent?
Das Englisch vieler südostasiatischer Immigranten hat Konventionen, die für Engländer geradezu das Gegenteil ihrer Erwartungen vermitteln. So geht bei Fragen die Betonung zum Ende hin nach unten. Im England-Englischen wird aber eine Intonation nach oben erwartet. Dies entspricht der höflichen Nachfrage. Aber die pakistanische Bedienung spricht den Satz nach ihrer Konvention gleichfalls höflich aus. Für die englischen Bediensteten klingt es wie eine ultimative Aufforderung, Soße zu nehmen: „Nun nehmen Sie schon die Soße!"

Nonverbale Kommunikation

Paraverbales

Sprachliche Äußerungen sind moduliert durch paraverbale Phänomene. Paraverbale Merkmale fassen wir in Prosodie, Intonation, Stimmlage, Stimmfärbung, Tempo, Rhythmus, Akzent, Intensität, Tonhöhe, Lautstärke usw. Sie sind nie autonom, sondern Huckepack-Phänomene, die sich vokalen Äußerungen aufpfropfen und sie modulieren.

Diese Zeichen sind bei jeder vokalen Äußerung dabei, wir können sie nicht umgehen. Darum sind die meisten auch keine echten kommunikativen Zeichen, aber sie können gedeutet werden und wir deuten sie. So ist es wichtig, ein Bewusstsein dafür zu bekommen, wie wir das tun und was daraus resultiert.

Grundlage dafür sind folgende Erkenntnisse:

- In den meisten Fällen haben wir es beim Paraverbalen mit analogischen, nicht diskreten Zeichen zu tun. Sie werden als Symptome gedeutet. Konventionalisiert ist allerdings die Frage-Intonation im Deutschen oder die Töne in sog. Tonsprachen.
- Viel Paraverbales ist genetisch bedingt; es ist einfach gegeben und nicht unter unsrer Kontrolle. Frauen sprechen gewöhnlich mit höherer Stimme als Männer. Wir wissen, dass dies eigentlich nicht kommunikativ ist. Und trotzdem wird es gedeutet. Das kann weit gehen. So ist bekannt, dass weibliche Politikerinnen lernen mit tieferer Stimme zu sprechen, um nicht zickig oder wie immer zu wirken.
- Viel Paraverbales ist individuell und persönlich. Manche Leute sprechen habituell lauter als andere. Das mag bedingt sein durch Körperbau oder durch familiären Usus oder was immer. Auch das wird gedeutet und beispielsweise öfter als Charaktereigenschaft genommen: ein lauter Mensch.
- Paraverbales kann unterschiedlich etabliert sein in unterschiedlichen Kulturen und es kann kulturell unterschiedlch gedeutet werden.
- Paraverbales kann schließlich kommunikativ intendiert und symbolisch verwendet werden. Dazu muss es nicht vollständig konventionell sein. Ein cleverer Produzent kann symptomatisch zu Deutendes auch intentional produzieren.

Akzent

Als Akzent bezeichnen wir üblicherweise ein paraverbales Konglomerat. Unter Akzent fassen wir insbesondere eine Sprechweise mit Relikten anderer Varietäten oder Sprachen.

In der Linguistik unterscheidet man terminologisiert Wortakzent und Satzakzent. Der feste Akzent ist bloße Routine, kommunikativ nicht weiter nutzbar. So hat das Deutsche fest den Wortakzent am Anfang. Er kann höchstens Wort differenzierend genutzt werden: *úmfahren* vs *umfáhren*. Dies ist zwar kommunikativ relevant, aber festgelegt und konventionalisiert.

Kommunikative Freiheit und Intention beginnen beim Satzakzent.
Es ist charakteristisch, dass die übliche Beschreibung der Akzentuierung schon deutend ist: Man sagt, A hat das Wort X betont und meint damit nicht rein das Akustische, sondern auch das, was es leistet. Akustisch wird akzentuiert durch größere Intensität (Stress), durch leicht höhere oder längere Aussprache. Normalerweise sagt man, der Akzent liege auf einem Wort, wenngleich der Träger in der Regel nur ein Morphem oder eine Silbe ist.
Die Kernfrage ist: Was hat es zu bedeuten, dass A den Akzent auf X legt? Der Akzent ist doch kommunikativ ein äußerst ärmliches Zeichen. Er ist nur ein Hinweis für den Partner, den er mit seinem Wissen deuten muss. Die Leistung der Akzentuierung ist, dass an der akzentuierten Stelle irgendwas Besonderes ist. Der Sprecher gibt so einen Hinweis, dass der Partner hier besondere Deutungsarbeit zu leisten hat. Möglicherweise steckt hier die wichtigste Information oder es wird hier etwas korrigiert oder bekräftigt (in der Wiederholung zum Beispiel) oder es sollte ein Gegenteil eingesetzt werden. Es gibt einen großen Spielraum für die Deutung.
Das betonte *der* in „Es heißt nicht dér Bar" ist so zu deuten, dass ein anderes Artikelwort hergehört. In Frage kommen vielleicht *die* oder *das*. Dies muss man natürlich wissen. Das betonte *der* in „Es war nicht dér haarige Mann" ist so zu deuten, dass es ein andrer haariger Mann war. Hingegen wäre „Es war nicht der háarige Mann" so zu deuten, dass es einer ohne Haare war. Hier sind die nötigen Inferenzen der Deutenden noch einigermaßen üblich, in anderen Fällen kann mehr Deutungsarbeit zu leisten sein.

Der Rhythmus der Rede ist vor allem bestimmt durch Tempo und durch Pausen.   Rhythmus
Was aber ist eine Pause? Was ist der Unterschied zur Stille? Und was bedeutet die Pause?
Ein wichtiges Kriterium ist sicher, dass in einer Pause kein Laut produziert wird, allerdings innerhalb eines Lautstroms. Nur, ein bloßer Einschnitt zwischen Wörtern ist noch keine Pause. Die Pause entsteht erst, wenn das Aussetzen eine bestimmte Länge hat (in Millisekunden?) und dies als Besonderheit wahrgenommen wird. So gilt es denn auch zu unterscheiden: segmentierende Mikropausen zwischen Wörtern, als normal angesehene Atempausen, Staupausen, ein Glottisschlag und gefüllte Pausen (mit „äh" und „öh").
Stille wird gedeutet als Pause. Pausen sind wichtig für den turn-Wechsel. Und da zeigt sich öfter, dass die Beteiligten sich nicht einig sind, was eine Pause ist, wie lange Stille dazu nötig ist. Hektiker nutzen den kurzen Moment der Stille, um hineinzuspringen.

Nonverbale Kommunikation

Unterbrechen – aber wie?

K. muss des Öfteren mit seinem russischen Geschäftskollegen T. telefonieren. T. spricht sehr gut Deutsch, aber dennoch ist für K. jedes Gespräch mit T. eine Tortur. Er sagt: T. redet monoton, ununterbrochen und findet kein Ende. K.s Ansätze, ins Gespräch zu kommen, scheitern regelmäßig. Und wenn er durch Reinreden endlich zu Wort kommt, ist er sich nicht sicher, ob er seinen Kollegen T. nicht vielleicht beleidigt hat. Auf die Dauer, meint K., kann so jedenfalls keine gute Geschäftsbeziehung bestehen.

Pause

Eine Pause ist sozusagen ein Moment der Stille in der Kommunikation. Aber kurze Momente der Stille gibt es dauernd. Sie werden gar nicht wahrgenommen. Wie lang aber ist so ein kurzer Moment? Und wann beginnt er zur Pause zu werden? Und dann noch die Frage: Wie ist die Pause zu verstehen? Braucht der Partner eine Denkpause und soll ich sie ihm lassen? Oder sollen beide Partner nachdenken? Oder will der Sprecher den turn abgeben? All dies, wie lang eine Mikropause dauert, wann sie zur Pause wird, wie Pausen zu verstehen sind, ist kulturell unterschiedlich geregelt und kann so zu Missverständnissen führen.

Der folgende Critical Incident ist zu deuten auf dem Hintergrund unterschiedlicher Konventionen für Pausen und ihre Dauer.

Als Herr Walther für seine Firma nach Helsinki reist, ist er gut vorbereitet. Er hat die finnische Geschichte und Nationalkultur studiert, er kann ein paar Floskeln in Finnisch sagen und freut sich schon auf die Sauna. Die Gesprächspartner können zudem hervorragend Deutsch. Herr Walther ist sich allerdings nicht immer sicher, ob seine finnischen Kollegen ihn verstehen. Er muss alles doppelt sagen. Immer wenn er meint, er habe sich klar und deutlich ausgedrückt, folgt keine Reaktion. Doch die Kommentare der finnischen Kollegen zeugen durchaus von Sachverstand.

Herr Walther kann das nicht verstehen. Er scheint den größten Teil der Zeit zu reden, seine finnischen Kollegen hören ihm nur zu.

Wie kann so ein Vertrag zustande kommen? Herr Walther, daheim keineswegs als Vielredner bekannt, weiß nicht, was er falsch macht.

US-amerikanische Forscher haben herausgefunden, dass die Feedback-Signale schwarzer und weißer Amerikaner teilweise differieren. Dies führt zu Missverständnissen: Weiße Beamte missdeuten die Verstehenssignale schwarzer Klienten und sagen alles doppelt – wie Herr Walther. Die Reaktion ist Ablehnung, weil sich die Klienten infantilisiert fühlen.

Als Deutsche können Sie leicht als aggressiv wirken, wenn Sie dem Partner keine Zeit lassen. Dies ist ein gängiges Vorurteil über Deutsche.

Paraverbales

> Ich bin relativ oft in Italien. Bei meinem ersten Aufenthalt war ich bei einer sizilianischen Familie. Da hab ich mich gewundert, warum die sich fortwährend anschreien. Und später mit meinem Freund. Da haben wir das wieder erlebt. Die waren so laut. Wir haben ständig Streiten gehört. Und erst als wir reingehört haben, was sie reden, wurde uns klar, dass die sich ganz normal unterhalten haben. Aber für uns mit einer Stimme, in einer Lautstärke und in einem Tonfall, als ob sie streiten.

Mit einer Stimme ...

Wie fassen wir Tonfall und Stimme?
Für Tonfall und Stimme verwenden wir öfter charakterisierende Adjektive. Und für Stimme gibt es auffallend viel mehr.

Vokabular

	Nonverbale Kommunikation
Paraverbales Deuten	Wer vokale Sprache analysieren und deuten will, muss prosodische Merkmale hören und deuten können, sollte aber auch gegen unvorsichtige Deutung geimpft sein. In Transkriptionen wird dazu eine Notation nötig sein, so wird das vage Analogische digital gefasst und manifest diskutierbar. Uns wird es vor allem um das nötige Beschreibungsvokabular und mögliche Missverständnisse gehen. Verbreitet sind zu schlichte Deutungen.

Eine wichtige Erkenntnis ist, dass unsere Deutungen und Beschreibungen sich nicht auf je ein Kriterium stützen, sondern dass wir gedeutete Angaben machen, die verschiedene akustische Phänomene zusammenstricken. Und die Deutungen gehen wesentlich auf symptomische Inferenzen.

Wir deuten das Paraverbale häufig als Anzeichen der Emotion, der Stimmung.

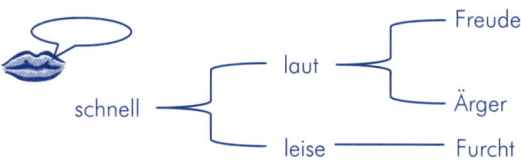

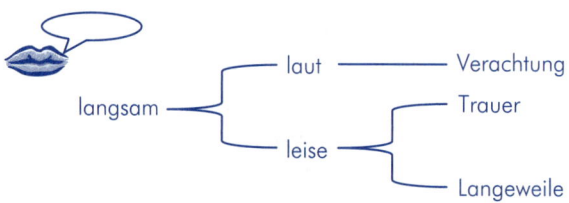

All dies ist gefährlich.

Paraverbales

In transkribierten Wiedergaben werden die Probleme des angemessenen Hörens und Deutens sichtbar. Hier unterschiedliche Wiedergaben der gleichen Tonaufnahme durch verschiedene Transkribenten. Sie haben offenbar nicht nur andere Notationsgewohnheiten, sondern auch Unterschiedliches gehört.

Differenzen

```
R:    äh, äh + Dieser, dieser + Satz(t) + + + ist äh,
äh,   äh + + komplexer oder
D:    Ja klar ((fallend))
```

Legende: + = Pause   fett = Betonung

```
R:    eh + diesa diesa + Satz ++ ist eh ((zögernd))
      komplexa oder
D:    Ja, klar
```

Legende: +, ++ = Pausen

```
R:    Ääh, dieser & dieser Satz ++ ist ähh ((gedrückt))
      + komplexer, oder?
D:    Na klar!
R:    komplexa
```

Legende: + = Pause; & = verbunden

Zu diesen einfachen Transkriptionen stellen sich viele Fragen:

Fragen über Fragen

- Was genau geben die Satzzeichen wieder?
- Was ist eine Pause? Wie lange dauert sie? Was hat sie zu bedeuten?
- Was ist der Unterschiede zwischen „zögernd" und „gedrückt"?
- Wie weit kann man in normaler Orthographie das Phonetische erfassen? Sagt jemand „äh" oder „eh" oder „ääh" oder „ää" oder was?
- Was heißt Betonung?
- Was heißt verbunden?

Und so weiter.

Intonation wird metaphorisch charakterisiert mit steigend vs. fallend. Dem liegt ein Bewegungsbild zugrunde, das wir in Intonationskurven darstellen.

Aspekt: Intonation

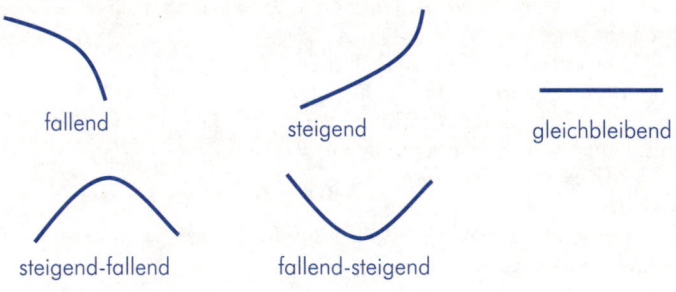

Steigende Intonation – so heißt es – signalisiert Offenheit, Unabgeschlossenheit. Das ist aber durchaus vage: Möglicherweise will der Sprecher selbst weiterführen oder er will, dass der Partner vervollständigen möge.

Im Deutschen werden Formen der Intonation konventionell genutzt. Die verschiedenen Satzarten sind von unterschiedlichen Intonationskurven begleitet und werden dadurch unterschieden.

Frage   Aussage   Befehl

Die Frageintonation ist so dominant, dass sie uns auch Aussagesätze mit Frageintonation als Fragen deuten lässt.

Laut und *leise* sind relative Adjektive, sie charakterisieren relativ. Gegenüber dem Geräusch eines Düsenjägers könnte die menschliche Stimme nie laut sein.
Darum ist der Bezugsbereich hier nur die menschliche Stimme.
Aber auch in diesem Bereich ist laut noch relativ:

- Was als laut zählt, kann einem kulturell unterschiedlichen Standard unterliegen.
- Was als laut zählt, kann einem persönlichen, individuellen Standard des Produzenten oder Rezipienten unterliegen.
- Was als laut zählt, kann relativ zu anderen Segmenten des Lautstroms einer Äußerung gehört werden.

Analog verhält es sich mit *schnell* vs. *langsam*.

Strukturiertes Vokabular

Wichtig für das Deuten ist ein Beschreibungsvokabular und seine einigermaßen gesicherte Verwendung. Da erkennen wir, was für wichtig gehalten wird und wie es gedeutet wird.
Meistens verwenden wir Adjektive zur Beschreibung.
Seltener Verben:
    Darauf erhob sie ihre Stimme.
    Seine Stimme klang recht gut.
    Seine Stimme überschlug sich.
Häufig sind es auch Partizipien von Verben:
    Mit gehobener Stimme ...
    Da sprach sie stockend ...
(Dagegen sind Akte wie husten, hüsteln, lachen, schniefen, seufzen nicht paraverbal.)

Paraverbales 103

Der methodischen Hygiene könnte es dienen, das Vokabular nach folgenden Kriterien zu sichten:
• Ist das Beschreibungsmittel eher objektiv auf das Akustische ausgerichtet oder stärker mit Deutung imprägniert?
• Worauf zielt die Deutung: eher auf den Akt oder die Person, ihren Charakter oder ihre Gefühlslage?

crescendo – decrescendo – dunkel – fallend – hell – hoch – langsam – laut – leise – rau – schnell – steigend – still – tief	Akustisch
abgrundtief – aus vollem Mund – bebend – brüllend – dröhnend – dumpf – durchdringend – erhoben – fest – flüsternd – fragend – gedämpft – gellend – gepresst – hart – heiser – klar – klingend – lauthals – sanft – scharf – schnaubend – schnaufend – schrill – schwach – singend – sonor – stockend – stöhnend – überschlagend – verbunden – vibrierend – voll – weich – weinerlich – wohlklingend – zart – zitternd – zittrig – zögernd	Akustisch spezifiziert
abweisend – aggressiv – anzüglich – belehrend – bittend – eindringlich – einschmeichelnd – fragend – herausfordernd – höflich – höhnisch – ironisch – salbungsvoll – schnippisch – spitz – tröstend – verbindlich – warnend – zärtlich – zweifelnd – zynisch	Akt modifizierend
aggressiv – ängstlich – argwöhnisch – aufgebracht – aufgeregt – bang – bedächtig – beherrscht – belustigt – besonnen – besorgt – distanziert – empört – erstaunt – frostig – gefasst – gekränkt – gelassen – hektisch – interessiert – kalt – kühl – misstrauisch – ruhig – schüchtern – unbekümmert – unsicher – verbittert – vorsichtig – würdevoll	Person zugeschrieben

Gehen Sie die Charakteristika einzeln durch. • Welche Metaphorik wird verwendet? • Wie sind bei den Akt modifizierenden die Kriterien wahrnehmbar und sind alle wahrnehmbar?	Anregung

Fazit

In der Konversation wirken Verbales, Nonverbales und Paraverbales zusammen Über die Anteile sollte man nicht streiten. Von der Differenziertheit her gesehen aber steht das Verbale absolut im Vordergrund.

Die verschiedenen Aspekte können einander stützen, sich verstärken, nebeneinander herlaufen oder sich widersprechen.

- Nonverbale und paraverbale Merkmale sind kontinuierlich und weitgehend nicht konventionalisiert. Ihre Beschreibung ist darum nur in Skalen möglich, die Stärke und Ausprägung erst per Einschätzung numerisch erfassen.
- Die Trennung der einzelnen Merkmale ist oft schwierig: Gestik ist mit Körperbewegung verbunden, Blick mit Kopfbewegung. Lautstärke ist mit Gesichtsausdruck und mit Mund- und Atembewegung verbunden usw.
- Tempo, Pausen, Lautstärke und Gesten sind dominant für das turn-taking.
- Blick, Kopfbewegung, Körperbewegung sind nicht so relevant für den turn-Wechsel. Oft sind sie auch ambig. Zum Beispiel kann die Zuwendung des Blicks heißen, dass man aufmerksam zuhört, aber auch, dass man den turn möchte.

Den turn bekommt man nur, wenn man auf der Skala ein ganzes Stück höher liegt als der Sprechende. Und der Sprechende legt im allgemeinen nach.

5 Sprache und Kultur

*Culture is in language,
and language is loaded with culture.*

Michael Agar

Das Kaleidoskop der Definitionen

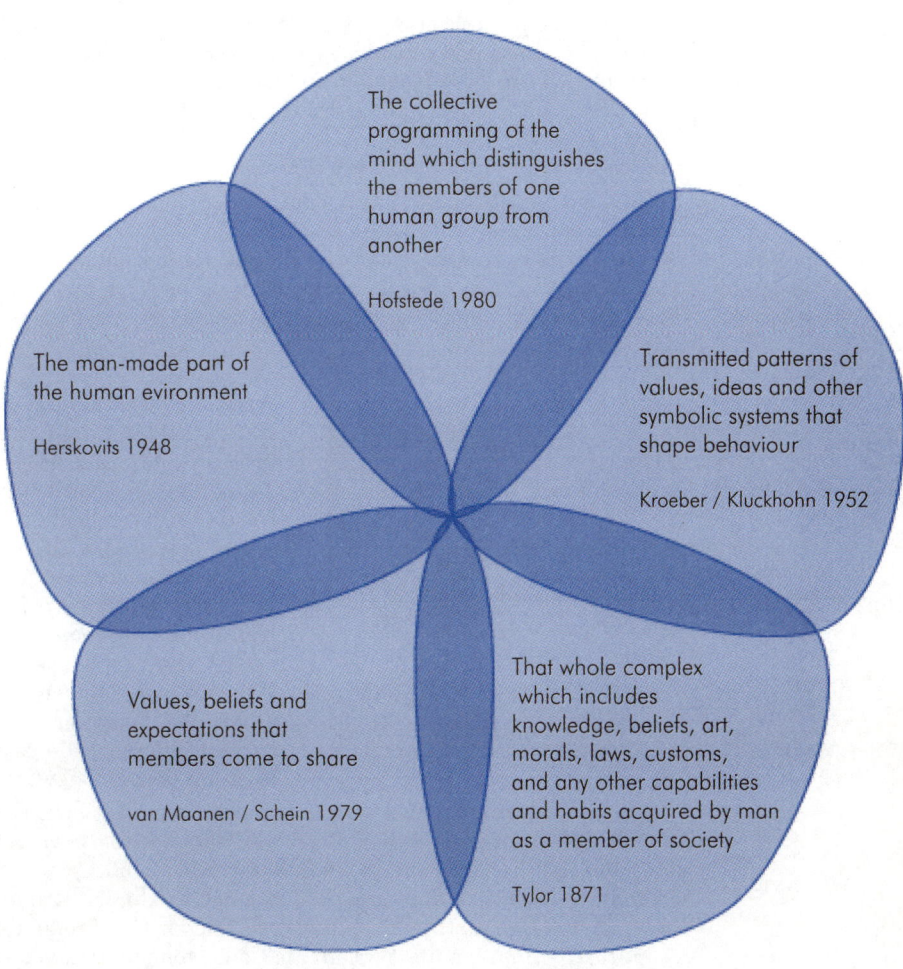

5.1 Was ist Kultur?

Es gibt viele Definitionen von Kultur, und viele sind brauchbar.

Eine Definition

> Culture, being what people have to learn or distinct from their biological heritage, must consist of the end product of learning: knowledge, in a most general, if relative, sense of the term. By this definition, we should note that culture is not a material phenomenon; it does not consist of things, people, behavior, or emotions. It is rather an organization of these things. It is the forms of things that people have in mind, their models of perceiving, relating, and otherwise interpreting them. As such, the things people say or do, their social arrangements and events, are products or by products of their culture as they apply it to task of perceiving and dealing with their circumstances. To one who knows their culture, these things and events are also signs signifying the cultural forms and models of which they are material representations. (Goodenough 1964: 36)

Goodenough weiß offenbar, dass es auf einen Schlag nicht geht.

Noch eine

> A society's culture consists of whatever it is one has to know or believe in order to operate in a manner acceptable to its members, and to do so in any role that they accept for any one of themselves. (Goodenough 1964: 36)

Ward H. Goodenough * 1919
Professor für Anthropologie.
Wird bewertet als "one of the giants of immediate post-World War II anthropology." Im Zentrum seiner Forschung stand der Zusammenhang von Kultur, Sprache und Gesellschaft. Bekannt sind seine Arbeiten über Verwandtschaftsbeziehungen. Schwerpunkt verschiedene Inselgruppen im Pazifik.
Property, Kin, and Community on Truk (1951)

Wichtig ist erst einmal die Unterscheidung von natürlichen und kulturellen Tatsachen. Das Natürliche ist sozusagen allen Menschen gemeinsam, in der Evolution entstanden und genetisch hinterlegt. Das Kulturelle wird erworben, es ist im gemeinsamen Handeln entstanden in kultureller Evolution. Dies ist die Differenz, die man fasst mit dem Schlagwort „nature or nurture", das den ewigen Streit benennt darüber, was dem Menschen unveränderlich angeboren ist und was erworben wird und somit in Sozialisation verändert werden kann.

Ein anderer Aspekt ist der, dass es nicht um Objekte, sondern um Wissen geht. Das ist etwas überzogen, weil sich in den Produkten der kulturelle Sinn manifestiert. In die Köpfe können wir nicht so leicht schauen. Wir müssen die Produkte und die Handlungen verstehen und so den Sinn erschließen.

Was ist Kultur?

Eine Kultur stellt ein Ensemble von in symbolischem Handeln manifestierten Wissensbeständen dar, die sich in den verschiedenen soziohistorischen Domänen und Entwicklungsphasen einer Gesellschaft unterscheiden oder für diese Domänen spezifisch sind, die aber durch den Bezug auf die gleiche Gesellschaft einen mehr oder weniger gemeinsamen Kern an Weltbildern, Wertvorstellungen, Denkweisen, Normen und Konventionen aufweisen und die sich deshalb – vor allem aus der homogenisierenden Perspektive von außen – als solche einer bestimmten Kultur darstellen. (Knapp / Knapp-Potthoff 1990: 65)	Und noch eine
Eine Kultur ist eine Lebensform. Kultur ist ein Objekt besonderer Art. Wie Sprache ist sie eine menschliche Institution, die auf gemeinsamem Wissen basiert. Kultur ist entstanden, sie ist geworden in gemeinsamem menschlichen Handeln. Nicht, dass sie gewollt wurde. Sie ist vielmehr ein Produkt der Unsichtbaren Hand. Sie ist ein Potenzial für gemeinsames sinnträchtiges Handeln. Aber das Potenzial zeigt sich nur in der Performanz, im Vollzug. Und es ist entstanden über Performanz.	Unser Vorschlag

Potenzial	Performanz	Manifestation/ Produkt
Wissen Haltungen Sprache Sitten und Gebräuche Werte	Realisierung Handlung	Artefakte Literatur Musik Kunstwerke Bauten

Meine Kultur ist die Logik, mit deren Hilfe ich die Welt ordne. Diese Logik habe ich nach und nach erlernt vom Augenblick meiner Geburt an, und zwar durch die Gesten, die Worte und die Zuwendung derer, die mich umgaben; durch ihren Blickkontakt, den Ton ihrer Stimmen; durch die Geräusche, die Farben, die Gerüche, den Körperkontakt; durch die Art und Weise wie ich erzogen wurde, belohnt, bestraft, gehalten, berührt, gewaschen, gefüttert; durch die Geschichten, die man mir erzählte, die Bücher, die ich las, durch die Lieder, die ich sang; auf der Straße, in der Schule, beim Spielen; durch die Beziehungen der Menschen untereinander, die ich beobachtete, durch die Urteile, die ich hörte, durch die Ästhetik, die überall verkörpert war, in allen Dingen sogar bis in meinen Schlaf hinein und in die Träume, die ich zu träumen und nachzuerzählen lernte. Ich lernte diese Logik zu atmen und zu vergessen, dass ich sie erlernt hatte. Ich fand sie natürlich. (Carroll 1987)	Ein bisschen schöne Prosa

Sprache und Kultur

Fortsetzung folgt

Kulturanalyse ist nur deshalb notwendig, weil meine Kultur nicht die einzige auf der Welt ist. Sobald es zum Kontakt mit einer anderen Kultur kommt (was zu allen Zeiten der Fall war), gibt es auch ein Konfliktpotenzial. Denn wenn ich jemandem aus einer Kultur begegne, die von meiner eigenen verschieden ist, dann verhalte ich mich in einer für mich natürlichen Weise, während sich der oder die andere so verhält, wie es für ihn oder für sie natürlich ist.

Das einzige Problem besteht nun darin, dass unsere „natürlichen" Weisen nicht übereinstimmen. Trotzdem geht es die meiste Zeit gut, weil die Tatsache, dass unsere „Wahrheiten" nicht dieselben sind, nicht unbedingt zum Konflikt führt. Das Problem zeigt sich tatsächlich nur im Konfliktfall. Aber solange es das Wesen einer Wahrheit ausmacht, dass sie selbsterklärend ist und nicht hinterfragt werden muss, werde ich nicht das Unwohlsein oder die Verletzung, die ich in einer Konfliktsituation spüre, auf eine falsche Interpretation meinerseits zurückführen.
(Carroll 1987)

Anregung

Wie wichtig sind diese definitorischen Kriterien für Sie?
Stellen Sie eine Rangfolge her, indem Sie für jedes dieser Merkmale Punkte von 1 bis 10 vergeben.

Kriterien für Kultur

im Gegensatz zu Natur

kollektives Wissen

nicht materiell

erworben oder gelernt

flexibel und wandelbar

nicht homogen

entsteht historisch

einer Gruppe gemeinsam

Sinn, Symbol, Zeichen

Konvention

5.2 Was ist Sprache?

Die Titelfrage scheint eher ungewöhnlich. Schließlich wissen wir doch alle, was Sprache ist. Wir alle können und kennen eine oder mehrere Sprachen. Die folgenden Definitionen sind darum eher Zusammenfassungen von Untersuchungskonzepten und Untersuchungsergebnissen. Sie können uns dazu dienen, Einsichten in bestimmte Aspekte menschlicher Sprachen zu gewinnen. Und sie können Sie anregen, immer weiter zu fragen.

> Language is a purely human and non-instinctive method of communicating ideas, emotions and desires by means of a system of voluntarily produced symbols.
> (Sapir 1921: 8)

Wichtige Definitionen

> [Sprache ist] die Institution, mit deren Hilfe Menschen miteinander kommunizieren und unter Verwendung gewohnheitsmäßig benutzter, oral-auditiver, willkürlicher Symbole in Interaktion treten.
> (Hall 1968)

> Sprachen sind Symbolsysteme, die fast ganz auf reiner oder willkürlicher Konvention beruhen.
> (Robins 1979)

> The totality of utterances that can be made in a speech-community is the language of that speech-community.
> (Bloomfield 1933: 153)

> Die Sprache ist die Gesamtheit der Sätze. (Wittgenstein)

Die beiden letzten Definitionen unterscheiden sich in einem wesentlichen Punkt. Während Bloomfield auf das Potenzial aus ist („can be made"), ist Wittgenstein in diesem Punkt neutral. Wittgensteins Definition und die folgende von Chomsky scheinen äquivalent.

> From now on I will consider a language to be a set (finite or infinite) of sentences, each finite in length and constructed out of a finite set of elements.
> (Chomsky 1957: 13)

Allerdings hängt alles davon ab, wie der Satzbegriff weiter expliziert wird. Dazu die Kritik von Lyons, die auf Wittgenstein jedenfalls nicht zutrifft.

> [The definition] says nothing about the communicative function of either natural or non-natural languages; it says nothing about the symbolic nature of the elements or sequences of them. Its purpose is to focus attention upon the purely structural properties of languages and to suggest that these properties can be investigated from a mathematically precise point of view. It is Chomsky's major contribution to linguistics to have given particular emphasis to what he calls the structure-dependence of the processes whereby sentences are constructed in natural languages and to have formulated a general theory of grammar which is based upon a particular definition of this property.
> (Lyons 1981: 7)

Der Mensch und seine Sprache

Sprache ist die Grundlage menschlicher Kommunikation. Sprache gehört zur Natur, zur Grundausstattung des Menschen, sie ist sein Definiens. Seit alters definiert man ihn als homo loquens, das sprechende Tier. Wir gewinnen zwar immer mehr Erkenntnisse über die Fähigkeiten von Tieren und sprechen öfter auch von Tiersprachen (etwa der Bienen und dergleichen), aber etwas der menschlichen Sprache Vergleichbares besitzen Tiere nicht. Darum ist der Schritt zum Sprachbesitz in der Evolution als der entscheidende zu sehen.

Die Sprache als Medium zu bezeichnen ist schief, weil es keine äquivalente Ausdrucksmöglichkeit gibt. Der Mensch schwimmt in der Sprache wie der Fisch im Wasser. Er würde sie erst richtig bemerken, wenn er hinausgeworfen würde. Das aber geht nicht.

Sprachkritik

Die Angst ist alt, dass Sprache und Sprechen uns in die Irre leiten, dass sie uns nicht die Welt erschließen, sondern verhüllen. Schon die früheste Sprachkritik kennt sie. Es beginnt mit dem Lamento Heraklits, dass jedes Wort den bezeichneten Gegenstand beschränke und verfälsche. Sprache treibe ein Possenspiel mit den Menschen, gaukele ihnen etwas vor, wo nichts ist oder etwas anderes ist. Und es zieht sich als Topos durch die Geschichte: von der Bekämpfung der griechischen Sophisten bis zu einem Höhepunkt bei den Empiristen und den Aufklärern. Bacon in seiner Idolenlehre warnt uns, die Wörter könnten der Vernunft schwer zu schaffen machen. Eigentlich sollten sie ihr dienen, beherrschen sie aber allzu oft. Berkeley fand unser Wissen durch die Wörter so verunstaltet, dass er sich fragen musste, ob die Sprache nicht mehr zur Behinderung als zur Beflügelung des Geistes beigetragen habe. Darum solle man so wenig Sprache wie möglich benutzen, die Ideen nackt und bar sprechen lassen. Denn wenn man den Vorhang der Sprache wegzieht, sind die Früchte der Erkenntnis mit Händen zu greifen.

Was ist Sprache?

Sprache und Wirklichkeit

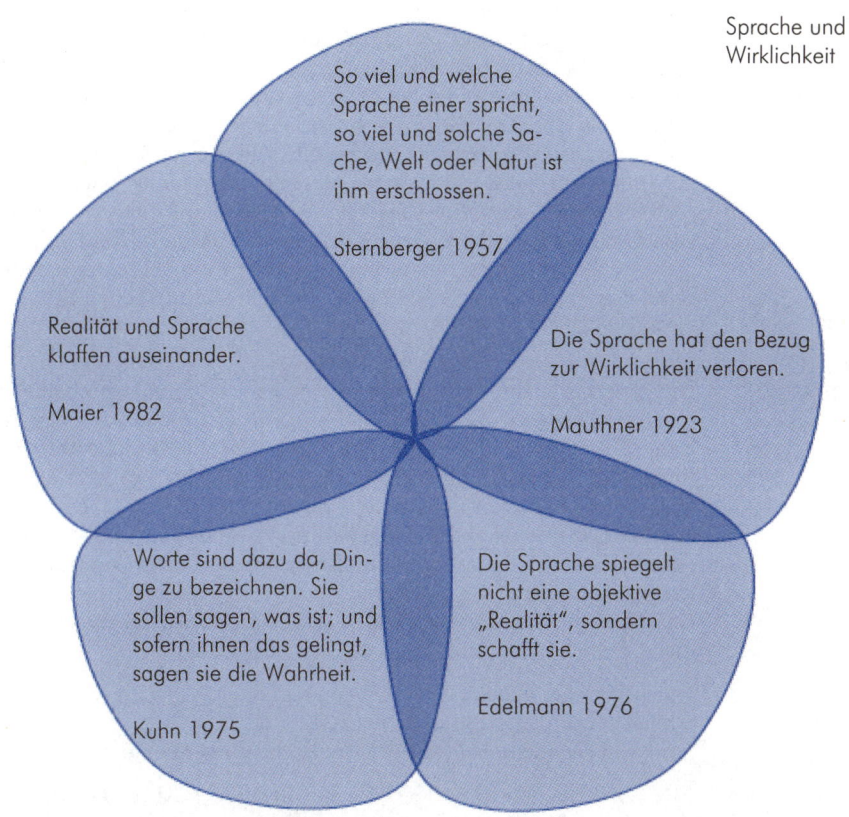

Weder ist es so, dass Sprache die Wirklichkeit im kruden Sinn bestimmt (wenigstens kann man das ernsthaft nicht glauben), noch ist es so, dass Sprache und Wirklichkeit nichts miteinander zu tun haben. Dass die Verhältnisse verwickelt sind, erkennt man gleich, wenn man bedenkt, dass doch wissen muss, was ein Stein ist, wer entscheiden will, ob der Tritt gegen ihn wehtut; und wissen, was ein Stein ist, hat ja wohl einiges zu tun mit der Frage, was das Wort *Stein* bedeutet. Denn wie sollte der die Frage entscheiden, der das Wort nicht kennt?

Wer die Sprache als soziale Institution begreifen will, muss sie begreifen als etwas, was im Sprechen und in einer Tradition entstanden ist. Darum erschließt sich uns das Wesen der Sprache und der Zusammenhang von Sprechen und Sprache am besten in genetischen Überlegungen.

Sprache als soziale Institution

Eine genetische Erklärung der Sprache muss zeigen, wie durch einfachste Formen der Verständigung mit der Zeit eine Sprache entstehen konnte und wie nach den gleichen Prinzipien diese Sprache stets im Wandel bleibt. Die Erklärung kann nicht stehen bleiben bei der Ansicht, Sprache sei ein festes System aus Wörtern und der Grammatik, die regelt, wie die Wörter zu Sätzen zusammenzufügen sind. Unser Sprechen bestünde nach dieser Ansicht darin, dass wir von festgeschriebenen Wörtern und Regeln Gebrauch machen. Dieser Primat der Sprache übersteht die genetische Erklärung nicht, weil er nichts Plausibles zur Entstehung der Sprache beitragen kann, vielmehr immer schon Sprache voraussetzt.

... sie genetisch begreifen

Die genetische Betrachtung können wir noch einmal durchspielen am Spracherwerb des Kindes (Ontogenese) und an der Entstehung der Sprache überhaupt. Ein Kind lernt die Sprache über das Sprechen. Sicherlich sind ihm einige sprachliche Fähigkeiten angeboren, insbesondere die, eine x-beliebige Sprache zu lernen; das können Lebewesen anderer Spezies nicht. Aber ohne sprachlichen Kontakt lernt es keine Sprache. Das Sprechen liefert erst die Daten für das Lernen der Sprache.

Das Kind muss aus diesen Daten das Nötige entnehmen, um kognitive Schemata auszubilden, die ihm gestatten,

- selbst sprachliche Äußerungen zu erzeugen,
- neue sprachliche Daten zu deuten,
- neue sprachliche Bildungen intentional zu verwenden.

Alle sprachlichen Daten erhält das lernende Kind im sozialen Kontakt und im Zusammenhang mit dem sozialen Handeln. Ja, es ist sogar so, dass seine ersten sprachlichen Handlungen überwiegend dazu dienen, die Handlungen anderer zu steuern oder hervorzurufen. Ihr Sinn besteht gerade darin. Wenn das kleine Kind nur schreit, schmatzt oder „nam, nam" sagt, stets deuten wir das so, dass es etwas von uns will; und das Kind lernt auch schnell, dass wir das so deuten. Im sozialen Kontakt lernt es, was man mit einer Äußerung bewirken und meinen kann.

Logisch gesehen kann das nicht so zugehen, wie landläufig angenommen wird, dass das Kind eine Intention hat und dann lernt, wie es diese verbalisieren kann. Das ist undenkbar, weil eine einsame Intention – falls es so etwas gibt – nicht kommunizierbar wäre. Im Spracherwerb spielt das Verstehen die primäre Rolle. Ein Kind lernt, was seine – anfänglich willkürlichen, zufälligen – Äußerungen sozial bewirken, wie sie nach dem etablierten Standard aufgenommen und verstanden werden. Das heißt: Es lernt, was man mit einer Äußerung meinen kann, aufgrund dessen, wie die Erwachsenen auf sie reagieren.

Und noch grundlegender: Es muss ja aus der Unsumme unstrukturierter Lautäußerungen erst einmal jene herausfiltern, die überhaupt in unserem Sprechen etwas gelten, sozusagen sprachlich geformt sind. Für diese muss es dann entsprechende kognitive Schemata ausbilden, die ihm Verständnis und eigene Anwendung in neuen Fällen gestatten.

In der Herausbildung eines sprachlichen Schemas gibt es natürlich wenig Sicherheit, wenigstens gibt es kein hartes Verifikationskriterium. Einerseits kann das Kind ja nicht diskutieren, ob seine Hypothese korrekt ist. Es erfährt seine Sprache sozusagen immer von innen. Mehr steht ihm nicht zur Verfügung, zum Beispiel keine Alternative, keine Wahl, keine Beurteilung von außen. Andererseits sind die Reaktionen auf seine eigenen Äußerungen wie auch seine Reaktionen auf Erwachsenen-Äußerungen nicht ausdefiniert, sondern in gewissem Sinn unterbestimmt. Solange die jeweilige Äußerung ihren Zweck erfüllt, solange die jeweilige Verständigung klappt, genügt die Hypothese. Mehr erfährt das lernende Kind nicht.

Alles in der Schwebe

Mehr erfahren wir übrigens alle nicht.
Darum ist es auch möglich, dass wir vor allem bei selteneren Wörtern leicht abweichende, idiosynkratische Hypothesen ihrer Bedeutung haben und dass wir das erst spät, vielleicht nie bemerken. Kennen Sie das Wort *sintemal*? Wie würden Sie es verwenden? Als Adverb oder als Konjunktion?

Ein Kind nimmt die Äußerungen der Erwachsenen anfangs als bedingungslose Vorbilder. Ihre Bedeutung kann es nur erfassen, wenn es keine Zweifel hat an der Richtigkeit, der Aufrichtigkeit und an der Wahrheit der Äußerungen. Die geäußerten Sätze sind ihm eher wie Definitionen, deren Wahrheit vorausgesetzt ist. Nur so kann es zur Kenntnis der Bedeutung kommen. Wenn das Kind selbst produktiv spricht, wird es bei Fehlern ohne Argumentation darauf verwiesen, wie es richtig heißen muss. Es erfährt also Sprache zwanghaft, weil es auf die Regeln verpflichtet wird, und zwar ohne Diskussion irgendwelcher Alternativen.

Eine Art Abrichtung

Auf seine neugierigen Fragen erhält es letztlich nur die Antwort: „So ist das eben!"
Darum hat die Einführung in die Sprache auch etwas von Dressur. Sprachliche Konventionen sind ein absoluter Zwang, so absolut, dass es uns allen natürlich erscheinen muss, wie geredet wird. Die Sprache ist eine zweite Natur. Sie ist etwas, „was jenseits von berechtigt und unberechtigt liegt."
(Wittgenstein 1970: 359)

Sprache und Kultur

Ontogenese = Phylogenese?

Ein Kind vollzieht in seinem Spracherwerb eine Art Entstehung der Sprache nach, aber mit einem entscheidenden Unterschied. Im Spracherwerb geht es darum, individuell eine Sprache herauszubilden, die sozial schon existiert. Es geht darum zu erkennen, wie Äußerungen nach bereits existierenden Schemata wirken. In der Sprachentstehung überhaupt, in der Phylogenese, gibt es diese Schemata noch nicht. Sie müssen sich erst sozial herausbilden. Sprachentstehung und Sprachentwicklung sind in diesem Sinne wesentlich kreativer als der Spracherwerb. Das gilt vor allem auch deshalb, weil an der Sprachentwicklung so viele beteiligt sind, die ihre beschränkten Ziele und Klugheit einbringen.

Entstehung der Sprache

Während wir für die Ontogenese der Sprache über verlässliche empirische Daten verfügen, können wir über den Ursprung der Sprache und die Entstehung einer Sprache nur spekulieren.

Die ersten Anfänge rekonstruieren wir in begrifflichen Überlegungen über den allgemeinen Charakter der Sprache, in Gedankenexperimenten, die wir allerdings mit Kenntnissen über den Sprachwandel absichern. Wie bei der Ontogenese sehen wir die Anfänge der Sprache im Sprechen. Die Annahme, dass irgendwann einmal die ganze Sprache eingeführt wurde, vielleicht über eine Art contrat social, läuft nämlich in eine logische Aporie, wie Quine sie karikiert hat (Lewis 1975: IX):

Als Kind habe er sich die Vereinbarung so vorgestellt, als habe sich einmal ein Gremium von Ratsherren zusammengesetzt, wie von Rembrandt gemalt an einem Tisch aufgereiht, und habe dereinst festgelegt und verordnet, wie wir sprechen könnten. Die Frage ist aber, welche Sprache diese weisen Herren dabei gesprochen und wie sie uns Sprachlosen ihre weisen Entscheidungen kundgetan haben.

Spekulation als Methode

Die Anfänge menschlicher Sprache bleiben Gedankenexperimenten oder begrifflicher Spekulation vorbehalten, in der wir etwa die Schritte der Zeichenentwicklung rekonstruieren: Von einfachen Anzeichen oder Symptomen (wie Schreckensschreien und Lustäußerungen), die kausal gedeutet wurden als die Folgen bestimmter innerer Zustände, über willentlich produzierte Signale (wie Lockrufe und simulierende Gesten) hin zu den eigentlichen sprachlichen Zeichen, Symbolen, die zwar noch eine natürliche Basis haben mögen, deren Wirkung aber wesentlich darauf beruht, dass sie zum Zwecke des Verstandenwerdens produziert wurden und damit der Partner ihre intentionale Erzeugung erfasste. Dies ist auch ein Weg der Metamorphose von Zeichen. Ihr Gebrauch ist also über das gemeinsame Wissen der Partner gesichert und beruht damit auf einer einfachen sozialen Konvention.

Es ist klar, dass die Sprecher eine solche Konvention nicht per Verabredung einführen können, weil sie die nötige Sprache nicht haben und weil ihnen die Konvention eher unbewusst bleiben mag. Wir denken uns das Ganze darum so:
Anfänglich wird die Bedeutung der Äußerung nicht durch Sprache und Konvention gesichert. Der Sprecher ist auf ein ad-hoc-Verständnis angewiesen, und er muss seine Äußerung partner- und situationsbezogen gestalten. Dazu wird er natürlich jene Äußerung wählen, von der er annimmt, dass der Partner sie in seinem Sinn verstehen kann. Wenn dies mit einer Äußerung einmal gelungen ist, so ist das der beste Grund, in analoger Situation wieder eine Äußerung dieser Form zu wählen.
Eine Präzedenz hat sich gebildet und, insofern dies beide wissen und voneinander wissen, ist es eine soziale Gewohnheit, eine Konvention dieser beiden geworden.
Außerdem muss sich natürlich die Kenntnis der beiden verbreiten, damit es nicht eine Art private Konvention bleibt. Entscheidend ist dabei, dass im Prinzip egal ist, wie die Äußerung lautlich gebildet ist und in welchem Sinn sie verwendet wird. Es kommt nur darauf an, dass der Partner in entsprechender Situation so handeln würde und darum annimmt, dass der Sprecher so gehandelt hat. Dabei mögen ihn gewisse Präzedenzen stützen und den Erfolg sicherer machen.

Konvention als Basis

Konventionen sind Lösungen sozialer Koordinationsprobleme. Sie sind das Produkt gemeinsamer Handlungen vieler Individuen über einen langen Zeitraum hinweg. Sie werden nicht von diesen Individuen intentional geschaffen, sie entstehen als Produkt der Wechselwirkung, die die Individuen aufeinander ausüben.
Unsere einfache Erklärung des Zusammenhangs von Sprechen und Sprache hat demgemäß die typische Form einer Erklärung mit der Unsichtbaren Hand (Nozick 1974; Ullmann-Margalit 1978).
Das Schema einer solchen Erklärung hat drei Komponenten, die Entwicklungsschritte darstellen.

Die unsichtbare Hand

- Darstellung der einzelnen Handlungen der Individuen, ihrer Motive, Zielsetzungen, ihres Erfolgs, hier: Verständigungshandlungen, Sprechen.
- Darstellung des kumulativen oder selektiven Prozesses, der die individuellen Handlungen zu einer nicht-intendierten Resultante verwebt, hier: Bildung von Präzedenzen, Koordination.
- Darstellung der Resultante und ihrer Struktur, hier: Konvention, Sprache.

Ni par intention ni par nature

Eine solche Erklärung erklärt komplexe Strukturen als das nichtintendierte, ungeplante Ergebnis individueller Handlungen, als ein „product of human action, but not the execution of any human design" (Ferguson 1923). Zwar mögen die Individuen in ihren Handlungen jeweils kurz reichende Absichten verfolgen (z. B. Verstandenwerden), sie beabsichtigen aber nicht das Produkt (die Konvention) zu schaffen und schaffen es in diesem Sinne auch nicht. Unsichtbare-Hand-Erklärungen können kreative Werke besonders gut erklären. Jede intentionale Erklärung eines kreativen Werks würde sozusagen in der Fassung der Intention schon das Ergebnis voraussetzen. Der kreativ Wirkende, der X schafft, muss ja die Absicht gehabt haben, X zu schaffen; also war X nicht absolut neu.

Dagegen kann die Unsichtbare Hand etwas schaffen, was wir erst verstehen, nachdem es entstanden ist.

Wörter wie Werte

Erklärungen mit der Unsichtbaren Hand taugen für viele soziale Institutionen, so zum Beispiel für die Entstehung von Werten, insbesondere des Geldes (Menger 1883: 172).

> Grundlage des Tauschhandels ist, dass ein Individuum A etwas, sagen wir X, besitzt und dieses X nicht braucht. Es tauscht es gegen ein Y, das es braucht. Sein Partner B hat hingegen Y und braucht X. So werden beide mit einem Tausch zufrieden sein.
> Stellt man sich eine Gesellschaft mit Tauschhandel vor, so wird derjenige öfter in einer schlechten Situation sein, der Xe besitzt, die nicht so gefragt sind, dafür aber ein gefragtes Y haben möchte. Für ihn wird es nun schon interessant sein, wenn er nicht ein Y eintauscht, sondern ein Z, das er zwar nicht braucht, das ihn aber dem Y näherbringt, insofern es leichter gegen Y eintauschbar ist als sein X.
> Wer so verfährt, wird auf lange Sicht wirtschaftlich erfolgreicher sein. Die andern werden es merken und ihm gleichtun.
> Die Zs sind hier offenbar keine reinen Tauschgegenstände mehr, sondern Werte, bestimmt durch ihre Rolle im Tauschspiel.
> Bedenkt man nun noch, dass in der Praxis des Spiels die Erfahrung bald lehren wird, dass die Zs möglichst haltbar, gut teilbar, leicht transportierbar, gut absetzbar sein sollten, so sieht man sie zu Geld werden. Das Geld ist entstanden, ohne dass es erfunden oder absichtlich geschaffen wurde und ohne dass es naturgegeben war.
> Die beteiligten Individuen hatten nicht die Erfindung des Geldes im Sinn. Sie haben nur Tauschhandel betrieben und sind dabei auf bessere Strategien gekommen. Indem sie so handelten, ergab sich aber, dass bestimmte Waren zu Geld wurden und dass der gesamte Charakter des Handels sich änderte.

Was ist Sprache?

Da die handelnden Individuen das Produkt der Unsichtbaren Hand nicht intendieren, kann es sogar in eigenartigem Widerspruch stehen zu ihren kurz reichenden Absichten, wie es etwa im berühmten Mandevilleschen Paradox zum Ausdruck kommt, das Glück und Wohlfahrt der Nation erklärt als Produkt des egoistischen Strebens und der Laster ihrer Bürger. Die Bürger schaffen allgemeinen Wohlstand, obwohl sie das gar nicht beabsichtigen, sondern nur ihren eigenen Interessen nachgehen:

Der Schlimmste aus der üblen Schar
dem Allgemeinwohl nützlich war.

Entstehung und Wandel der Sprache sind ein Fall kultureller Evolution. Immer wieder werden in Einzelversuchen Ideen und Verfahren ausgewählt, die sich für den Sprecher bewährt haben, weil sie verstanden wurden und Erfolg hatten, die der Sprecher darum wiederholt und die Partner übernehmen. Hingegen finden Ideen und Verfahren, die sich nicht bewähren, einfach keine Nachfolge; sie werden nicht als Präzedenzen akzeptiert. Die Güte einer sprachlichen Lösung bestimmt sich dabei nicht individuell, sondern sozial. Sie muss wenigstens beim jeweiligen Partner Erfolg haben, und letzten Endes bei allen Sprechern, die die Lösung akzeptieren.

Den Stau will kaum einer der Produzenten

Die Sprache ergibt sich als das unreflektierte Ergebnis spezifischer individueller Bestrebungen, „le résultat incessant de l'action sociale, imposé hors de tout choix" (de Saussure 1974: 35b), aus Millionen kleinster Lösungen, die aufeinander aufbauen und kumuliert werden. Das alles hat eine Komplexität, die kein Mensch überblicken oder antizipieren könnte, geschweige denn in rationaler Überlegung vorplanen oder beurteilen, was beispielsweise manch einen verführte, einen göttlichen Schöpfer zu postulieren.
So ist ein Art Dämonisierung der Sprache nicht verwunderlich, weil die Sprache uns leitet, aber unserem Einfluss und unserem Willen entzogen bleibt.
Die Sprache ist für uns Menschen wie für den Fisch das Wasser. Wir bewegen uns in ihr ganz selbstverständlich. Wir befolgen ihre Konventionen eher automatisch. Wir können sprechen und sprachlich handeln, ohne dass wir die Konventionen formulieren können, nach denen wir handeln. Wir sind orientiert auf den Inhalt, auf die Welt. Mehr zählt uns, was wir sagen wollen, als wodurch wir es sagen. Und haben wir zu einzelnen Formulierungen noch Alternativen, so haben wir zur gesamten Sprache keine. Schweigen können wir nur kurze Zeit. Der Fisch bemerkt das Wasser, wenn er draußen ist. Aber wir können zwar über Sprache reden, und damit bleiben wir – weil wir reden – doch innerhalb der Sprache. „Alles wird in der Sprache ausgetragen" (Wittgenstein).

Außerhalb der Menschen

Unendlicher Gebrauch von endlichen Mitteln

Die Was-ist-Frage können wir hier nicht erschöpfend abhandeln. Wir legen den Fokus auf die hervorstechende und effektive Eigenschaft der Sprache, dass nämlich sie kreativ oder produktiv ist: Wir machen in der Sprache unendlichen Gebrauch von endlichen Mitteln. Dies zieht sich als Leitmotiv durch diese Darstellung.
Jede Sprache hat zwei Aspekte:

- Der eine ist, dass von der Sprache persönlicher Gebrauch gemacht wird durch die Sprachteilhaber.
- Der andere ist, dass die Sprache als eine Institution anzusehen ist, die in Tradition und Kommunikation entstanden ist und dem Einfluss des Individuums entzogen. An der deutschen Sprache kann ich nichts ändern – und Sie auch nicht.

Sprache ist weder naturgegeben noch ein Artefakt. Sie ist wie andere soziale Institutionen ein Produkt der Unsichtbaren Hand: Sie ändert sich ständig, indem wir kommunizieren; aber niemand, der kommuniziert, möchte sie verändern. Das würde ja seine Chancen verschlechtern, verstanden zu werden.
Wie andere Produkte der Evolution ist Sprache hoch komplex und hoch strukturiert. Diese Eigenschaften sind eine Folge der evolutionären Entstehung und der nötigen Fitness.

Strukturelle Komplexität menschlicher Sprachen

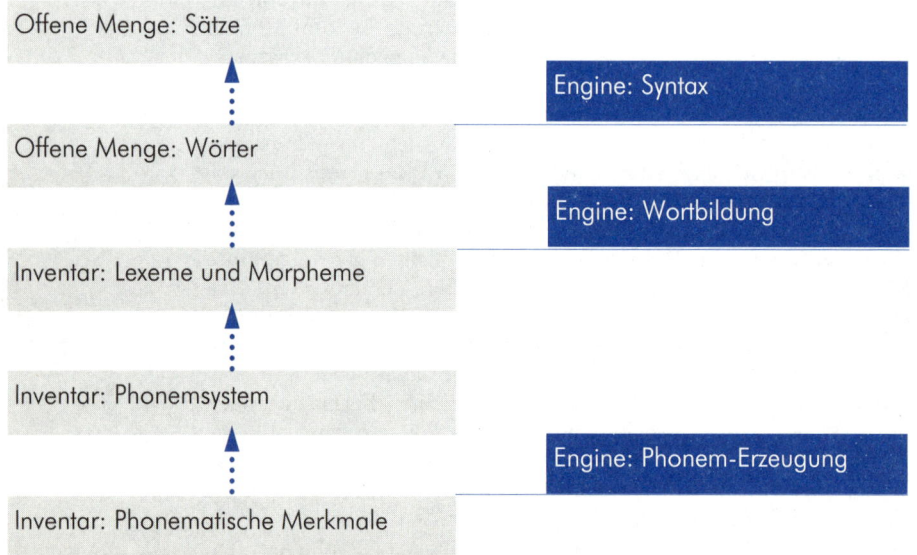

Was ist Sprache?

Sprache wird erworben, sie muss erworben werden. Das ist eine Folge ihrer konventionellen Natur. Mit „Erwerb" meinen wir:

Spracherwerb

- Sie wird nicht gelehrt.
- Erwerb nährt sich aus genetischer Anlage (der menschlichen Sprachfähigkeit) und sprachlichem Input in Kommunikation.

Auf beider Basis kann ein Individuum jede Sprache dieser Welt lernen.
Spracherwerb ist ein kreativer Prozess. Manche glaubten, er gehe so vonstatten, dass ein Individuum den sprachlichen Input, den es bekommt, zu analysieren lerne, daraus Regeln erschließe und diese Regeln dann anwende.
Das ist aber nicht die ganze Geschichte:

1. Der Input ist logisch zu gering, um die Regeln zu erschließen.
2. Der Input ist zu arm und überwiegend positiv. Er zeigt nicht, was in der Sprache nicht geht. Der Lerner hat zu wenig negative Evidenz.
3. Der Input ist fehlerhaft, weil voller Abweichungen. Wie aber könnte ein Lerner die Fehler im Input erkennen?

Dies gilt als Argument dafür, dass die genetische Anlage Prinzipien oder auch grundsätzliche Vorannahmen über die Struktur menschlicher Sprachen enthält. Der Lerner muss über Strecken nur noch vorgegebene Parameter so oder so einstellen, sozusagen Schalter auf ja oder nein stellen.
Allerdings muss das Meiste, nämlich alles Konventionelle, dann doch in der Kommunikation erworben werden. Auch für das Lernen gibt es eine angeborene Ausstattung. So scheint ein dynamisches Lernprinzip, das ständiges Updaten voraussetzt, zu sein:

- Einmal ist immer.

Wenn ein Individuum eine Verwendung rezipiert hat, geht es davon aus, dass etwa ein Wort immer so verwendet wird, bis es auf ein Gegenbeispiel stößt, das es die Verwendungshypothese modifizieren lässt.
Ein anderes Prinzip ist, dass Regeln destilliert und generalisiert werden. Nach diesem Prinzip der Generalisierung wird ein Kind in einem Lernstadium Verbformen bilden wie *liegte*, obwohl es die korrekte Form *lag* schon beherrschte. Es generalisiert die Bildungsregel der schwachen Verben. Das ist durchaus ein Lernfortschritt und kreativ.

Menschliche Sprache ist wesentlich verbal und vokal. Sie wird in erster Linie lautlich realisiert. Die Realisierungen entsprechen Lautmustern, nach denen wir Laute produzieren und identifizieren. Die Muster sind die Phoneme einer Sprache.

Phoneminventar

Phoneme sind diskrete und distinktive Einheiten, die funktional in dem Sinn sind, dass sie Bedeutungen unterscheiden, wenngleich sie selbst keine Bedeutung haben:

Panne vs. Wanne vs. Kanne
reisen vs. reißen
Kohl vs. wohl vs. hohl

Phoneme sind in diesem Sinn nicht selbst Zeichen, sie differenzieren nur. Und sie sind nicht in jedem Sinn minimal. Denn ein Phonem wird als eine Kombination von phonematischen Merkmalen gesehen. Man nimmt an, dass es eine universale Menge phonematischer Merkmale für alle Sprachen dieser Welt gibt. Es soll sich um etwa 24 Merkmale handeln. Eine Einzelsprache realisiert nur eine Teilmenge davon; das Deutsche vielleicht die Hälfte. Aber schon damit erzeugt es ein perfektes Phonemsystem.

Ein Phonem ist darstellbar als die Kombination von Merkmalen. Als Beispiel einige konsonantische Phoneme des Deutschen, die natürlich alle das Merkmal <konsonantisch> haben. Die Merkmale sind d = dauernd, a = anterior, k = koronal, n = nasal, l = lateral, s = stimmhaft. Das Ganze ist binär konstruiert, es kommt nur darauf an, ob ein Merkmal vorliegt oder nicht.

Merkmal	d	a	k	n	l	s
Phonem /d/	–	+	+	–	–	+

Merkmal	d	a	k	n	l	s
Phonem /t/	–	+	+	–	–	–

Merkmal	d	a	k	n	l	s
Phonem /b/	–	+	–	–	–	+

Merkmal	d	a	k	n	l	s
Phonem /p/	–	+	–	–	–	–

In dieser Weise ist das gesamte Phoneminventar einer Sprache intern strukturiert. Das Inventar umfasst etwa 30 Phoneme.

Wir haben es mit einem hocheffektiven System zu tun, da alle Phoneme aller Sprachen mit der geringen Merkmalmenge erzeugt werden.

Was ist Sprache? 121

Das Prinzip ist: kleines Inventar + Engine, die weitere Einheiten erzeugt.

Phoneme werden verkettet zu Lexemen. Die Länge eines Lexems ist nicht regulär begrenzt, sondern offen.   Lexikoninventar
Lexeme sind die kleinsten selbständigen Einheiten der Sprache, die Bedeutung tragen.
Die Lexeme bilden ein Inventar: das Lexikon einer Sprache. Es umfasst vielleicht zwischen 10^4 und 10^5 Lexemketten. Alle sind erzeugt mit dem kleinen Phoneminventar.
Das Lexikon ist intern strukturiert. In einem Wortfeld zum Beispiel sind die Lexeme distinktiv angelegt oder es gibt Hierarchien von Lexemen.
Eine andere Strukturierung ist die assoziative.

Grobdarstellung Wortfeld *Familie*   Assoziationen zu *Mutter*

Auch das Lexikon ist produktiv. Während man früher annahm, es enthalte starr die Lexeme mit ihrer jeweiligen Bedeutung, erkennt man zunehmend regelhafte Teile des Lexikons. Oft werden Lexeme sozusagen nicht in ihrer Grundbedeutung verwendet, sondern abgewandelt über Lexikonregeln.   Lexikonregeln
Dafür gibt es einige Inferenzverfahren.

(1) Hast du Goethe gelesen? (Person für Produkt)
(2) Die Handschriften sind verbrannt. (Fähigkeit für Produkt)
(3) Ich lasse mir nicht den Mund verbieten. (Teil für Ganzes)
(4) Wer kennt sie nicht, die Sprache der Liebe? (Metapher)
(5) Dieses Zeichen bezeichnet ein Verbot. (Subjektschub)

Übertragene Verwendung

Eine weitere kreative Eigenschaft der Sprache ist die Möglichkeit, Ausdrücke übertragen, also nicht wörtlich zu verwenden. So sei *Vater* in (6) wörtlich, in (7) nicht wörtlich verwendet:

(6) War dein Vater auch da?
(7) Der Krieg ist der Vater aller Dinge.

Die Unterscheidung beruht auf der Idee, dass manche Verwendungsweisen primär oder sicherer oder üblicher oder naheliegender seien. Und analog, dass die wörtliche Verwendung leichter zu verstehen sei.

Selbstverständlich ist es schwierig, wenn nicht unmöglich, diese Unterscheidung zu begründen und im Einzelfall gesichert anzuwenden. Vielleicht ist die wörtliche Verwendung nur ein Konstrukt, das sich dadurch auszeichnet, dass, wer sie kennt, leichter auf die anderen Verwendungen kommt, umgekehrt aber nicht. Über das Verstehen kann die Unterscheidung jedenfalls nicht gerechtfertigt werden. Gerade im Fall vieler Idiome ist das nichtwörtliche Verständnis primär (*etwas auf der hohen Kante haben*), auf das wörtliche muss man erst mal kommen, um beispielsweise manche Sprachspielereien zu verstehen.

Wichtiger scheint uns aber der Gedanke, dass – wenngleich viele nicht-wörtliche Verwendungsweisen etabliert sind – wir als Sprecher ausgehend von der üblichen, der wörtlichen Verwendung neue übertragene Verwendungen ad hoc schaffen können und damit auch verstanden werden. Das ist kreative Leistung.

Kombinatorik: Wort

Das Lexikon einer Sprache enthält die Lexeme auf Vorrat. Man unterscheidet dabei öfter Morpheme (mit rein grammatischer Funktion wie *-en*, *-er*) und eigentliche Lexeme mit voller Bedeutung (wie *geh-*, *Kind*).

In der Kommunikation werden Lexeme linear verbunden zu größeren Einheiten.

Aus den möglichen Kombinationen eines Lexems ergibt sich dessen syntaktische Kategorie. Das gesamte Lexikon zerfällt so in Untermengen gleicher syntaktischer Kategorie (oder Wortart).

Eine erste Kombination ergibt erst einmal das Wort, das aus mehreren Lexemen bestehen kann. Diese Produktion leistet die Wortbildung.

(8) Sprache – Spracherwerb – Zweitspracherwerb – Zweitspracherwerbshypothese

Mit dieser Engine enthält das Lexikon schon wenigstens 10^6 Einheiten.

Was ist Sprache?

Spektakulärer ist die Verknüpfung von Lexemen oder Wörtern zu Sätzen, die die genuine Einheit der Kommunikation darstellen. Diese Produktion leistet die Syntax.

Kombinatorik: Syntax

(9) Mit dem Erwerb einer zweiten Sprache ist das Eintauchen in eine zweite Kultur verbunden.

Die Syntax ist die Engine, die aus einer abgeschlossenen Menge von Lexemen eine unendliche Menge von Sätzen erzeugt. Dies ist vor allem möglich, weil die syntaktischen Regeln rekursiv sind: Auf jeden Output können die Regeln möglicherweise wieder angewendet werden. Das kann man sich klar machen, indem man syntaktisch einfache Sätze bildet und sie dann seriell mit *und* verbindet. Hier ist keine prinzipielle Beschränkung vorgegeben, wann man aufhören müsste.

Die Syntax ist das Beispiel par excellence für die Produktivität der Sprache. Sie repräsentiert das Prinzip „Inventar + erzeugende Engine" am eindrucksvollsten.

Ein Text ist die Grundeinheit der Kommunikation. Er besteht aus einer Sequenz einfacher und komplexer Sätze und hat eine eigene Struktur. Der Text wird wesentlich bestimmt durch Kohärenz. Die Kohärenz ist allerdings nicht etwas, was dem Text sozusagen objektiv anhaftet; sie entsteht erst in einem Verständnis. Mit seiner Verstehenskompetenz nutzt der Sprecher zur Kohärenzherstellung alle möglichen Komponenten des Wissens: grammatisches Wissen, lexikalisches Wissen und Weltwissen.

Text

Auf dieser Basis haben wir Hypothesen über den kohärenten Text, die uns auch gestatten einen Lückentext aufzufüllen, so dass er kohärent wird.

> Was aber macht ein Zeichen zum Zeichen? Oder wie gelingt es, mit dem Zeichen Sinn zu vermitteln?
> Nach de_ Prinzip de_ Autopoiese wi_ der Verste____ irgendwie de_ Sinn erze____ und de_ Sprechende mu_ davon ausg___, dass de_ Verstehenden das gelingt.
> Der _____ deutet, er erschließt den Sinn. Dazu muss er aus dem geäußerten Zei___, aus der Manife_____, seine Schlüsse ziehen, um zu verstehen.

Eine weitere Art der Kreativität menschlicher Sprachen beruht auf der Unterscheidung von Bedeutung und Sinn, von Potenzial und Realisierung. Sprachliche Zeichen sind Types, also Muster für die Realisierung und sie werden als Tokens realisiert.

Sinn und Bedeutung

Die Unterscheidung von Type und Token basiert darauf, dass Sprache immer Realisierungen nach dem gleichen Schema vorsieht. Die Realisierungen sind zwar physikalisch alle verschieden, aber gleich im Hinblick auf das Schema. Okkurrenzen hingegen sind keine Realisierungen. Okkurrenzen basieren auf der Eigenschaft eines Schemas, an verschiedenen Stellen realisierbar zu sein. Okkurrenzen sind sozusagen schematische Positionen, an denen ein Schema realisierbar ist, also Schema-Wiederholungen. (Hingegen sind Tokens Realisierungswiederholungen.)
Die Zeichen, die Lexeme, sind Hypothesen darüber, was man mit ihnen kommunikativ erreichen kann. In der konkreten Realisierung kommen aber alle Komponenten der einmaligen historischen Situation hinzu, wie die Beteiligten sie wahrnehmen. So kann der jeweilige Sinn über die Bedeutung hinausgehen.
Sprache ist in diesem Sinn offen, und nur diese Offenheit macht ihre Genese und den Wandel möglich.

Dimensionen

In folgenden Schaubildern wollen wir uns die Größenordnungen deutlich machen. Es sind drei Gliederungsebenen der Sprache getrennt: Phonem, Lexikon, Syntax. Mit der Stufung in primäre, sekundäre und tertiäre Daten wird auf Grade der Vorfindlichkeit, des Gegebenseins verwiesen. Die Einheiten der drei Stufen liegen als Daten unterschiedlich vor: Zuerst die tatsächliche Realisierung als Token, dann verschiedene Vorkommen eines Types in der Kette (z.B. zwei Okkurrenzen des Graphems *e* im Wort vor dieser Klammer), und schließlich die Types (der klassischen Langue), in dem Sinn wie es im Deutschen nur ein Wort *Mutter* gibt.
Die Tabellen zeigen Sprache aus dem Blickwinkel des Linguisten, der von vorliegenden Daten auszugehen hätte. Sie verdeutlichen die Dimensionen der jeweiligen sprachlichen Einheiten.
Am besten wissen wir Bescheid über die Zahlen bei den Tertiärdaten. Dies ist aber kein Ausgangspunkt, weil wir die nicht vorfinden. Wir beginnen mit der 2. Stufe, den Wörtern, weil wir da noch am besten Bescheid wissen, und legen dem Ganzen die Annahme zugrunde, dass ein Individuum pro Tag etwa 2000 Wort-Tokens äußert. Das bedeutet bei 100 Millionen Sprechern innerhalb von 30 Jahren $30*365*10^8 = 10^{12}$ Wortformen-Tokens.
Nun gehen wir zur ersten Abstraktion nach oben. Dazu müssen wir wissen, wie häufig Lexeme vorkommen. Oder anders herum: Wie viele Wortformen-Tokens sind jeweils vom gleichen Typ? Hierzu gibt es etwa den Erfahrungswert, dass ein großes Textkorpus in einer Wortformen-Frequenzliste auf ein Fünfzehntel bis ein Zwanzigstel zusammenschmilzt. Oder anders gesagt: In einem Fließtext ist etwa jede 15. Okkurrenz schon einmal da gewesen.

So läge die Dimension der Okkurrenzen etwa eine Potenz tiefer. Gehen wir zu den Types, so wissen wir nicht sicher, wie viel Lexeme das Deutsche hat. Aber weit über eine Million wird man hier nicht kommen.

2. Stufe

	EREIGNISSE	DIMENSION
TERTIÄRE DATEN	Lexeme	10^6
SEKUNDÄRE DATEN	Wortformenvorkommen	10^{11}
PRIMÄRE DATEN	Wortformen-Tokens	10^{12}

Nun nehmen wir als durchschnittliche Länge eines Wortformen-Tokens etwa 6 Lautereignisse an. Wir finden uns dann auf der untersten phonematischen Ebene in einer ähnlichen Dimension wie beim Lexikon, vielleicht eine Zehnerpotenz höher.
Gehen wir zu den Types, so wissen wir erst mal recht sicher, wie viel Phoneme natürliche Sprache haben.

1. Stufe

	EREIGNISSE	DIMENSION
TERTIÄRE DATEN	Phoneme	30-50
SEKUNDÄRE DATEN	Lautvorkommen	10^{12}
PRIMÄRE DATEN	Laut-Tokens	10^{13}

Nun zur Syntax. Ganz unten haben wir es mit Folgen von Wortformen-Tokens zu tun. Dabei ist natürlich die Frage: Wie lang sind mögliche syntaktische Ketten? Insgesamt ergibt sich höchstens eine Zehnerpotenz. Immerhin bewegen wir uns in der Dimension von 10^{13}.

3. Stufe

	EREIGNISSE	DIMENSION
TERTIÄRE DATEN	Regeln	10^4
SEKUNDÄRE DATEN	Konstellationen	10^{12}
PRIMÄRE DATEN	Folgen	10^{13}

Was die syntaktischen Strukturen und Regeln betrifft, so sind keine Schätzungen bekannt. Wir stoßen auf das Fraktal-Problem: Wie lang ist die Küste Englands? Je feiner wir den Maßstab nehmen, umso länger wird sie.

Von unten nach oben gehen wir den schweren Weg der Linguisten, von oben nach unten den produktiven Weg der Sprache.

Fazit

Aus unseren Überlegungen fließen einige Folgerungen für das sprachliche Leben:

- Sprache existiert nicht ohne Sprecher und nicht außerhalb der Sprecher; sie ist nur von Sprechers Gnaden.
- Alles in der Sprache ist historisch, auf Tradition gebaut und ständig im Wandel. Ein Produkt kultureller Evolution.
- Eine Sprache ist kein homogenes Gebilde. Sie ist zwar ein Maßstab für die Sprecher, aber durchaus kein starrer oder sicherer Maßstab.
- Das Individuum hat keine Möglichkeit (und kein Interesse), die Sprache zu ändern. Es ist ihr unterworfen. Ja, die ganze Sprachgemeinschaft kann willentlich nichts ändern (weil sie sich nicht koordinieren kann zum Beispiel).
- Die Sprache führt ein Eigenleben, losgelöst von der Natur, „une machine qui marcherait toujours" (de Saussure 1974: 192e).
- Um sprachliche Handlungen zu verstehen, brauchen wir Wissen über die Welt. Wir verstehen uns, so weit das Wissen gemeinsam ist in dem Sinn, dass wir voneinander wissen, was wir wissen.

Eigenschaften menschlicher Sprache

Menschliche Sprache ist primär Lautsprache.
Ein Sprecher produziert mit dem Mund Laute, die auf akustischem Weg zum Hörer gelangen und von ihm mit den Ohren aufgenommen werden.
Konventionelle Zeichensprachen wie die der Gehörlosen sind zwar voll taugliche Sprachen, aber Ausnahmen.
Die schriftliche Fixierung von Äußerungen ist sekundär, wenngleich schriftliche Kommunikation in vielen Kulturen einen hohen Stellenwert hat.

Vokalität

Die Lautäußerungen breiten sich als Schallwellen nach allen Seiten aus.
Sie können also im gesamten Schallraum gehört werden.
Der Hörer kann aber stereophon hören und die Quelle identifizieren, weil er bestimmen kann, aus welcher Richtung der Schall kommt.

Stereophonie

Die Lautäußerung ist vergänglich. Sie schwindet sofort.
Darum kann ihr auch sogleich eine weitere folgen.
Um die Flüchtigkeit zu umgehen sind Hilfsmittel wie Verschriftlichung, elektronische Konservierung nötig.

Ephemerität

Der Mensch besitzt spezialisierte Organe für die Sprachproduktion: Kehlkopf, Lippen, Zunge sind adaptiert für diesen Zweck.
Auch das Gehirn entwickelte sich im Verlauf der Evolution so, dass ein spezifisches Sprachzentrum entstand.
Ebenso ist die Sprache selbst und ihre Zeichen spezialisiert auf bestimmte Funktionen und Situationen.

Spezialisierung

Die Produktion sprachlicher Zeichen ist dem menschlichen Willen unterworfen.
Sprachzeichen sind nicht wie Anzeichen irgendwelche kausalen Folgen von irgendwas. Sie können willentlich und mit Absicht erzeugt werden.
Nur so kann ein Sprecher mitteilen, was er mitteilen will.

Verfügbarkeit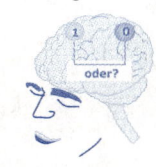

Das Kontinuum lautlicher Äußerungen wird von den Sprachteilhabern segmentiert in Phoneme zum Beispiel. Sie erkennen bedeutungsrelevante Segmente nach mentalen Mustern, die sie erlernt haben. Es sind die Muster, die die Sprache konstituieren.
Diese Muster sind sauber unterschieden und nicht kontinuierlich.

Diskretheit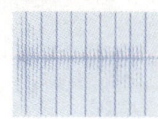

Komplexität

Eine Sprache ist in mehreren Ebenen strukturiert: Phonologisch, lexikalisch und syntaktisch.
Auf allen Ebenen herrscht das Prinzip: beschränkte Anzahl von Elementen und Erzeugung größerer, komplexer Einheiten. Das macht Sprachen besonders effektiv: Unendlicher Gebrauch von endlichen Mitteln.

Symbolizität

Menschliche Sprachen basieren auf Zeichen und dem Gebrauch von Zeichen.
Die kommunikativen Funktionen werden erfüllt durch die Verwendung von Zeichen, die eine eigene Bedeutung haben. Der Hörer erschließt den Sinn durch symbolische Inferenz.

Arbitrarität

Der Symbolcharakter sprachlicher Zeichen impliziert, dass sie nicht naturgegeben oder universal sind.
Ein Gegenstand kann in verschiedenen Sprachen deshalb unterschiedlich gefasst und benannt werden. Selbst ikonische Zeichen sind arbiträr, weil die Ähnlichkeitsbeziehung kulturgebunden ist.
Die Loslösung des Zeichens vom Bezeichneten ermöglicht die Vielfalt der Sprachen: Alles kann für alles verwendet werden.

Konventionalität

Sprachliche Symbole sind nur verständlich durch symbolische Inferenz.
Die Sprecher stützen sich hierbei auf Präzedenz und Konvention. Die Bedeutung eines sprachlichen Zeichens kann deshalb als Konvention aufgefasst werden.
Sprache ist ein Produkt der kulturellen Evolution.

Erwerb

Sprache ist dem Menschen nicht angeboren. Das würde auch ihrem konventionellen Charakter widersprechen.
Angeboren ist nur die Fähigkeit, jede beliebige Sprache zu erwerben und zu erlernen.
Die Sprache wird in kultureller Tradition von Generation zu Generation weitergegeben.

Monitoring

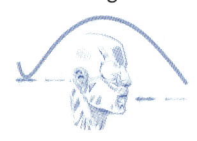

Ein Sprecher hört sich immer auch selbst sprechen.
Er hat dadurch die Möglichkeit, ständig zu kontrollieren, was er gesagt hat, gegebenenfalls auch zu korrigieren.

Was ist Sprache?

Sprache ist reflexiv.
Das heißt, mit Sprache kann über Sprache geredet werden.
So können Formulierungen, ja die Sprache selbst thematisiert und diskutiert werden. Nur dadurch ist Linguistik möglich.

Reflexivität

Sprecher können über Dinge reden, die in der Situation nicht zugegen sind, seien sie anderswo oder zu einer anderen Zeit existent.
Und sie können über vergangene und künftige Zeiten reden. Wir nehmen an, dass Tiere im Gegensatz dazu nur das Hier und Jetzt wahrnehmen. Menschen können sogar über Inexistentes reden.

Situationsentbunden

Menschliche Sprachen sind produktiv und kreativ.
Wir können in der Sprache alles Mögliche sagen und wir können vor allem Neues, vorher nie Gesagtes sagen und verstehen.
Diese Eigenschaft manifestiert sich in mehreren Qualitäten. Sie ermöglicht Neues in der Sprache auszudrücken und den Sprachwandel.

Produktivität

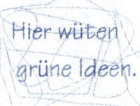

Zur menschlichen Kommunikation gehören mindestens je ein Sprecher und je ein Hörer.
Jeder Sprachteilhaber kann dabei wechselnd beide Rollen einnehmen. Seine sprachliche Kompetenz besteht in Sprechen und Verstehen.

Rollenwechsel

Anregung

Alle Eigenschaften menschlicher Sprachen sind evolutionär entstanden. Sie müssen sich bewährt haben.
Überlegen Sie bei einzelnen: Was könnte jeweils der Vorteil gegenüber anderen Möglichkeiten gewesen sein? Beispielsweise können akustische Zeichen rundum wahrgenommen werden. Für Warnrufe etwa ein großer Vorteil. Bei optischen Zeichen muss der Zeichengeber schon im Gesichtsfeld, oft sogar im Fokus des Rezipienten sein.

6 Kultur erfassen

All communication is interpersonal communication and can never be intercultural communication.

Scollon / Scollon

Employer: Are you confident in performing the duties of a file clerk?
Korean: Yes, I am. I have a B.A. degree from Seoul University. My family is known to be good one, and I have been getting whatever I want from everybody.
Employer: But have you ever worked in a filing department in any company?
Korean: Yes, I can. I can type, drive and have a B.A. degree from the best university in Korea.
Employer: Can you order things alphabetically?
Korean: I learned English for six years in high school and four years at college. I used to be the best student in those days.

In diesem Dialog kommt es offenkundig zu einem Missverständnis. Da beide Partner Englisch sprechen, ist das Missverständnis wohl nicht ganz direkt auf die sprachlichen Ausdrücke zurückzuführen, vorausgesetzt die beiden verwenden die Ausdrücke in etwa gleich. Allerdings wird das Missverständnis doch kommunikativ irgendwie manifest. Es gelingt wohl nicht ganz, die Antworten des Koreaners zu verstehen. Aber warum?
Einschlägiges Wissen und vor allem Differenzen im kulturell vorausgesetzten Wissen spielen die Hauptrolle in Problemen interkultureller Kommunikation. Darum ist es so wichtig zu erkennen, wie das Wissen in unsere Kommunikation eingreift, ja wie Wissen überhaupt erst Kommunikation ermöglicht und welches Wissen Kommunikationspartner stillschweigend voraussetzen.

- Wie ist unser Wissen aufgebaut?
- Wie greift es in der Kommunikation?
- Wie kann man interkulturelle Differenzen im Wissen erfassen?
- Kann man sie systematisieren? Gar in generellen Dimensionen fassen?

Es gibt viele Systematisierungsversuche. Sie sehen das Ganze meist von außen, scheinbar objektiv und vom Standpunkt des Beobachters. Für alle stellt sich in erster Linie die Frage, wie generelle und abstrakte Schematisierungen wieder heruntergebrochen werden sollen in persönlicher Kommunikation.

6.1 Aufbau des Wissens

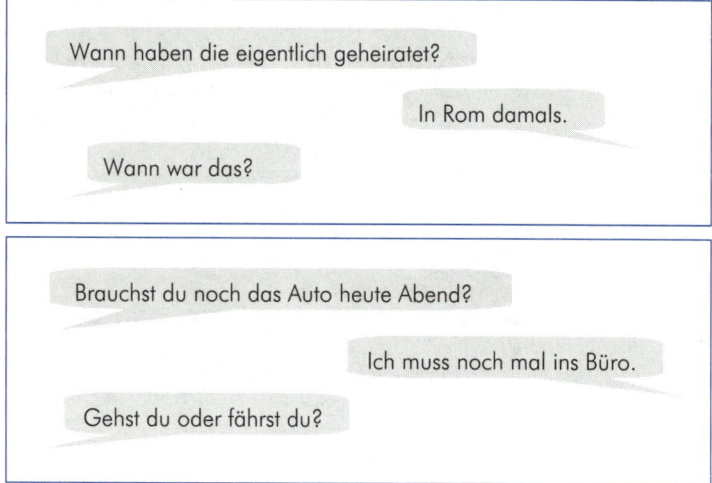

Über die Bedeutung hinaus

Die beiden kurzen Dialoge zeigen, wie selbstverständlich wir Wissen beim Partner voraussetzen und wie selbstverständlich wir damit umgehen, wenn das Wissen nicht vorhanden ist.
Die beiden Grundgrößen des Verstehens sind: der Text und die Welt im Kopf der Sprachteilhaber.

Um zu verstehen, was jemand meint, und um den Sinn des Gesagten zu fassen, muss man die Bedeutung der Sätze verstehen, aber man muss auch über die Bedeutung hinaus gehen. Die langue-autorisierte Bedeutung ist nur ein Aspekt, der zum Verstehen beiträgt. Und wenn man es recht überlegt, ist sie eigentlich nur eine Versteinerung aus dem, was früher und öfter im Gebrauch der Zeichen gemeint war. Andererseits ist das Verstehen, was jemand meint, ohne zu verstehen, was er sagt und was seine Sätze bedeuten, oft vage und undifferenziert.
Verstehen ohne Sprache bleibt rudimentär. Sprachliche Zeichen sind das entscheidende Medium, um einen Partner zu verstehen.
Es gibt keine direkte Kommunikation zwischen Sprecher und Hörer. Die Verbindung ergibt sich über die Äußerungen, über den Text als Grundlage.

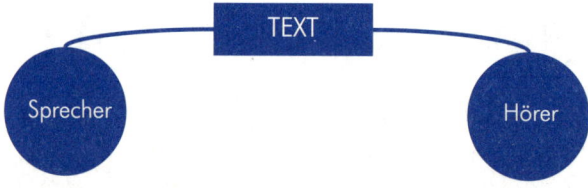

Aber der Text allein enthält noch kein Verständnis. Er ist totes Material, das erst durch das Wissen der Sprachteilhaber zum Zeichen mit Sinn wird. Jedes Zeichen ist nur Zeichen per Lizenz des gemeinsamen Wissens. Im Verstehen trifft der Text auf die Fähigkeiten und das Wissen des Hörers, und daraus entwickelt sich ein Verständnis.

Das gemeinsame Wissen hat wenigstens vier Komponenten.

Komponenten des Wissens

Grammatisches Wissen	Lexikalisches Wissen
Weltwissen	Kontextwissen

- Grammatisches Wissen besteht in der Kenntnis der Regeln, die charakterisieren, welche Wortkombinationen zulässig sind und wie sie zu verstehen sind. Hierzu gehören die Analyse der Wortformen, die Abfolge der Zeichen im Satz und die Beziehungen zwischen ihnen.
- Lexikalisches Wissen besteht in der Kenntnis der Bedeutung der Lexeme. Die subjektive Bedeutung ist ein mentales Konstrukt aus Verwendungen, die dem Sprachteilhaber bekannt geworden sind. Dazu gehört nicht nur, welche Bedeutung die Lexeme in Isolation haben, sondern auch, in welchen Konstruktionen und Sätzen sie verwendbar sind und welche ihrer möglichen Bedeutungen als Sinn jeweils realisiert ist.
- Weltwissen ist Wissen über die Welt, allerdings nicht nur im engeren Sinn der physikalischen Welt, des Sach- und Fachwissens, sondern auch der sozialen Welt: Wissen über Kultur, soziale Gepflogenheiten, Wertsysteme und Normen. Im Weltwissen werden öfter Faktenwissen (Know that), Norm- und Handlungswissen (Know how) unterschieden. Man sollte sich das aber nicht unabhängig voneinander denken. Sinnvoll handeln kann man nur, wenn man weiß, was es ist, was man tut.
- Kontextwissen ist laufendes Wissen. Es nährt sich aus Kontext und Sprechsituation. Wie das Wort *links* jeweils zu verstehen ist, wissen wir, weil wir uns in der Sprechsituation mit unserem Partner als orientiert ansehen. Und was *danach* heißt, wissen wir nur, wenn wir den Kontext kennen und einen darin angegebenen Zeitpunkt, auf den sich das Wort relativ bezieht. Das laufende Kontextwissen ist ständig in Veränderung und ständig auf der Höhe der Kommunikation. Was jetzt links ist, kann gleich darauf rechts sein, wenn die Partner sich bewegen.

Zu diesen vier Komponenten gesellt sich eine fünfte, die wir eher als universal und nicht an eine einzelne Sprache gebunden ansehen. Es sind allgemeine Grundsätze und Strategien der Kommunikation und des Verstehens überhaupt.

So verhalten wir uns etwa grundsätzlich kooperativ:

- Wir nehmen an, dass unser Partner etwas Sinnvolles sagt.
- Wir gehen davon aus, dass er zusammenhängend redet.
- Wir wählen nicht so leicht Deutungen von Texten, die widersprüchlich sind, es sei denn, wir sind rechthaberisch.

Diese Komponente ist geprägt durch die Griceschen Grundprinzipien menschlicher Kommunikation. Vielleicht hat sie eine Art Kontrollfunktion über die anderen. Aber sonst wirken die Komponenten gemeinsam, mal hat die eine den Vorrang, mal die andere. So mag der Hörer einmal sein Weltwissen ändern aufgrund von Deutungen, dann aber wird er vielleicht die Deutung aufgrund des Weltwissens ändern.

Auch sollte uns die Struktur des Wissens nicht zu der Annahme verführen, die verschiedenen Komponenten würden im Verstehen schön der Reihe nach abgearbeitet. So wie Kaskaden: erst das Wahrnehmen, dann das Deuten, erst die grammatische Dekodierung, dann das Verstehen. Es spricht einiges dafür, dass diese Teilprozesse zusammenwirken, teils synchron ablaufen können, teils sukzessiv und teils chaotisch ineinander greifend.

LZG und KZG

Arten des Wissens wurden spezifiziert in kognitiven Theorien des Gedächtnisses. Das Gedächtnis wird hier als dynamisches System gesehen. Gewöhnlich wird unterschieden zwischen Langzeitgedächtnis und Kurzzeitgedächtnis. Im Langzeitgedächtnis werden im Prinzip dauerhaft Informationen gespeichert, die allerdings leider oder gottseidank auch dem Vergessen anheim fallen können. Das Langzeitgedächtnis wird gefüttert durch das Kurzzeitgedächtnis, das Informationen nur für kurze Zeit und in beschränkter Menge speichere und dann sofort upgedatet werde. Was Dauer, Kapazität und letztlich die Definition betrifft, gehen die Meinungen allerdings auseinander.

Das Kurzzeitgedächtnis wird gefüttert durch aktuelle Wahrnehmung: sprachliche Äußerungen, Bildwahrnehmung, Situationswahrnehmung usw. Aber es muss auch aus dem Langzeitgedächtnis gefüttert werden, denn da sind die nötigen Muster abgelegt. Regeln, Muster und Präzedenzen, die wir für die Deutung aktualisieren, kommen aus dem Langzeitgedächtnis. Auch wenn einem etwas einfällt, dürfte das aus dem Langzeitgedächtnis kommen. So muss es also ein Vor und Zurück, ein Hin und Her geben.

Dieses Hin und Her ist ausschlaggebend für das Verstehen. Nur was einem einfällt, was im Wissen aktiviert wird, kann in die Deutung eingehen. Darum ist es so wichtig, zu trainieren, dass einem das Richtige auf- und einfällt für die Deutung.

Langzeitgedächtnis und Kurzzeitgedächtnis wirken auch beim Verständnis eines Satzes zusammen. Die syntaktischen Regeln beispielsweise, die man anwendet, um die Struktur eines geäußerten Satzes zu erkennen, kommen aus dem Langzeitgedächtnis und der Satz wird im Kurzzeitgedächtnis verarbeitet, wie es heißt. Die Bedeutungen und Assoziationen kommen aus dem Langzeitgedächtnis und werden im Kurzzeitgedächtnis verrechnet.

Bezüglich des inneren Aufbaus des Wissens konkurrieren zwei Modelle. Nach dem propositionalen Modell sind im Wissen Propositionen gespeichert, die durch logische und sonstige Relationen verbunden sind. So sind in der folgenden Skizze die 1er-Verbindungen Oberbegriffe, die 2er-Verbindung steht für „hat die Eigenschaft".

Modelle des Wissens

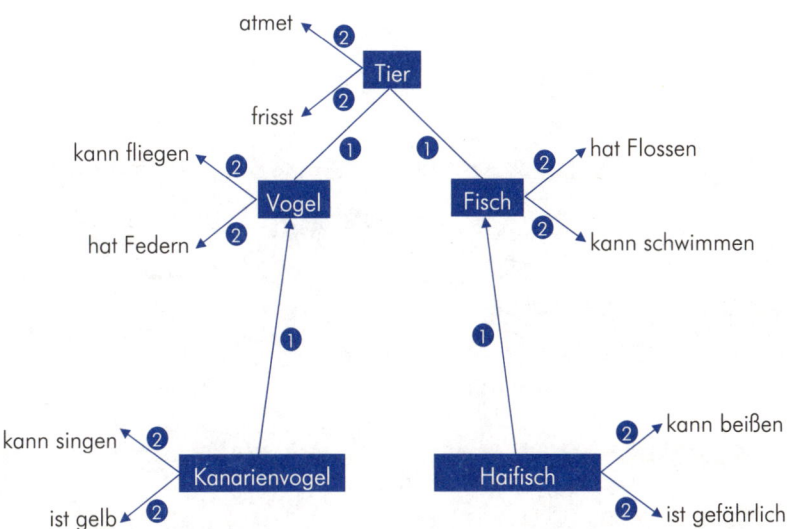

Nach: Collins / Quillian 1969

Nach diesem Modell wäre das kulturelle Wissen eines Individuums als strukturierte Menge semantischer Aussagen zu sehen, die bei Bedarf abgerufen und inferenziell verrechnet werden.
Das konnexionistische Modell geht davon aus, dass Gedächtniseinheiten assoziativ in einem Netzwerk verknüpft sind. Gedächtniseinheiten können dabei einzelne Wörter, semantische Merkmale und dergleichen sein. Assoziationen sind nicht rein individuell. Sprecher der gleichen Sprache assoziieren weitgehend analog.

Kultur erfassen

Semantisches Netzwerk

Ein Netzwerk zeigt die Verbindungen und assoziative Nähe.

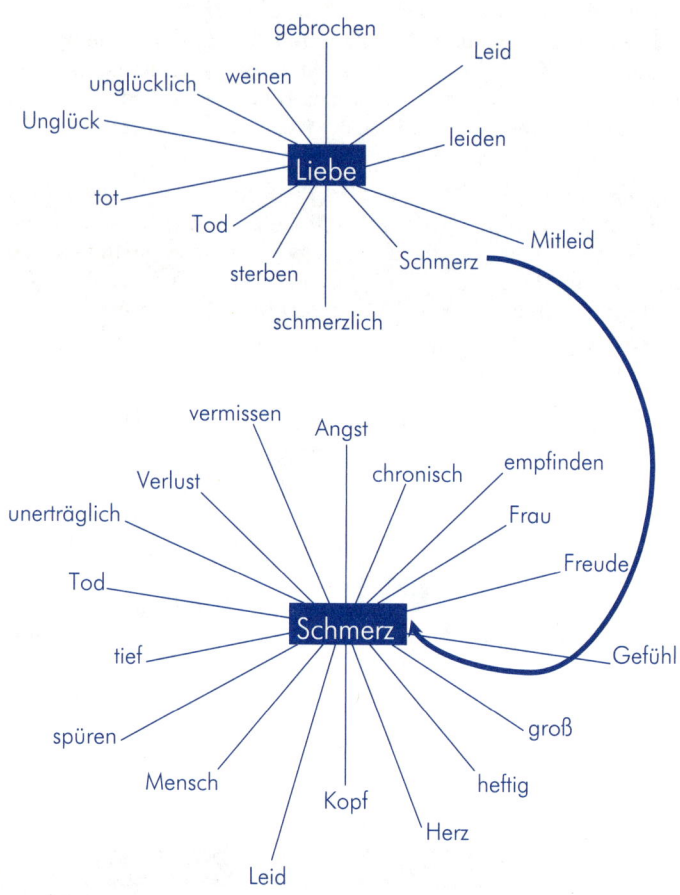

Gemeinsames Wissen

Das Wissen der Kommunikationspartner ist nie identisch, das ist lebensgeschichtlich undenkbar. Es könnte sich höchstens partiell überlappen. In der Kommunikation spielt aber Wissen in diesem Sinn keine Rolle. Entscheidend ist das gemeinsame Wissen im Sinn eines reziproken Wissens.

Wir exemplifizieren das am Beispiel des Lügens, indem wir das Zusammenspiel von Äußerung, Wissen und Deutung zeigen. Das Lügen ist ein komplexer Akt, der bestimmt ist durch das Eingreifen des reziproken Wissens der Partner. Was wir als Dritte glauben, spielt dabei keine Rolle. Besonders, ob wir X glauben oder nicht, ist egal. Und Wahrheit spielt überhaupt keine Rolle.

Aufbau des Wissens 137

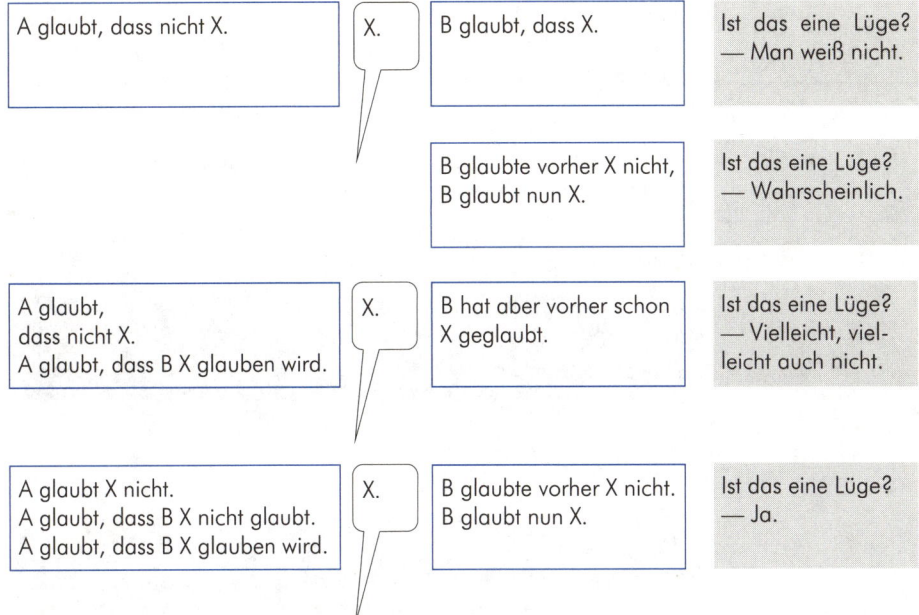

Auch das allgemein als kulturspezifisch eingestufte Wissen greift nur in dieser komplexen Stufung ein. Darum ist es in der riskanten Interkulturellen Kommunikation immer angezeigt, sich über das Partnerwissen Gedanken zu machen. Die Reziprozität, die wir sonst leichtsinnig übergehen, steht hier ständig in Frage.

Das gemeinsame Wissen hat eine Turmstruktur. Der Wissensturm

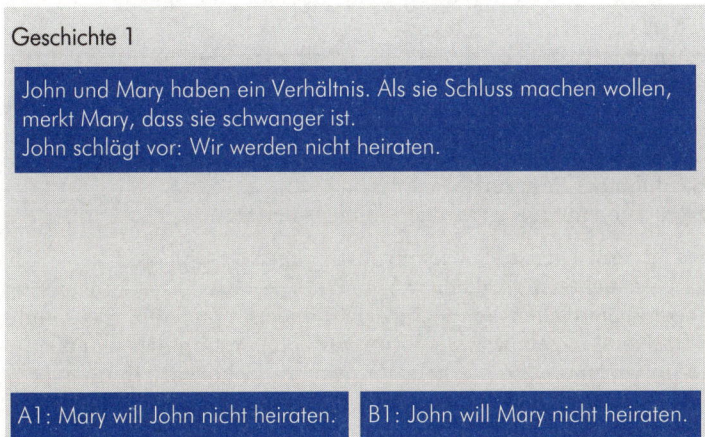

Alles scheint problemlos. Beide haben die gleichen Ziele, die Interessen kollidieren nicht. Dies ist die naive Betrachtungsweise der sogenannten Fakten. Mary wird Johns Äußerung als ehrlichen und plausiblen Vorschlag verstehen und zustimmen. Eine geradlinige und heile Welt.

Die Frage ist, ob die Geschichte in dieser einfachen Form je vorkommt. Hat sie nicht entscheidende Lücken?

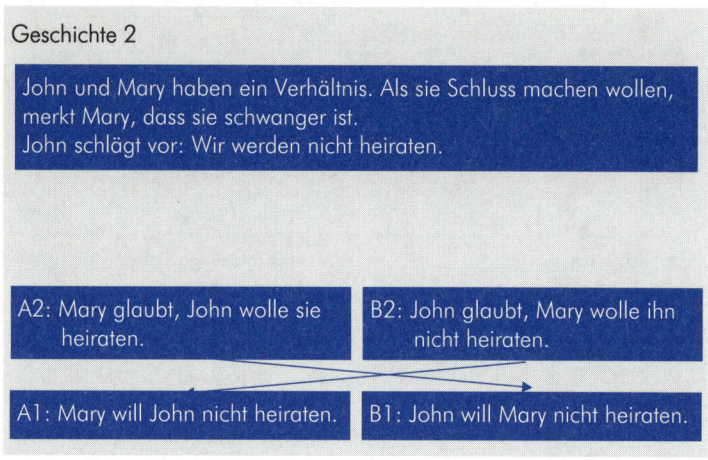

Wir sehen: Die Geschichte 1 ist nicht alles. Es gibt auf der zweiten Turmstufe Alternativen, die für die Lösung entscheidend werden. Johns Vorschlag wird nämlich nur auf der Grundlage eines Missverständnisses akzeptiert: Mary wird Johns Vorschlag für einen Verzicht halten, er ist aber im Sinn gemeinsamer Interessen gedacht.

Harmonisch stellen wir uns die Lösung der Geschichte 3 vor, wo das Gegenteil von A2 gilt. Also:

A1: Mary will John nicht heiraten.
A2: Mary glaubt, John wolle sie nicht heiraten.
B1: John will Mary nicht heiraten.
B2: John glaubt, Mary wolle ihn nicht heiraten.

Sie ist ein Gegenstück zur unvollständigen Geschichte 1.

In Geschichte 2 wird Mary jedenfalls je nach ihrer Einstellung gegenüber solchen Verzichten auch anders reagieren. Sie könnte z.B. „Nein" sagen, was wiederum für John erstaunlich sein dürfte. Denn warum sollte sie heiraten, wo sie nicht will? Ihm zuliebe? Aber er will ja auch nicht.

Wir sind bei der dritten Stufe.

Aufbau des Wissens

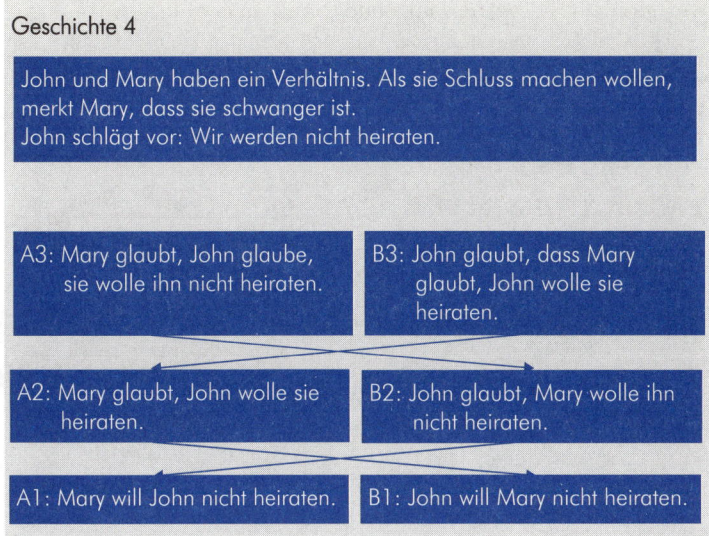

Auch hier liegt die Unstimmigkeit bei Bedingung B1 und B3. Gemeinsames Wissen bezüglich A1 und B1 besteht auch hier nicht.

Das gemeinsame Wissen hat eine Turmstruktur. Nur wenn auf allen Stufen Koordination besteht, ist volles Verstehen gesichert. Eine andere Frage ist allerdings, auf welche Stufe wir jeweils klettern oder klettern müssen, um uns wirklich zu verstehen. Normalerweise klettern wir in der Kommunikation nicht so viele Stufen hinauf. Wir denken, dass weiter oben alles stimmt. Drei Stufen sind allerdings unabdingbare Voraussetzung für menschliche Kommunikation. In Notfällen und bei Neurotikern geht es auch höher.

Verständnisse werden durch alle Ebenen des gemeinsamen Wissens affiziert. Insbesondere entstehen Missverständnisse durch Disharmonien auf verschiedenen Ebenen. Wenn wir das Verstehen auf der Basis des gemeinsamen Wissens rekonstruieren, schaffen wir eine reichere Erklärung. Die Herrschaft des gemeinsamen Wissens ist total. Keiner kommt über sein Wissen hinaus. Nichts Interessantes ist explizit. Der Sinn ist per se implizit.

Unser Wissen manifestiert sich in Erwartungen: Erwartungen

- Erwartungen, was Partner tun,
- Erwartungen, wie alles weitergeht,
- Erwartungen, wie eine Äußerung oder ein Satz fortzusetzen ist.

Kultur erfassen

Was glauben Sie, wie der folgende Dialog zu ergänzen wäre?

Pit Meister	Anja Lindt
aber sie sind doch heute abend da	
	heute ____ bin ___ wieder da
mhm dann wollt ich ihnen eine introduction auf den tageslichtprojektor geben sie kennen den ja auch	
	tageslichtprojektor
ja eben	
	nö ___ ____ das ding so ganz vage
	das biest steht dann aber schon oben
herr noll hat darum gebeten ____ an die ____ zu werfen	
	ich muss mich noch entschuldigen ich ___ an der konferenz nicht teil

Wir können viel vermuten. Und wenn wir in Gesprächen nicht ganz folgen können, vermuten wir viel, und haben Erfolg damit. Unsere Erwartungen basieren auf unserem Wissen. Damit Kommunikation glatt funktioniert, aktivieren wir ständig Erwartungen. Wenn unsere Erwartungen nicht koordiniert sind, gibt es Probleme.

Antizipation

Bisweilen antizipieren wir strategisch, was der Partner tun wird.

Antizipation: kooperativ

Sie nutzen mit Ihrer Partnerin gemeinsam einen Tiefkühlschrank. Sehr gern essen Sie ein Fertiggericht: Putengeschnetzeltes (Igitt!). Die Packung zeigt kein Verfallsdatum (Sauerei!). Aber heute haben Sie zwei Packungen gekauft. Beim Tiefkühlschrank sehen Sie, dass es noch zwei ältere Packungen gibt. Sie wollen natürlich – damit sie zuerst verbraucht werden –, dass ohne Worte klar ist, welches die älteren sind (Man weiß ja nie!).

Aufbau des Wissens 141

> Wohin geben Sie die neuen? Überlegen Sie sich drei Lösungen.

Anregung

Antizipation: kompetitiv

> Sie leiten einen Supermarkt. Sie verkaufen auch verpackte Frischpasta, natürlich mit Verfallsdatum. Die Regale sollten stets gut gefüllt sein, darum wird täglich nachgelegt.
> Natürlich sollen die älteren Packungen zuerst verkauft werden.

> Welche Überlegungen stellen Sie an?
> Welche Anweisung geben Sie dem Personal für das Nachfüllen?

Wir sehen Wissen in Frames und Skripts strukturiert:

Wissensstrukturen

- Unter Frame wird gewöhnlich eine kohärente Wissensstruktur für eine Situation verstanden, die in dem Sinn verallgemeinert ist, dass sie Leerstellen oder Slots enthält, die erst im speziellen Fall gefüllt werden.
- Unter Skript wird gewöhnlich eine kohärente Wissensstruktur für einen Handlungsablauf verstanden mit Slots, die im speziellen Fall gefüllt werden.

Auf ein Stichwort aus dem Frame oder Skript aktivieren wir weite Teile des Frames oder Skripts, halten sie aufgewärmt parat, um sie bei der Deutung einzusetzen. Die Frames sind weitgehend verbal gebunden und sie differieren interkulturell beträchtlich.

Der kaufen-Frame ist assoziiert mit dem deutschen Verb. Er hat sechs Slots. Andere Verben aus dem Wortfeld wie das neusprachliche *holen* haben eine andere Frame-Struktur, in der nicht diese Slots belegt sein müssen.

kaufen-Frame

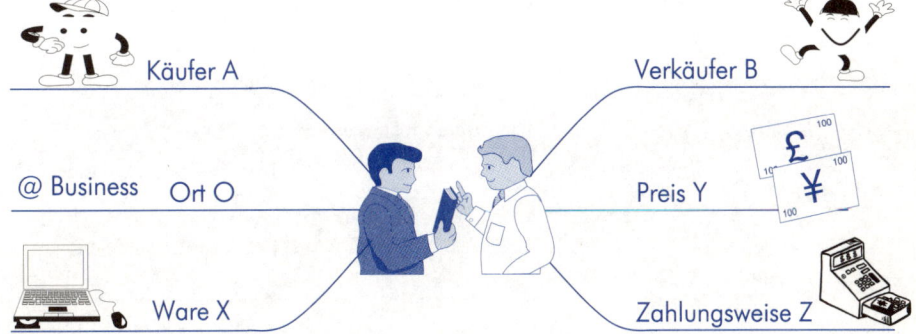

Beispiel-Skript

Ein Skript hat die Form eines Flussdiagramms für den möglichen Handlungsablauf mit verzweigenden Alternativen und Rücksprüngen bei *. Skripts können interkulturell erheblich differieren. Die Differenzen zu erkennen ist im Wesentlichen eine Frage der Feinkörnigkeit der Beschreibung.

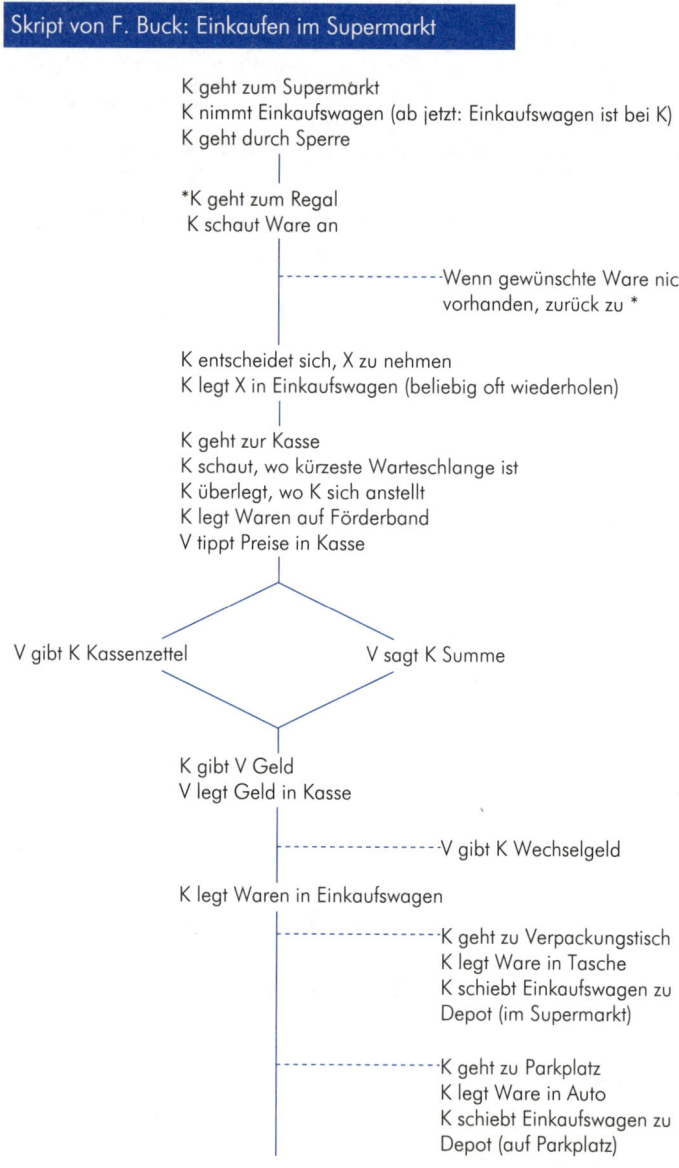

Skript von F. Buck: Einkaufen im Supermarkt

K geht zum Supermarkt
K nimmt Einkaufswagen (ab jetzt: Einkaufswagen ist bei K)
K geht durch Sperre

*K geht zum Regal
K schaut Ware an

━━━━━━━ Wenn gewünschte Ware nicht vorhanden, zurück zu *

K entscheidet sich, X zu nehmen
K legt X in Einkaufswagen (beliebig oft wiederholen)

K geht zur Kasse
K schaut, wo kürzeste Warteschlange ist
K überlegt, wo K sich anstellt
K legt Waren auf Förderband
V tippt Preise in Kasse

V gibt K Kassenzettel   V sagt K Summe

K gibt V Geld
V legt Geld in Kasse

━━━━━━━ V gibt K Wechselgeld

K legt Waren in Einkaufswagen

━━━━━━━ K geht zu Verpackungstisch
K legt Ware in Tasche
K schiebt Einkaufswagen zu Depot (im Supermarkt)

━━━━━━━ K geht zu Parkplatz
K legt Ware in Auto
K schiebt Einkaufswagen zu Depot (auf Parkplatz)

6.2 Kulturelle Differenzen

Wenn über Menschen verschiedener Herkunft gesprochen wird, dann sind kulturelle Zuschreibungen an der Tagesordnung. Aber in welchem Sinn und wie weit repräsentiert ein Deutscher deutsche Kultur, ein Chinese chinesische Kultur? Haben wir es zuerst nicht immer mit Personen zu tun?
Ja sicher. Aber die Individuen sind doch geprägt durch:

- Tradition und Gedächtnis (Normen, Ideologien)
- Sozialisation (Enkulturation, Identität, persönliche Erfahrung)
- Kommunikation (Diskursverhalten, Kommunikationsziele)
- Soziale Organisation (Verwandtschaft, Selbstwahrnehmung, Selbstbild)

In interkulturellen Interaktionen haben viele Individuen Erfahrungen gesammelt, die auch mehr oder weniger systematisiert erfasst werden können – allerdings mit Fehlerrisiko. Für eine systematische Betrachtung kann man auf einzelne Aspekte fokussieren.

Foki

144 Kultur erfassen

Skalen Wie erfasst man nun das Wissen zu diesen Aspekten? Einzelne Aspekte können wir in polaren Skalen angeordnet denken. So wurden etwa die folgenden Aspekte häufiger zu Grunde gelegt und an einzelnen Kulturen festgemacht. Man fragt sich natürlich, was zwischen diesen Polen liegt und wie sie selektiv und graduiert Kulturen charakterisieren sollen. Ist das nicht recht grob?

Polare Differenzen

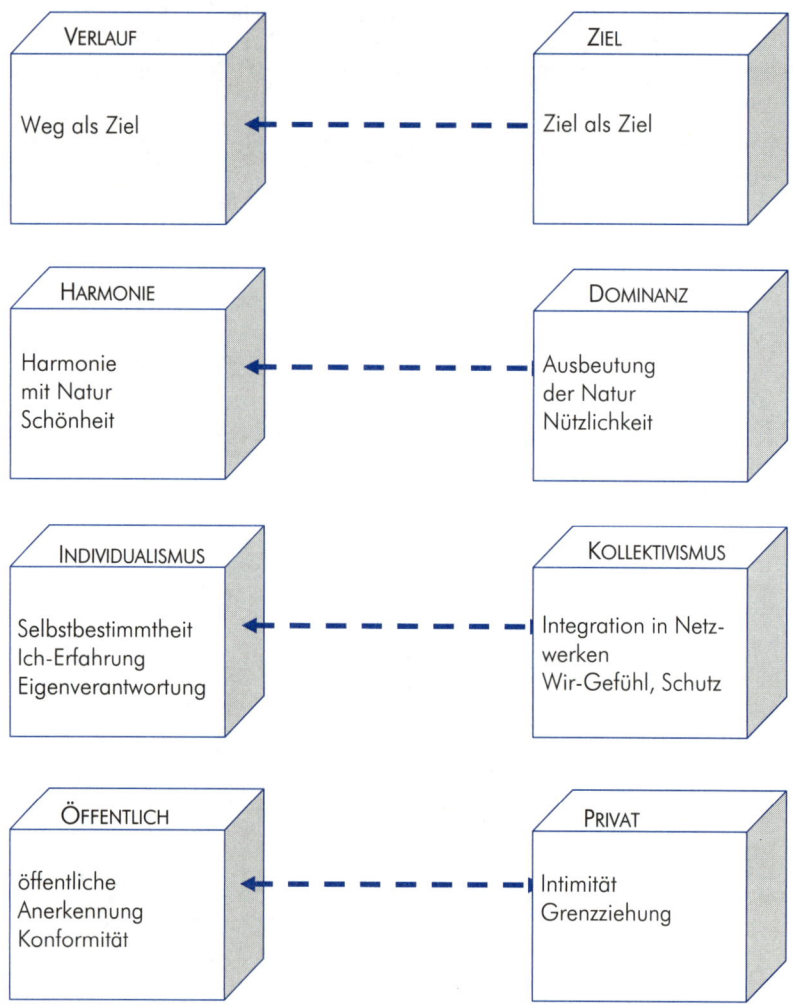

Kulturelle Differenzen

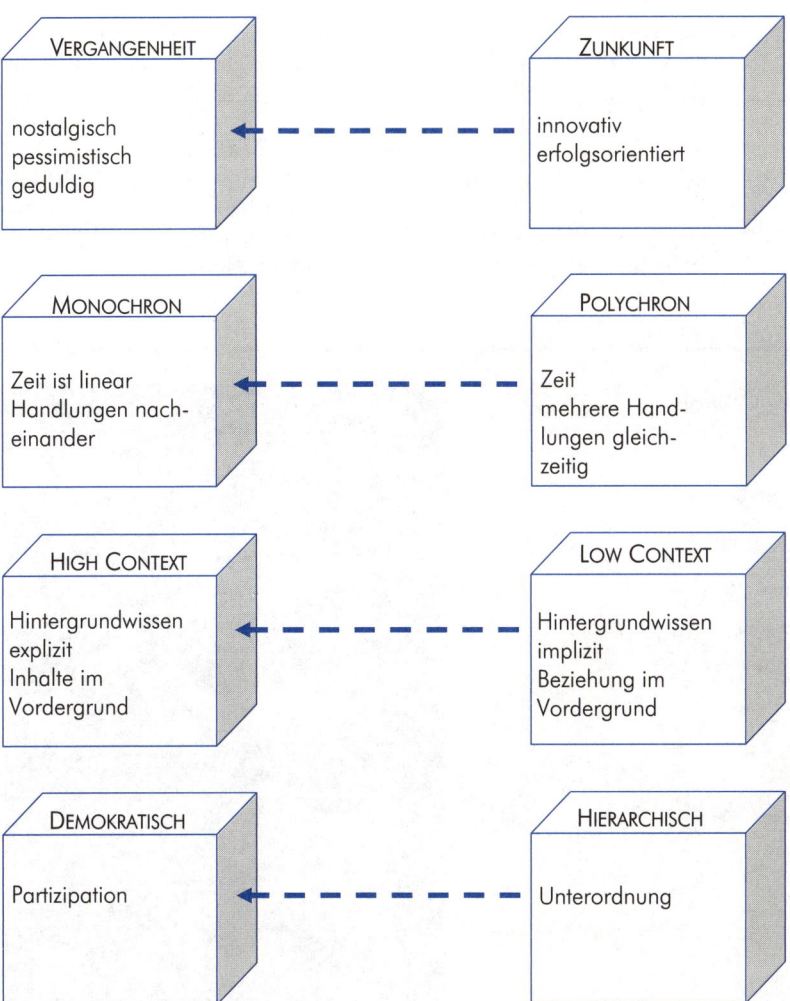

Solche Darstellungen scheinen wie aus einer anderen Zeit, in der man noch glaubte, mit allgemeinen Aussagen wie im Reiseführer weiterzukommen. Sie sind wohl auch mehr für eine Art Typologie oder Taxonomie der Kulturen gedacht. Wie ihre Kenntnis uns in Interkultureller Kommunikation weiterbringen könnte, bleibt unklar. Vor dem Hintergrund der Komplexität des Wissens, die der Kognitivismus ans Licht brachte, und der Differenziertheit der Wirkung des gestuften gemeinsamen Wissens wird man schwerlich die praktische Anwendung erkennen.

Kultur erfassen

Kontraste

Der Gedanke der polaren Merkmale in skalarer Anordnung wurde verknüpft mit eher relativen Merkmalen und dann auf bestimmte Regionen angewendet.
In einer kontrastiven Untersuchung der Thai-Kultur wurden differenzierende Merkmale gegenüber westlichen Kulturen festgehalten und auf asiatische Kulturen allgemein generalisiert. Dies alles sind natürlich globale und luftige Annahmen. Aber sie können vielleicht doch unseren Blick auf den Boden, auf gewisse Gebiete lenken, die wir dann auch genauer explorieren könnten.

Westlich ⬅ ➡ Östlich

Westlich	Östlich
mehr intellektuell, objektiv	mehr emotional, subjektiv
eher abstrakt orientiert	mehr konkret orientiert
eher auf Rationalität	mehr auf Erfahrung
wissenschaftsorientiert	imaginativ und musisch
Augenmerk auf Effizienz	Augenmerk auf soziale Beziehung
Rechte und Pflichten, Verantwortung	Liebe, Sympathie, Gastfreundschaft
Selbstverwirklichung	Selbstkontrolle
Disziplin	Freiheit
eigene Person	Gruppe
ernst, ernsthaft	locker, liebenswürdig
fordernd	harmonisch, friedfertig
mehr nach außen gewandt	mehr nach innen gewandt
Eroberung der Natur	Harmonie mit der Natur
aktiv, energisch	ruhig, höflich

Typen

Ein weiterer Schritt der Abstraktion besteht darin, die Kriterien anzuwenden auf viele Kulturen und so generelle Typen zu generieren. All diese Versuche sehen wir im Zusammenhang bewusster oder unbewusster Komplexitätsreduktion. So könnte man Kulturen handhabbar machen, vielleicht sogar handzahm.
Eine bekannte generalisierende Unterscheidung ist die in High-context-Kulturen und Low-context-Kulturen.

Kulturelle Differenzen   147

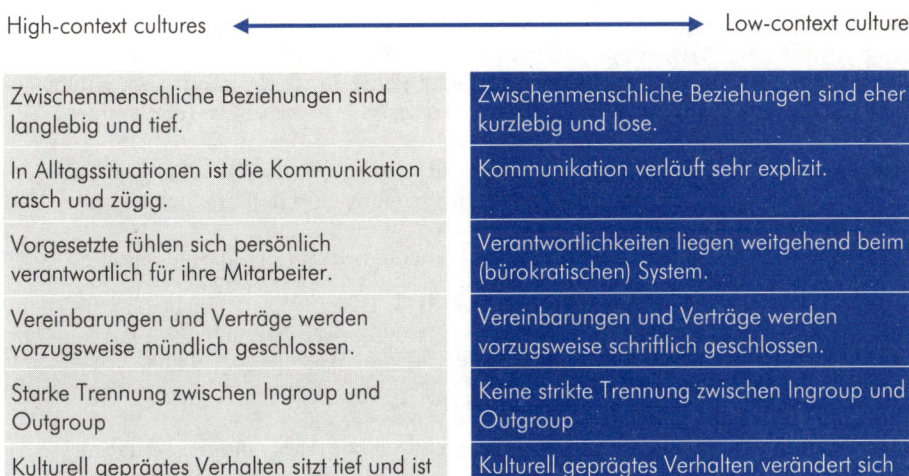

Kulturen werden eingeteilt in mehr individualistisch und mehr kollektivistisch orientierte. In individualistischen Kulturen stehen eher individuelle Interessen im Vordergrund, in kollektivistischen Kulturen geht es stärker ums Wohlergehen der Gemeinschaft (Hall 1976, Hofstede 1983).

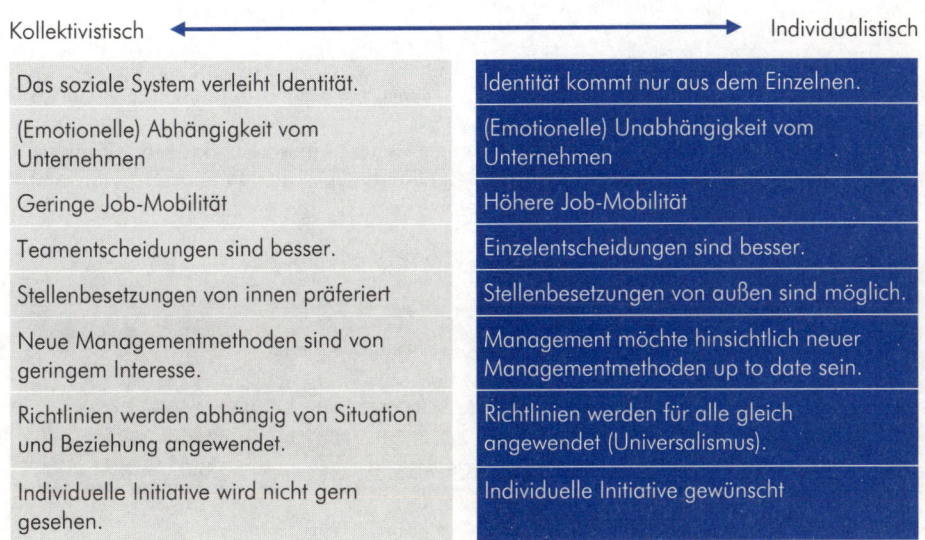

148 Kultur erfassen

Bekannt und immer wieder dargestellt

Geert Hofstede untersuchte in einer Befragung arbeitsbezogene Wertvorstellungen bei IBM-Mitarbeitern in 40 Ländern. Er konstruierte eine noch weiter gehende Abstraktion: vier Dimensionen, in denen nationale Unterschiede erfasst werden können.

Machtstruktur

Wie ungleich ist die Macht in Institutionen verteilt?
Ausmaß, in dem Mitglieder einer Gesellschaft ihre Asymmetrien akzeptieren.
Die Arbeitswelt ist weitgehend strukturiert über Macht:

- Wer hat wem was zu sagen?
- Wie setzt der Vorgesetzte seine Anweisungen durch?
- Kann der Mitarbeiter seinen Dissens mit dem Vorgesetzten ausdrücken?

Unsicherheitsbewältigung

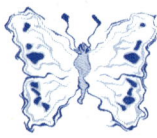

Wie bedroht fühlt man sich in einer ambivalenten Situation?
Ausmaß der Ängstlichkeit angesichts unstrukturierter und zweideutiger Situationen. Unsicherheit kann akzeptiert werden und locker genommen werden. Oder man kann sich durch Unsicherheit bedroht fühlen.

Individualismus

Wie wichtig ist der Einzelne, wie wichtig die Gruppe?
Diese Dimension trennt vereinzelnde von zusammenhaltenden Kulturen. Sie erfasst das Verhältnis zu den Mitmenschen, zu der Mehrheit in der Gesellschaft.

Männlichkeit

Wie wichtig ist eigene Leistung und Durchsetzungsvermögen? Wie wichtig Fürsorge?
Maß für Leistungsstreben, Durchsetzungsvermögen, Sympathie für Stärke und Abhängigkeit der sozialen Bedeutung vom materiellen Erfolg oder mehr Pflege, Fürsorge und Interesse an der sozialen Umwelt.

Geert Hofstede * 1928
Bekannt vor allem durch seine Studien zum Zusammenhang von Organisation und kulturellen Überzeugungen, vor allem die angesetzten Kulturdimensionen. Sie wirkten in vielen Disziplinen, besonders im Management.
Viele Einzelstudien sind zusammengefasst in:
Uncommon Sense About Organizations: Cases, Studies, and Field Observations, 1994

Machtdistanzwerte ausgewählter Länder nach Hofstede

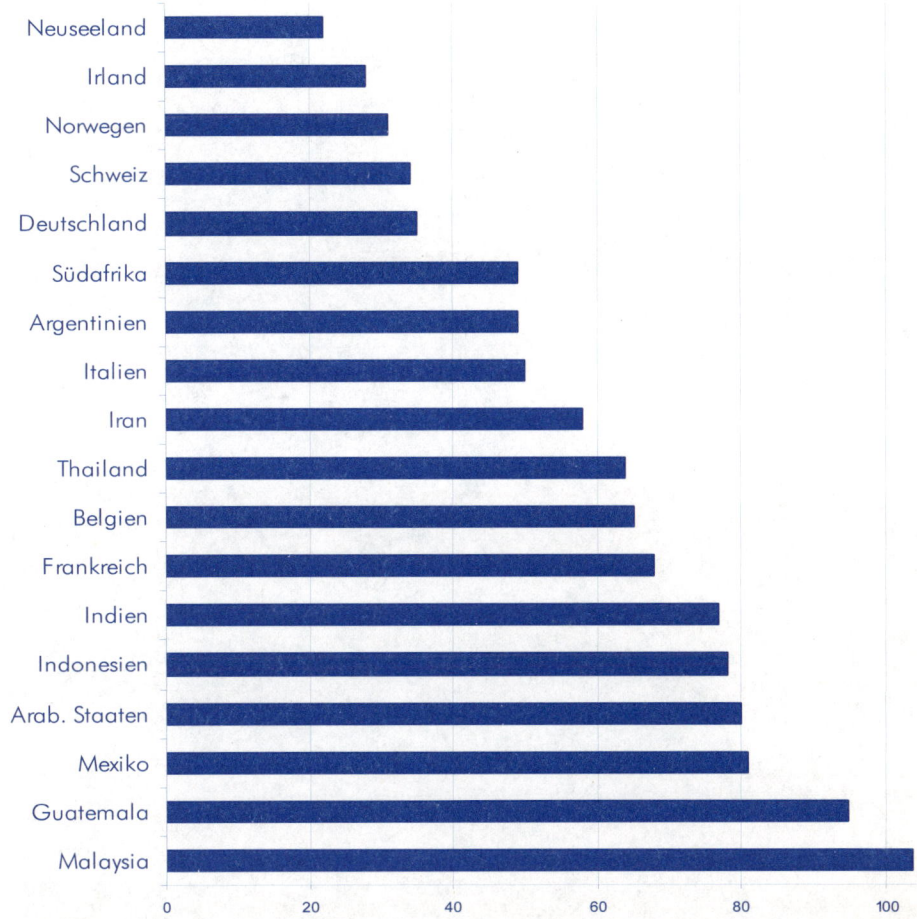

Niedrige Machtdistanz korreliert mit flachen Hierarchien, hohe Machtdistanz mit tief gestuften Hierarchien. Individuen in Kulturen mit hohen Machtdistanzwerten tolerieren eher große Unterschiede in der Machtverteilung. Die Ergebnisse sind vor allem fürs Management gedacht. Aber welche Folgerungen sollen wir daraus ziehen? Was genau hat das mit Kommunikation zu tun?

Individualismuswerte ausgewählter Länder nach Hofstede

Je höher der Individualismuswert, umso stärker die Autonomie oder ideale Autonomie des Individuums in der Gesellschaft. Individuen in Kulturen mit hohen Individualismuswerten kümmern sich mehr um sich selbst als um die Allgemeinheit, die Familie oder die Gruppe.

Männlichkeitswerte ausgewählter Länder nach Hofstede

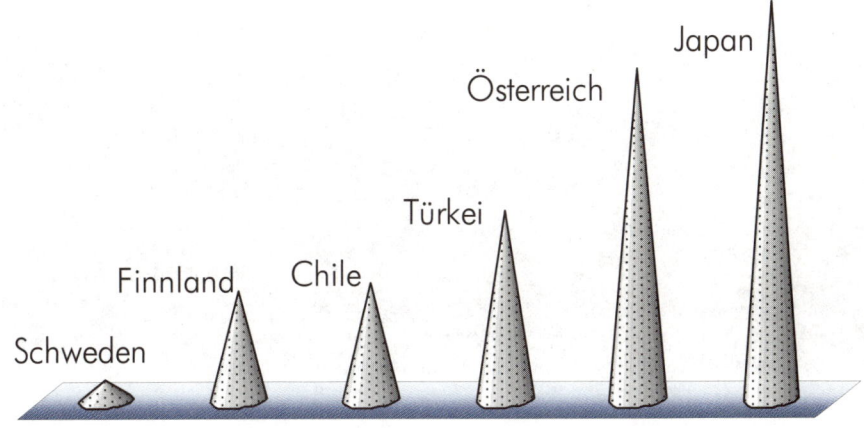

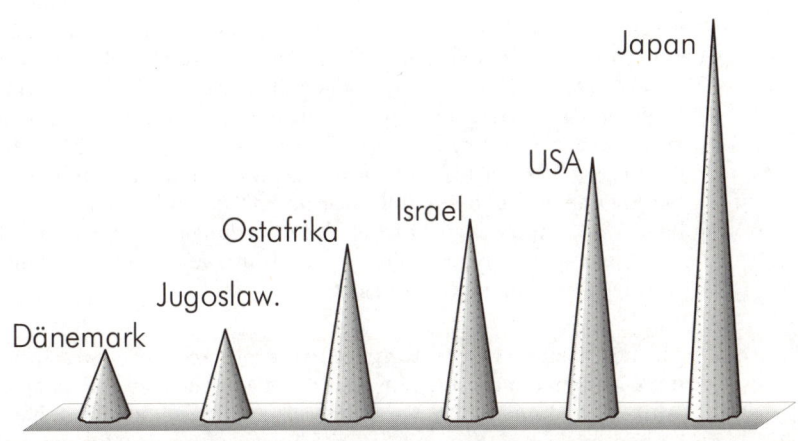

Der Index zeigt den Umfang der traditionell männlichen oder weiblichen Werte in der Gesellschaft.
Stärker männlich orientierte Kulturen setzen auf Durchsetzungskraft, weiblich orientierte eher auf sanfte Verfahren – so heißt es.

> Überlegen Sie: Wie kommt man eigentlich auf die Bezeichnung „masculinity" oder „Männlichkeit"?
> Welche kulturspezifische Brille hat man da aufgesetzt?

Anregung

Grund unter den Füßen	Worauf basieren diese Werte? Wie wirken sie sich aus? Maskulinität zum Beispiel?

Niedriger Wert	Hoher Wert
Geringere Leistungsmotivation	Starke Leistungsmotivation
Geringer Arbeitsstress	Hoher Arbeitsstress
Beeinflussung des Privatlebens durch den Beruf nicht toleriert	Beeinflussung des Privatlebens durch den Beruf toleriert
Theorie wird weniger akzeptiert.	Theorie wird akzeptiert.
Weniger Arbeit statt höheres Gehalt	Mehr Gehalt statt weniger Arbeit
Beziehungsorientiert	Sachorientiert
„life-long employment" bei einem Unternehmen positiv bewertet	Aufstiegsmöglichkeiten innerhalb und außerhalb des Unternehmens gesucht
Kooperation statt Konkurrenz	Konkurrenz statt Kooperation

Alle Dimensionen und ihre Spezifizierungen sind hochriskante Abstraktionen. Die empirische Basis und die zu Grunde liegenden Kommunikationen sind unbekannt. Ebenso unbekannt bleibt die Analyse-Methode. Insofern können diese Einteilungen bestenfalls als grobe Hinweise Verwendung finden. Die Realität sieht anders aus. Außerdem ist der monokulturelle bias überall sichtbar. Grobschlächtige Unterscheidungen wie kollektivistisch vs individualistisch sagen im Grunde wenig. Sie sollen gewonnen und differenziert werden in Empirie und gerinnen dann zu groben Etiketten, die unsere Erkenntnis und daraus resultierendes Handeln kaum leiten können. Denn wie sollte ich im konkreten Fall damit umgehen? In empirischen Einzel-Untersuchungen derbröseln die Catchwords auch regelmäßig wieder. Dann sind die untersuchten Kulturen im Endeffekt „gemischt".

Auf die Deutung kommt es an	All dies basiert auf Deutung und Interpretation. So sprach man im Zusammenhang der masculinity sogar von einer Prinzipienethik der Männer, die verstandesorientiert sei und auf Nichteinmischung beruhe, und einer Fürsorgeethik der Frauen, die von Gefühlen der Empathie und des Wohlwollens getragen, personensensitiv sei.

Solche Differenzen haben vielleicht gar nicht direkt mit Sexus zu tun. Vielleicht ist es nur Ausfluss sozialer Tätigkeit. Obliegt den Männern mehr die Regelung von anonymen Beziehungen im sozialen Großverband und Kriege führen, werden sie so etwas brauchen. Fürsorgeethik ist demgegenüber die moralische Haltung, wie sie im Nahbereich und in Kleingruppen angezeigt ist, und deshalb historisch je nach Kultur den Frauen zugeordnet.

Kulturelle Differenzen

Kommunikativer orientierter ist die Funktion und Bewertung von Topiks. Was bespricht man wann mit wem? Und vor allem: Was bespricht man nicht? Ergebnisse einer kontrastiven Befragung:

Topiks

Geschmack

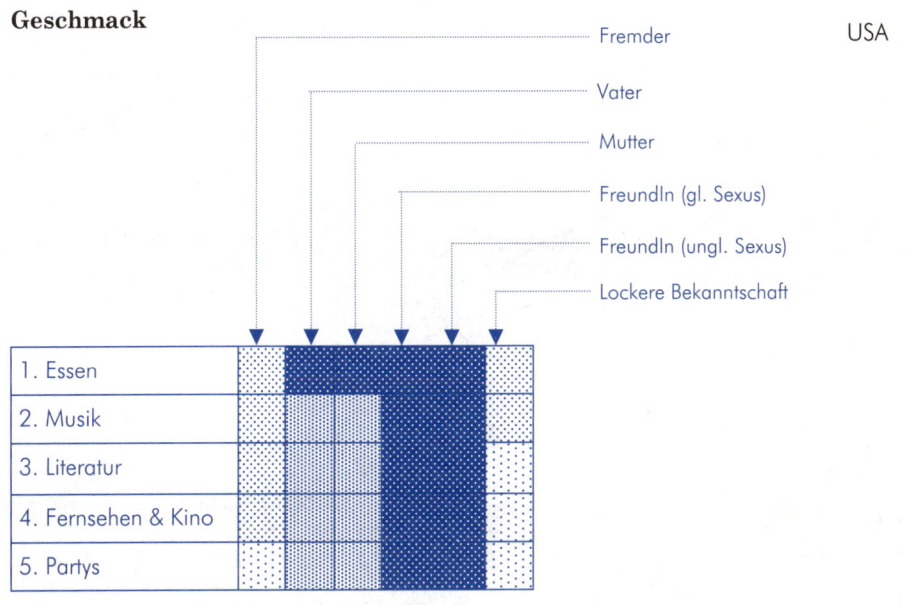

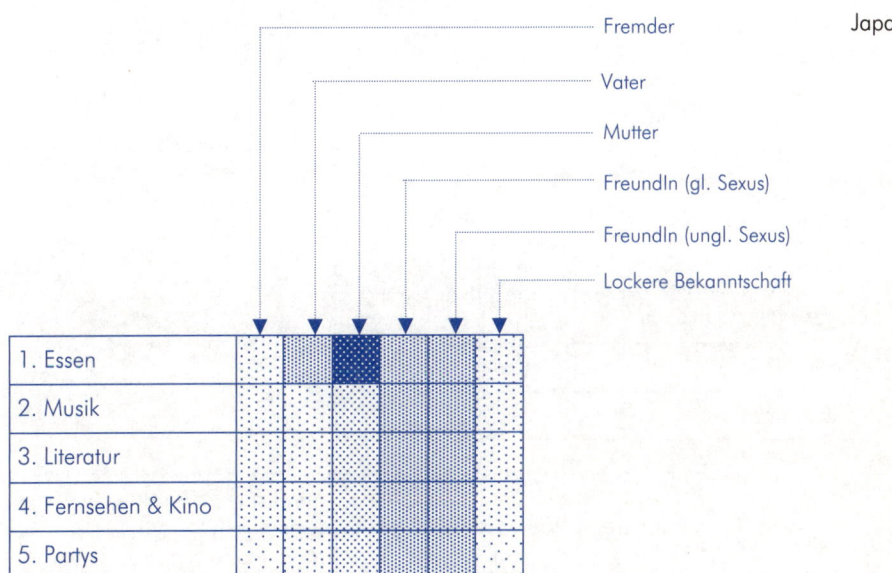

Kultur erfassen

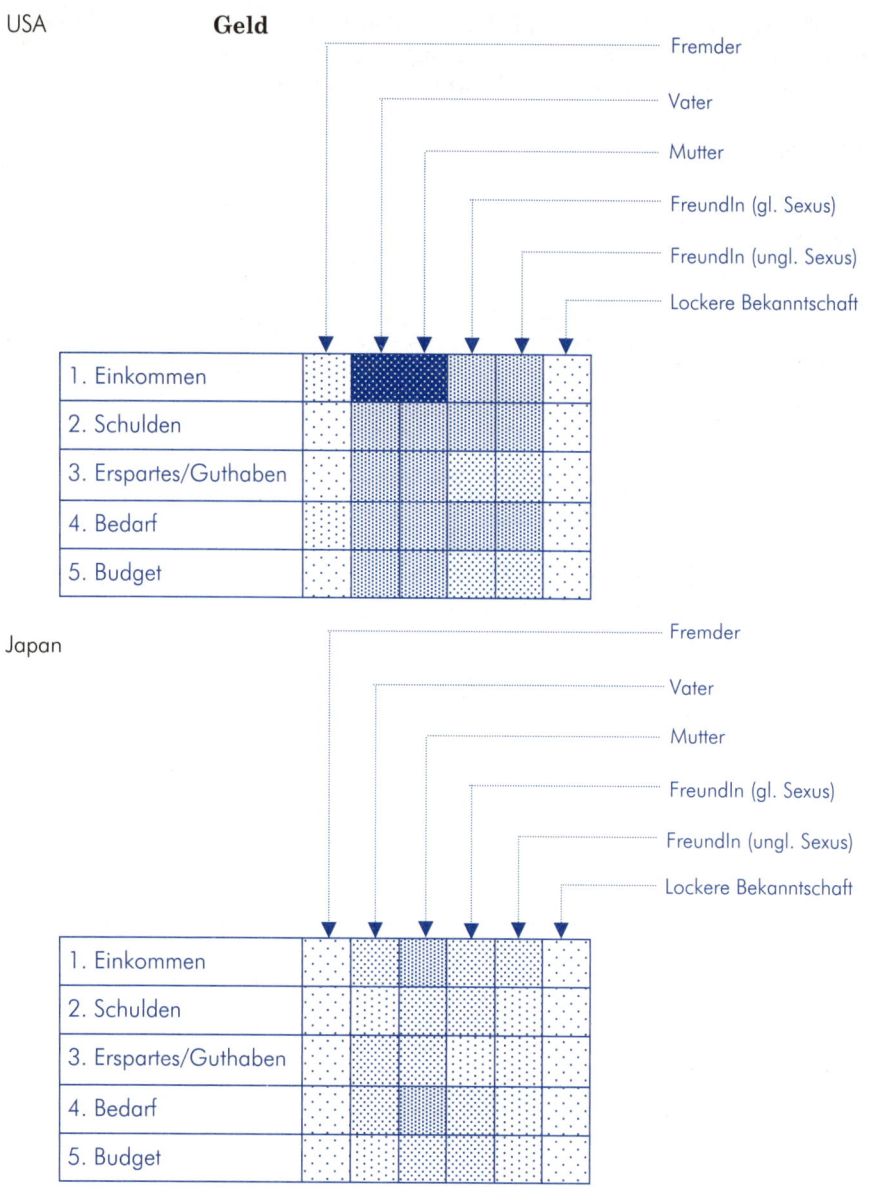

Anregung

Ein Amerikaner fragt seine neue japanische Bekannte, wie viel sie verdient. Wie wird die Japanerin reagieren?
Spielen Sie im Geist verschiedene Möglichkeiten durch.

Kulturelle Differenzen

Persönlichkeit

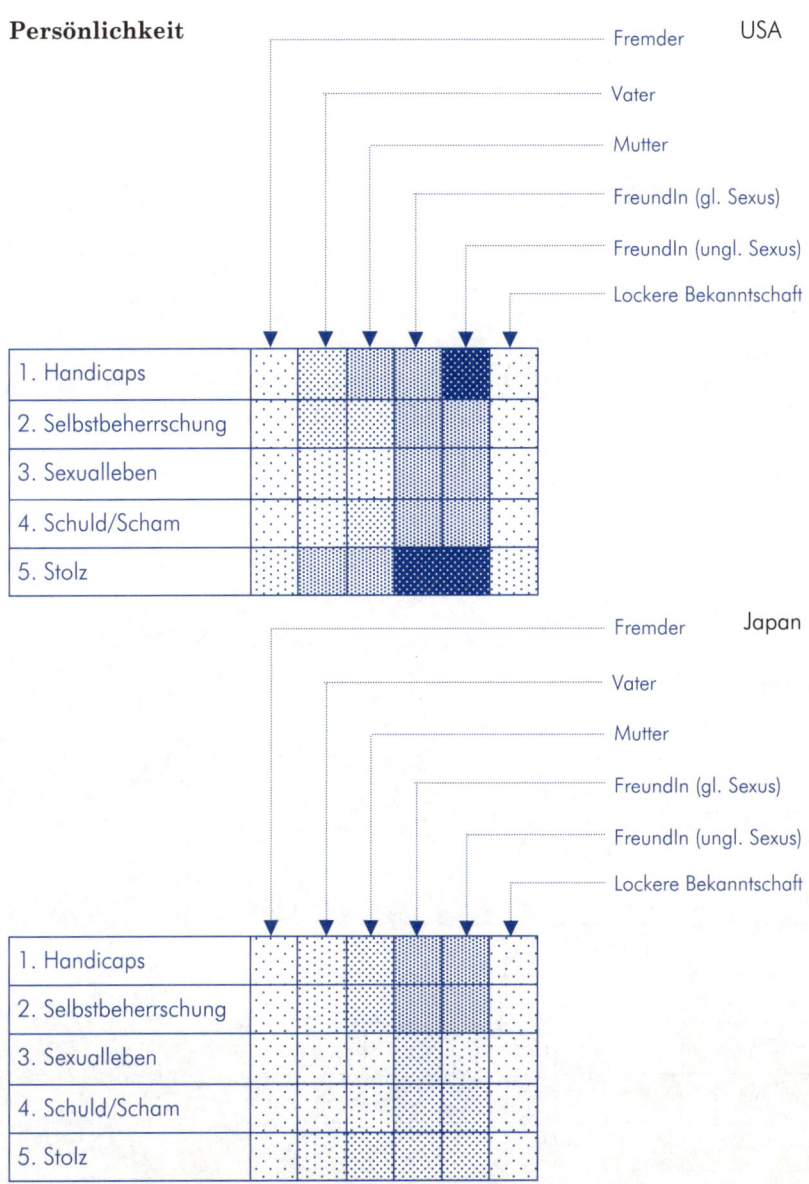

Anregung

Was halten Sie von folgender These: Die Verteilung der Topiks ist in Japan und USA im Grunde gleich.
Der Unterschied: In Japan wird überhaupt weniger geredet.

Kultur erfassen

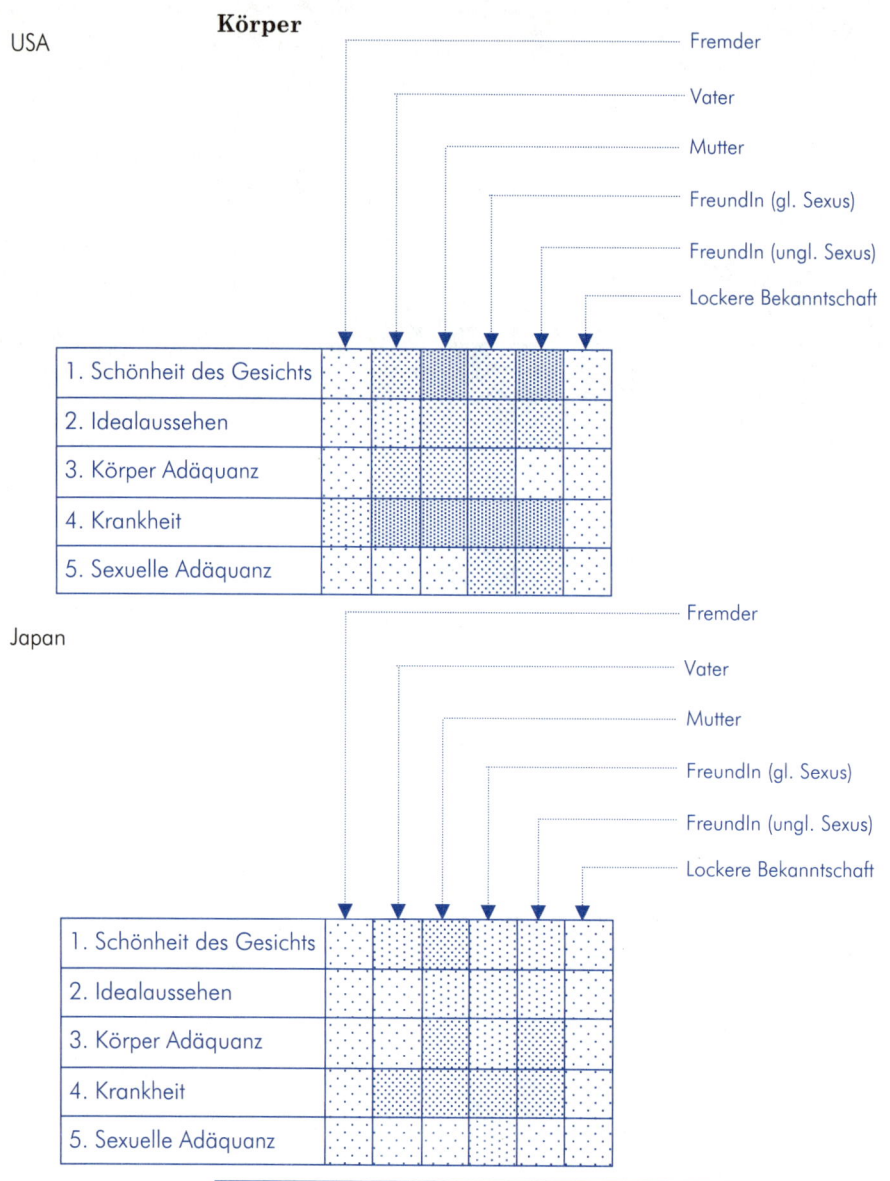

Anregung: Sie sind Amerikanerin; Sie kennen diese Grafiken. Sie möchten gern mit Ihrer neuen japanischen Freundin über ihre sexuelle Attraktivität reden. Verkneifen Sie sich das? Oder nicht?
Wie wäre kommunikative Symmetrie zu wahren?

Kulturelle Differenzen

Ansichten und Meinungen

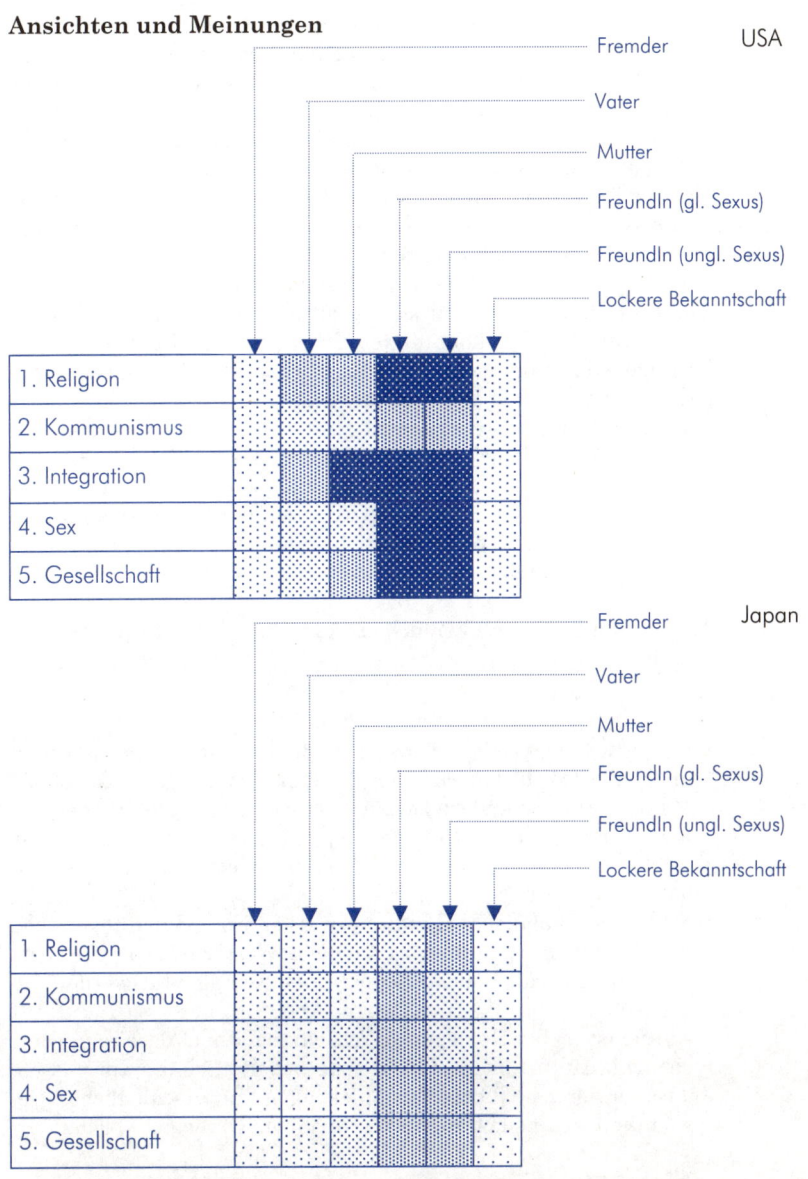

Anregung

Alle Grafiken scheinen zu zeigen, dass Japaner weniger reden. Hängt das mit der Erhebungsmethode zusammen? Oder kann man sich vorstellen, dass eine Gesellschaft einfach mit weniger auskommt? Effektiver kommuniziert?

Kultur erfassen

Skepsis

Die vorgestellten Aspekte, Kontraste und Dimensionen werden sozusagen als Basiswissen der Interkulturellen Kommunikation angesehen. Sie erscheinen eher wie kulturwissenschaftliche Beschreibungen von außen in einer scheinobjektiven Beschreibungssprache. Die empirische Basis wird nicht sichtbar, bestenfalls über Befragungen, was Individuen hierzu äußern. Es bleibt immer der Blick von oben oder von außen. Eine echte Empirie müsste hingegen ausgehen von tatsächlichen interkulturellen Interaktionen, müsste sie dokumentieren, akribisch deuten und analysieren. Die einzelnen Akteure sind immer der methodische Ausgangspunkt. Von der Mikroebene zur Makroebene geht der Weg. Nur auf diesem Weg könnte man Schritt für Schritt zu haltbaren Verallgemeinerungen kommen. In welcher Sprache die zu formulieren wären ist noch eine andere Frage.

Und eine noch andere Frage ist, wie dieses Wissen dann in der Kommunikation eingreifen sollte. Wenn ein fleißiger Adept sich all dies angeeignet hätte, würde er persönlich besser kommunizieren? Könnte er in der aktuellen Kommunikation so schnell sein Wissen verrechnen? Wäre das nicht ein bisschen so wie Fahrrad fahren lernen durch Lektüre?

All den vorgeführten Versuchen gegenüber sollte man stets im Sinn halten:

Fazit

- Kultur ist nichts Abgeschlossenes. Sie ist historisch entstanden und ändert sich dauernd, ein dynamischer Prozess. Selbst die Manifestationen ändern sich, da sie anders gedeutet werden.
- Kultur ist flexibel. Wir sind nicht vernagelt. Wir sind es gewohnt, uns ständig auf neue, einmalige Situationen einzustellen.
- Kultur ist komplex. Handlungsweisen und Handlungen von Abermillionen Menschen in wenigen Wörtern zu beschreiben, erscheint hybrid. Welche Aspekte der Komplexität werden dabei geopfert?
- Kultur ist nichts Homogenes. Wir wissen schon, dass in unserer eigenen Kultur nicht alle gleichgeschaltet sind. Wir wissen, dass unterschiedliche Gruppierungen unterschiedliche Gewohnheiten, Ansichten und Werte haben. Oft sogar, welche.

Kulturelle Differenzen

Kommensurabel?

Kulturelle Unterschiede können tiefer gehen, wie die abschließende Grafik lehrt. Sie zeigt die Ergebnisse einer vergleichenden Befragung: US-Amerikaner und Südkoreaner wurden danach befragt, was für sie der Sinn des Lebens sei, wie wichtig die einzelnen Aspekte für ihr Leben seien. Die Grafik zeigt den Stellenwert, der den Bereichen zugesprochen wurde. (Daten nach Szalay / Deese 1978; leere Werte bedeuten, dass dies nicht genannt wurde).
Im nächsten Schritt ergab sich dann noch, dass natürlich Koreaner zu *Liebe* ganz Anderes assoziieren als US-Amerikaner.

Der Sinn des Lebens

USA		Südkorea
1	Liebe	12
-	Wirtschaft	1
2	Freundschaft	14
-	Religion	2
3	Sex	-
4	Familie	3
-	Beruf	4
5	Erziehung	6
19	Gesundheit	5
6	Musik	-
7	Arbeit	12
16	Heimat	7
8	Heirat	21
-	Freund	8
9	Leute	-
-	Lebensweise	9
10	Schule	-
-	Kinder	10
11	Krieg	26
-	Sozialer Kontakt	11

Wie könnte man so leicht vergleichen, wenn die Lebensansichten so verschieden sind?

7 Kultur in Sprache

> ... *in their own terms*
> Michael Agar

Heiße Momente sind in der Interkulturellen Kommunikation an der Tagesordnung. Sei es, dass man sie bemerkt oder dass sie unbemerkt an einem vorübergehen. Sei es, dass sie mehr als sprachliches Problem wahrgenommen werden oder eher am Verhalten festgemacht. Heiße Momente sind so zahlreich, heiße Stellen so verbreitet, dass man sie nicht auf Vorrat bewältigen kann. Man kann sich nur sensibilisieren und methodisch darauf vorbereiten. Denn zuerst gilt es einmal sie zu erkennen, zu realisieren, dass ein Kommunikationsproblem vorliegt.

HOTSPOTS

- Begrüßen
- Sich vorstellen
- Anreden und Namen
- Welche Sprache?
- Persönliche Fragen
- Einladungen
- Geschenke
- Ja und Nein sagen
- Gesprächsverlauf und Redeübernahme
- Schweigen
- Themen und Topiks
- Zuhörgewohnheiten
- Kritik anbringen
- Sich entschuldigen
- Wie überzeugt man
- Beenden eines Kontakts
- Körpersprache

7.1 Was sind Hotspots?

Michael Agar hat das Konzept der Rich Points entwickelt. Rich Points sind Stellen, an denen in der Kommunikation häufiger Probleme auftreten, „rich, with the connotations of tasty, thick, and wealthy all intended" (Agar 1994: 100).

Rich Points

Rich Points fallen uns besonders auf in interkultureller Kommunikation. Wenn man mit Menschen in Kontakt tritt, die einen anderen sprachlichen und kulturellen Hintergrund haben als man selbst, wenn also zwei Kulturen aufeinander treffen und dieser Unterschied im Kontakt spürbar wird, werden Rich Points häufig sein. Sie sind aber nicht an interkulturelle Kommunikation gebunden. Sobald in einem Gespräch eine Schwierigkeit auftaucht, kann es sich um einen Rich Point handeln; sei es zwischen Mann und Frau, sei es zwischen Professorin und Studentin usw. Es mag sich um individuelles Verhalten handeln oder um irgendwelche kulturellen Muster. Das gilt es in der Regel erst herauszufinden. Es gibt Rich Points innerhalb einer Kultur, weil sie etwas Typisches enthalten, es gibt sie kontrastiv im Vergleich zweier Kulturen.

Rich Points sind reich,

- weil sie Einsichten in Kulturen verschaffen,
- weil sie uns eigene Erwartungen überprüfen lehren,
- weil man sie kommunikativ bearbeiten kann.

Beispiele für Rich Points sind etwa die Wahl des Du oder Sie im Deutschen oder das amerikanische date. Es ist eines dieser Wörter, die man in wenigen Worten nicht erklären kann. Bei dem Versuch, das Wort einer Österreicherin zu erklären, verlor Agar sich in Ausführungen über die amerikanische Sichtweise von Männern und Frauen, ihre Beziehung zueinander.

Schmäh

Ein weiteres Beispiel für einen Rich Point ist das österreichische oder besser Wienerische Schmäh. Agar stieß während seines Aufenthalts in Wien schon recht bald auf dieses Wort. Er hörte es in Gesprächen, im Fernsehen, las es in Zeitungen. Dadurch war sein Interesse geweckt. Er suchte in verschiedenen Wörterbüchern und Reiseführern nach Erklärungen. Aber auch nach diesen Recherchen hatte er keine genaue Vorstellung davon, was die Bedeutung von *Schmäh* ist. Er fasste den Plan, in einem Kurs am Linguistischen Institut diesen Rich Point zu behandeln. Zuvor aber besprach er das Vorhaben mit österreichischen Freunden und bat sie, Schmäh zu definieren. Da passierte etwas, was für einen Rich Point typisch ist: Die gefragten Personen fingen an zu diskutieren und verstrickten sich in Meinungsverschiedenheiten. Sie konnten sich nicht einigen, was Schmäh bedeutet (Agar 1994: 101).

Was sind Hotspots? 163

Charakteristisch für Rich Points ist, dass die Schwierigkeiten nicht nur im Kontakt mit anderen Kulturen auftreten können, sondern auch in unterschiedlichen Meinungen und unterschiedlichen Erklärungen und Definitionen der Muttersprachler. Gerade das ist ein Indiz dafür, dass die Rich Points reich an Kultur sind, so viele verschiedene Komponenten enthalten und so unterschiedlich gesehen werden.

Typisch Rich Point

Agar erprobte im Seminar mit den Studenten drei Verfahren, die als Elaboration eines Rich Points zu nutzen sind:

> - A systematic interview in the tradition of cognitive anthropology around the concept of *Schmäh*. Such interviews take some similarities, like a taxonomy or the sentence diagrams [...], place the concept in the center of them, and then pose questions that represent relationships and place the answers to those questions in the appropriate slots.
> - A collection of anecdotes of *Schmäh* use encountered in everyday life. The notes that result are like the field notes traditionally collected in participant observation.
> - An informal interview about *Schmäh*. Such interviews allow native speakers to discuss the concept in whatever way they choose. Methods of discourse analysis can be applied to such data to make explicit the underlying folk theory that contains the concept.
>
> (Agar 1994: 101)

Die wichtigsten Erkenntnisse zog Agar aus den informellen Interviews. Schmäh ist zuerst einmal eine allgemeine Haltung. Schmäh bezeichnet eine bestimmte Art, die Dinge zu sehen: Eine Lebensweise, die auf Ironie basiert, alles nicht so ernst nimmt.

Was ist nun Schmäh?

Einige Studenten gaben an, Schmäh sei eine gewisse Art, mit der Realität umzugehen, sie durch Humor leichter erträglich zu machen. Also eine Art von schwarzem Humor. Schwarzer Humor ist allerdings keine Beschreibung einer Lebenshaltung, Schmäh dagegen sehr wohl. Schmäh kann in einer bestimmten Situation ein humorvoller Kommentar sein, der allerdings thematisch an die Situation gebunden ist. Auf keinen Fall bedeutet Schmäh aber Witze erzählen. Viele betonten, dass nicht jeder Schmäh machen oder haben kann, denn dies sei eine Sache der Intelligenz und des Esprits.

Schließlich konnten sich die Interviewten nicht einigen, ob Schmäh bösartig oder eher gut gemeint ist. Schmäh kann eine Lüge oder eine List sein, um sich persönliche Vorteile zu sichern.

> Schmäh is a view of the world that rests on the basic ironic premise that things aren't what they seem, what they are is much worse, and all you can do is laugh it off. (Agar 1994: 104)

Stierkampf als Metapher

Amerikaner, die geschäftlich nach Mexiko reisen, stellen oft fest, dass dort alles etwas langsamer vor sich geht. Auch Agar hatte das Empfinden, dass geschäftliche Verhandlungen zu keinem Ende gelangen. Dies ist seiner Meinung nach bereits ein Rich Point. Im Zusammenhang erkannte er andere. Ein mexikanischer Freund machte Witze darüber, wie ein Amerikaner behandelt wurde, der nach Mexiko kam, um mehrere Termine nacheinander an einem Tag zu vereinbaren und dabei Geschäftsabschlüsse erreichen wollte. Der Mexikaner rief „olé" und machte dazu die typische Bewegung.

Etwas später traf Agar einen mexikanischen Rechtsanwalt, der auf dem Weg zu einem Meeting bemerkte, sie würden ein wenig capotear. Agar verstand dieses Wort nicht, woraufhin der Mexikaner auch diese Bewegung machte und erklärte: „*Capotear* [...] was what the toreadors and the matador did with the bull, waved the cape and controlled his charge and watched carefully how he behaved" (Agar 1994: 127).

Der Stierkampf als Metapher für Kontrolle, für das Umgehen mit Aggression und Direktheit. Genauso sollte in der Verhandlung verfahren werden.

Suchverfahren

Schmäh ist für Agar ein Rich Point schlechthin. In ihm sind in Kultur, Gesellschaft und Geschichte tief verankerte Komponenten in einem einzigen Wort zusammengefasst. „Rich points signal where the languacultural action is" (Agar 1994: 106).

Michael Agar * 1939
Anthropologe und Linguist
Vehementer Verfechter der verstehenden Feldarbeit.
Arbeitete mit Drogenabhängigen und tauchte in die Welt der Trucker ein.
Meister der detaillierten Beobachtung und der Zusammenschau von Sprache und Kultur.

Arg schwer aufzuspüren sind sie nicht: Ein Rich Point ist wie ein Stolperstein, man fällt über ihn. Man hat einen gefunden, wenn Verstehens- und Kommunikationsprobleme auftauchen, die aus mangelnder Kenntnis kultureller Hintergründe resultieren.

Wie kann ich aber einen Rich Point tiefer fassen und verstehen, wie meine Kenntnismängel beheben? Wenn Sie einen Rich Point vermuten, eruieren Sie seine Merkmale, die Unterschiede zur eigenen Kultur; versuchen Sie ihn mit unterschiedlichen kulturellen Identitäten in Verbindung zu bringen. Suchen Sie Verbindungen zwischen dem Rich Point und den Weltansichten, der Politik, Geschichte usw. herzustellen. Verbinden Sie die Einzelteile, kann Sie das vielleicht auf ein Kulturmuster zurückführen und so zu einem tieferen Verstehen führen.

Was sind Hotspots?

Das Konzept der Rich Points wollen wir hier etwas deformieren, indem wir es generalisieren. Aus didaktischen Gründen möchten wir genereller heiße Stellen in der interkulturellen Kommunikation ermitteln und vorführen. Wir bezeichnen sie als Hotspots. Üblicherweise werden solche Hotspots aus Erfahrungen gewonnen und auf Vorrat beschrieben. Für den Verlauf von Gesprächen haben wir einiges zusammengestellt.

Hotspots

Knüpfen eines Kontakts

Begrüßen wird sprachlich und gestisch, körperlich ausgeführt. Der sprachliche Anteil wird natürlich in jeder Sprache anders lauten. Aber es ist oft auch ein anderer Sinn damit verbunden.

Begrüßen

- In der Türkei grüßt man beim Betreten eines Geschäftes vielleicht mit „hayirli isler" „gesunde Geschäfte" oder beim Frisör mit „gute Gesundheit".
- In Paraguay wird bei der ersten Begegnung häufig das Grußwort „mucho gusto" benutzt.
- Gesprächsbereitschaft wird im Chinesischen durch die Antwort auf die Frage „chi guo-le ma?" („Haben Sie schon gegessen?") bekundet. Die Antwort mit „Nein" führt zum Abbruch des Gesprächs.
- Bekannt ist, dass das amerikanische „How do you do?" keine direkte Antwort, sondern einen Echo-Feedback nach sich zieht.

Am Telefon gibt es überall verschiedene Gewohnheiten. Bei uns mag es noch manchen verwirren, wenn der Angerufene am Telefon nicht seinen Namen nennt, nur „ja" sagt. Franzosen melden sich aber mit „oui", Italiener mit „pronto", Spanier mit „digame" und Finnen mit „ja, hei" oder „puheelimessa".

Der körperliche Anteil kann sehr variieren. In Südamerika spielt er öfter gar keine Rolle.
Die Hände sind aber oft wichtig. Besonders sensibel sind Händedrücke:

- Gibt man die Hand oder nicht?
- Wie fest, wie lange?

In Österreich sei ein Händedruck obligatorisch – sagt man – und Tschechen täten dies respektvoll – was immer das heißt. In anderen Ländern tut man dies eher nicht, im Iran schüttelt man einer Frau nie die Hand. Malaiisch streckt der Mann beide Hände aus, streift die Partnerhände mit einer leichten Berührung und führt seine Hände dann an die eigene Brust. Das heißt: „Ich grüße dich von Herzen." Auf den Philippinen begrüßen sich Männer schon mal mit einem kräftigen Schlag auf den Rücken.

Und weiter:
- Geht es mit Kopfnicken oder Verneigung? Japaner machen eine Verbeugung. Chinesen schütteln zusätzlich die Hände.
- Umarmung und Küsse? Eine südamerikanische Studentin war nicht zu überzeugen, dass die in der Regel fehlende Umarmung bei der Begrüßung in Deutschland nicht zugleich Ausdruck von Gefühlskälte oder Mangel an Herzlichkeit sei.
- Die Einwohner der Fidschi-Inseln begrüßen sich untereinander mit einem Lächeln und hochgezogenen Brauen. Auch in anderen Kulturen genügt bei manchen Gelegenheiten minimale Mimik oder Gestik, die leicht unbemerkt bleiben kann.

Anreden und Namen

Die sprachlichen Mittel und Gewohnheiten der Anrede variieren stark und können sensible Punkte sein. Die Anredepronomen, die zur Verfügung stehen, haben meist keine Äquivalente in unterschiedlichen Sprachen und die vordergründig ähnlichen haben einen anderen Gebrauch.

- Als Hotspot gilt das deutsche du-Sie-Ihr-System. Das mag besonders problematisch für Englischsprachige sein, weil die Sprachen sich sonst so nah sind.
- Schweden wie Norweger legen keinerlei Wert auf Förmlichkeiten und benutzen ausschließlich die „du"-Entsprechung.

In vielen anderen Kulturen sind die Anredeformen noch wesentlich komplizierter als im Deutschen. Sie bilden eine Quelle interkultureller Missverständnisse.

Personennamen sind in verschiedenen Kulturen unterschiedlich gebildet. Iberischer Usus ist: Familienname = Zusammensetzung aus Vater- und Mutternamen. In den spanisch-sprechenden Ländern steht der Vatername an erster Stelle; in Brasilien an zweiter. In Taiwan und jetzt auch in China wird häufig ein christlicher Name vor alle anderen gesetzt, z.B. Rudi Ho Chin.

Die Verwendung in der Anrede differiert entsprechend stark.

- Muss man die Namen der Partner kennen und sie im Gespräch auch öfter mit Namen oder Anrede ansprechen?
- Kommt ein „Herr" oder Entsprechendes dazu? Möglicherweise auch „Herr" + Vorname. Ab wann lässt man das „Herr" weg?
- Wie gehen die Leute mit Titeln um? Wird eher der Titel als Anrede benutzt (England: „Sir", Österreich: „Herr Professor") oder Titel mit Namen (Österreich: „Frau Magister Mayr")?
- Welcher Name wird zur Anrede benutzt? Der Vatername, der Vorname, der Familienname, ein Spitzname (Japan)?
- Ab wann wird der Vorname verwendet? (In Polen und anderswo sind Vornamen guten Freunden vorbehalten. In Finnland und USA geht man schnell zu den Vornamen.)

Was sind Hotspots?

Die Vorstellung von Leuten, die sich nicht kennen, kann sehr verschieden geregelt sein.

Sich vorstellen

- Vorstellung geht förmlich und zum Beispiel mit dem Austausch von Visitenkarten wie im fernen Osten, besonders in Japan. Für Japaner sei die Visitenkarte ein Medium zur Identifizierung, sie kläre Stellung der Person oder des Unternehmens. „Ohne Visitenkarte existieren Sie für Japaner nicht", scheint aber doch etwas übertrieben.
- Mit welcher Hand wird die Visitenkarte überreicht? Mit der rechten Hand oder der linken? Die linke gilt oft als unrein. In Japan mit beiden Händen.
- Als was führt man jemanden ein? Nur mit Namen, mit Titel oder Beruf? Im arabischen Raum stellt man einander weniger mit Namen vor, als dass man die wechselseitigen Beziehungen klärt: „ein Freund", „der Bruder meiner Frau".
- Vielleicht stellt man sich gar nicht vor. In Korea zum Beispiel sagt man zu einem Fremden: „Ich sehe Sie zum ersten Mal." Der Ältere schlägt dann vor, dass man sich gegenseitig vorstellt.

Die Frage nach der anderen Person, ihrem Befinden ist ein besonders fehlerträchtiger Punkt (Parzivals Fehltritt).

Persönliche Fragen

- Wonach fragt man gewöhnlich? Nach den familiären Verhältnissen zu fragen ist in England, Skandinavien, China üblich. Allerdings werden nicht alle Fragen wörtlich genommen oder extensiv verhandelt.
- Wonach fragt man nicht? Nach dem Ehestand, der Zahl der Kinder, dem Alter, dem Verdienst zu fragen ist in manchen Kulturen tabu. Persönliche Fragen sind in Indonesien tabu. Ist man bei einem Araber eingeladen, fragt man nicht nach seiner Frau.
- Viele Fragen werden als aufdringlich empfunden. Schweizer mögen es nicht, wenn man seine Nase in fremde Angelegenheiten steckt, und andere auch. Man muss nur wissen, was als fremde Angelegenheit gilt.

Überlegen Sie stets:
- Wie kann man all diese vielen Informationen nutzen?
- Kann man sie behalten?
- Und könnte man sie dann ohne Weiteres anwenden?

Anregung

Einladungen

Einladungen sollte man auf ihre Ernsthaftigkeit prüfen können. Handelt es sich nur um eine Art Floskel oder tatsächlich um eine Einladung in unserem Sinn? Ablehnung einer ernst gemeinten Einladung zum Essen kann als Beleidigung erlebt werden.
- Um welche Art Einladung handelt es sich? Eher offiziell oder mehr privat? Mit oder ohne Essen?
- Wann kommt man? Und wann geht man? Pünktlichkeit heißt in jeder Kultur etwas Anderes. Vor allem ist alles durch Koordination geregelt. Probleme gibt es nur, wenn die Koordination nicht klappt.
- Wie lange wird es gehen?
- Bringt man Geschenke, welche? Eine sehr heikle Angelegenheit.

Und danach?
In den USA erwartet man nach einer privaten Einladung im allgemeinen einen kurzen schriftlichen Dank von Ihnen an die Gastgeberin. Geschenke werden im allgemeinen nicht erwartet.
In Haiti sollten Sie bei einem zweiten Besuch auf jeden Fall ein Geschenk mitbringen. Es muss nicht von großem Wert sein.

Aufrechterhalten eines Kontakts

Welche Sprache

Ein Hotspot par excellence ist das Sprachproblem.
- Wird die Sprache eines der beiden Partner gesprochen? Spricht also einer seine Muttersprache? Meistens wird man versuchen, die Sprache des Gastlands zu sprechen, mindestens so weit man sie kann. Da hat man oft Nachteile. Man kann sich persönlich in der Fremdsprache eigentlich nicht realisieren und scheitert bei schwierigen Themen. Wer seine eigene Sprache spricht, sollte das berücksichtigen. Manche Partner möchten aber auch gern Ihre Sprache sprechen (und wenn sie das nicht so recht können wird's heikel). Soll man korrigieren? Meistens eher nicht. Aber sanft klären, was gemeint ist, immer.
- Sprechen die Partner eine Drittsprache, die keines Muttersprache ist? Das ist häufig Englisch. Auch da gibt es Varianten. In Asien ist Englisch die Handelssprache.
- Ist Ihr Partner sprachgewandt? Viele Afrikaner sind zwei- oder mehrsprachig. Neben ihrer eigenen Sprache beherrschen sie auch die ihrer ehemaligen Kolonialmacht: z.B. ist Französisch offizielle Sprache der Elfenbeinküste und Umgangssprache in den Maghreb-Ländern; in Kenia, Tansania, Nigeria und Gambia spricht man Englisch und in Südafrika Englisch und Afrikaans.

Einerseits gibt es übliche Geschenke. Andererseits sind manche weniger willkommen und viele ganz verpönt. Wichtige Fragen sind:

Geschenke

- Schenkt man oder nicht? Geschenke sind bei Geschäften mit Japanern obligatorisch. Im Nahen Osten werden Geschenke nicht erwartet.
- Was schenkt man? In arabischen Ländern ist Alkohol als Geschenk tabu (Ausnahme: Irak) und Schinken natürlich auch. Bei Japanern kommen landestypische Produkte und Whisky an. Bei Blumen kommt es auch drauf an, welche. Viele haben symbolische Bedeutung.
- Wann schenkt man? Am Beginn des Besuchs? Am Schluss? Am nächsten Tag?
- Wer schenkt wem? In arabischen Ländern ist ein Geschenk für die Gastgeberin nicht üblich und nicht erwünscht. In Tansania ist es üblich, dass der Gastgeber dem Gast ein Geschenk überreicht und umgekehrt.
- Wie und wann überreicht man das Geschenk? Überreicht man das Geschenk mit beiden Händen oder der rechten? In manchen Kulturen überreicht man dem Gastgeber ein Geschenk nie, wenn man mit ihm allein ist.

Ja und Nein sagen

Der overte Ausdruck der Nicht-Zustimmung gilt vor allem in indirekten Kulturen als eher ungehörig. Deutsche gelten in vielen Kulturen als „hart", weil sie schnell zur Sache kommen und ohne Umschweife Entscheidungen treffen, mit eindeutigem Ja oder Nein antworten und wenig Verbindlichkeitsfloskeln kennen.

Oft indirekt

- Nicht-Zustimmung kann verbal durch die entsprechenden Partikel schon in einer Sprache unterschiedlich stark ausgedrückt werden: „Nein", „Keinesfalls", „Unter keinen Umständen" usw. Die jeweiligen Äquivalente in verschiedenen Sprachen können aber recht unterschiedlich gebraucht werden.
- Zustimmung und Ablehnung mag außerdem durch differierende Gesten ausgedrückt werden. So kann Kopfschütteln „ja" bedeuten (teilweise im Griechischen, im Bulgarischen). Das Hochziehen der Augenbrauen kann „Ja" heißen (Tonga), dazu vielleicht noch eine ruckartige Aufwärtsbewegung des Kopfes. Eine ruckartige Abwärtsbewegung des Kopfes bedeutet „nein" (Filipinos).
- Auch symbolische Handlungen sind hier üblich. Im türkisch-arabischen Sprachraum signalisiert ein über das Teeglas gelegter Löffel, dass man nichts (mehr) trinken möchte; in manchen europäischen Kulturen zeigen gekreuzte Messer und Gabel den

Wunsch an, mehr zu essen, parallel gelegtes Besteck, dass man satt ist; in China ist allein das vollständig ausgetrunkene Glas Garantie dafür, dass die drei vor dem Gast stehenden Gläser für süßen Wein, Bier und harten Schnaps nicht ständig nachgefüllt werden.

Die entscheidende Frage bleibt: Wird Ablehnung eher direkt oder indirekt zum Ausdruck gebracht. In Japan kann ein Lächeln, ein Nicken, selbst eine ausgesprochene Bejahung ein in Höflichkeit gehülltes „Nein" sein. Es ist absolut unwahrscheinlich ein direktes „Nein" zu hören, höchstens ein „Schwer zu sagen...." Sowas kennen wir auch: Im britischen Englisch kann ein „Hm, that's an interesting idea" oft eine Ablehnung einer Idee darstellen.

Konversation

Gesprächsverlauf und Redeübernahme

Wie verlaufen Gespräche? Wie beeinflusst man den Verlauf?

- Mitglieder von reaktiven Kulturen ergreifen selten die Handlungs- oder Gesprächsinitiative, sie hören lieber zu und machen sich erst ein Bild von der Meinung des anderen, bevor sie darauf reagieren und ihre eigene Meinung formulieren. Nachdem der andere ausgeredet hat, verharrt man eine Weile in höflichem Schweigen und zeigt dadurch seinen Respekt. Beliebter Kommunikationsverlauf:
Monolog – Pause – Nachdenken – Monolog.

TRPs

- Was gilt als Pause und was als transition relevant place? Der Sprecherwechsel kann problematisch werden und dazu führen, dass alle durcheinander reden. Problematisch ist Unterbrechen. Doch was zählt als Unterbrechen? Wann hat man unterbrochen? Empfehlenswert ist vielleicht die Unterbrechung oder den Themenwechsel explizit zu machen: „Entschuldigen Sie, dass ich unterbreche, aber ich habe nicht verstanden."

Gesprächssteuernde Partikeln wie „mhm", „ja", „ah" usw. wie körpersprachliche Handlungen, Gestik, Mimik, Lächeln usw. sind besonders anfällig für interkulturelles Missverstehen.

- Wie sind solche Äußerungen zu deuten? Welche Partikel gibt es in der anderen Sprache?
- Wie viel solcher Art Äußerung ist üblich? Sie fallen bei Chinesen sehr knapp aus. Europäer übersehen deren parasprachlichen Zeichen leicht.

In arabischen Staaten werden häufig viele Gespräche gleichzeitig geführt. Es kann sein, dass Ihr Gesprächspartner Sie mitten im Gespräch für eine Viertelstunde vergisst, weil er mit jemand anderem spricht. Das ist keine Respektlosigkeit.

Zuhörgewohnheiten

Zuhören

Interesse und Anteilnahme des Partners hält die Kommunikation am Laufen. Allerdings gibt es hier erhebliche Unterschiede über die Kulturen. Oft sind die Signale sogar konträr.

- Aufmerksamkeit kann durch den Blick signalisiert werden. (Vorsicht! In die Augen sehen kann heikel sein.) Umgekehrt: Japaner schließen oft die Augen, wenn sie sich stark auf ein Gespräch konzentrieren. Jemanden freundlich anzulächeln scheint erst einmal universal. Wichtig aber: Welche Arten des Lächelns sind zu unterscheiden, wie wird bei welcher Gelegenheit Lächeln gedeutet? In asiatischen Ländern gibt es häufig ein Verlegenheitslächeln, das als ablehnende Antwort auf Fragen etwa genügt.
- Aufmerksamkeit und Anteilnahme zeigt sich in der Gesprächsbeteiligung. Schnelle Reaktionen, Reinreden (Spanien), humorvolle Nebenbemerkungen (USA, England) können willkommen sein oder verpönt.

Reaktionen

- Nachfragen zeigt Interesse. Verständnisschwierigkeiten können ohne Weiteres durch Wiederholung thematisiert werden. Iraner reden gern selbst, hören aber aufmerksam zu, wenn sie glauben, dass der Gesprächspartner etwas Neues und Interessantes zu erzählen hat.
- Stilles Zuhören gilt als höflich und sinnvoll (Polen). Kanadier sind höfliche Zuhörer und unterbrechen eine Präsentation nur selten. Österreicher erscheinen als sehr höfliche und liebenswürdige Zuhörer, doch sind sie immer bestrebt, selbst zu reden. Sie fassen schon mal das Gehörte mit einem „Ja" zusammen, um dann mit einem „Aber" mit ihrer eigenen Geschichte fortzufahren.

Themen und Topiks

worüber?

Man kann doch über alles reden. Das ist nicht nur interkulturell eine dumme Ansicht.

- Worüber kann man mit wem ohne Weiteres reden? Ist ein Thema absolut tabu? Tabuthemen sind oft Geld, Alkohol, Sex, Körperliches überhaupt (die Toilette), aktuelle Politik und Landesgeschichte, Hetero- und Autostereotype und vieles andere. Hier entstehen wohl auch die meisten interkulturellen Peinlichkeiten. Im Nahen Osten spricht man nicht über Haustiere, besonders nicht über Hunde.
- Redet man über abwesende Dritte oder eher nicht? Klatsch und Smalltalk ist nicht überall gleich und nicht überall gleich beliebt. Klatsch weckt in nördlichen Ländern negative Assoziationen und hat auch in der angelsächsischen Welt keinen guten

Ruf. In vielen Länder bildet er eine wichtige Informationsquelle für Geschäftleute. In Spanien, Italien, Brasilien und Japan werden Fakten und Statistiken schnell durch Klatsch aktualisiert.
- Was sind Themen für welche Anlässe? Für Chinesen und Japaner kommt es im Gespräch vorwiegend darauf an, gemeinsam Beziehungsbestimmungen und Situationsdefinitionen zu schaffen und diese wechselseitig zu bestätigen.
- Welche Informationen gibt man ohne Weiteres?
- Wie ist zu werten, was gesagt wurde? Von Russen sagt man, sie neigen dazu, das zu sagen, was der Gesprächspartner hören will. Besser: Was sie glauben, dass der Partner hören will.
- Man kann auch hier explizit fragen, ob man das Thema wechseln könne.

Gold?

Schweigen

Was Schweigen ist, kann man über die Kulturen hinweg schwer bestimmen. Längere Stille kann unterschiedlich gedeutet werden.
- Ist es Schweigen oder Stille? Längere Stille kann als Schweigen verstanden werden und zu Verunsicherung führen.
- Was bedeutet Schweigen? Amerikanische, deutsche, französische, südeuropäische und arabische Führungskräfte würden Schweigen für eine negative Reaktion halten. In Ostasien, Japan und Finnland (diesbezüglich einziges europäischen Land) ist Schweigen als Antwort absolut in Ordnung. Chinesisches Sprichwort: „Der Wissende schweigt; der Unwissende redet." Schweigen bedeutet, dass man zuhört und lernt.

Kritik anbringen

Wer wird schon gern kritisiert? Persönliche Kritik meidet, wer Punkte machen will. Viele andere Kulturen sind mit Kritik nicht so schnell bei der Hand. Man schont den anderen. Gemeinsame Kritik im Einverständnis ist schon was Anderes.
- Oft ist schon kritisch, Widerspruch zu artikulieren. Finnen etwa sind zwar sehr offen und direkt, scheuen aber solang wie möglich jede Konfrontation und versuchen, eine Antwort zu formulieren, die der anderen Seite entgegenkommt.
- Manche üben gerne Selbstkritik, sind aber bei Kritik anderer sehr empfindlich.
- Kritisch sind bestimmte Themen: In Spanien, Kolumbien und Peru sollte man sich nicht zu kritisch über Stierkampf äußern.
- Auch Lob kann kritisch werden. Wer lobt, maßt sich die Beurteiler-Rolle an. Man mag kein zu großes Lob, weil man sich damit unter Druck gesetzt fühlt.

Wie überzeugt man?

Überzeugen und überreden läuft überall anders. Der im Westen verbreitete Usus zu argumentieren ist nicht universell.

- Es mag als unhöflich und unangemessen gelten, anderen Menschen die eigene Meinung aufzudrängen (Finnland, Japan). Man sollte vielmehr zustimmend nicken, freundlich lächeln und Kontroversen oder Unstimmigkeiten vermeiden.
- Überzeugen kann man mit wortreichen Erklärungen (Italien, Südamerika), mit Argumenten (Deutsch?), mit Appellen an die Fantasie, mit den strengen Gesetzen der Logik (Franzosen).
- Überzeugend kann man sein durch Humor und Understatement. Briten greifen häufig zu Mitteln des Humors, wenn sie Selbstkritik üben wollen oder um eine schwierige Situation zu entspannen und eine versöhnliche Stimmung zu erzeugen. Humor dient auch zur Beschleunigung eines Gesprächs, wenn es durch übertriebene Förmlichkeiten verlangsamt wird.

Humor

Sich entschuldigen

Sorry?

Die Auffassungen von Fehlern und Faux-pas wie auch die Verpflichtung sich dafür zu entschuldigen sind kulturspezifisch. Hinzu kommen unterschiedliche Verhaltensweisen bei unterschiedlichem sozialen Status, innerhalb der Familie usw.

- Soll die Entschuldigung explizit formuliert werden? Eine Entschuldigung etwa kann ausgedrückt werden, indem man Bedauern äußert: „Es tut mir leid", „ich bedaure", „Verzeihung", „ich entschuldige mich" und entsprechende Äquivalente.
- Müssen Sie bei selbstverschuldeten Fehlern eine Entschuldigung deutlich aussprechen? Vielleicht ohne Rechtfertigung oder Erklärung? (Japan)
- Gibt es Unterschiede wie im amerikanischen Englisch zwischen „Excuse me" und „I'm sorry"? „Excuse me" ist nach vorn gerichtet: Es geht um den beabsichtigten Bruch einer Verhaltensregel oder die Gefahr, eine zu brechen. „I'm sorry" dient der Heilung einer geschehenen Verletzung. Ähnlich italienisch „Scusi" vs. „Permesso?"
- Werden Entschuldigungen inexplizit oder nicht verbal ausgedrückt?

7.2 Was ist ein Hotword?

Rich Points sind meist an Wörter gebunden, sie sind kristallisiert in Wörtern. Das ist notwendig so, weil alles, was relevant ist, in Worten gefasst wird. So wird es auf den Punkt gebracht, für uns leichter fassbar und darum kommunikativ besser nutzbar. Hotwords sind Wörter, die Hotspots zusammenfassen.
Das Hotword-Konzept geht aus von Agars Idee der Rich Points. Es fokussiert aber auf einzelne Wörter, die durch wichtige kulturelle Tatsachen geprägt wurden. Hotwords kondensieren ihre wesentlichen Elemente. Sie enthalten jede Menge Kultur, sind kulturell aufgeladen und heiß,

- weil sie brennende Fragen dieser Kultur behandeln,
- weil sie strittig sein mögen,
- weil sie kulturelle Brennpunkte benennen,
- weil sie aktuell sind.

Es sind Wörter, deren Bedeutung in einem Wörterbuch nachzuschlagen, wenig Sinn macht. Wörterbücher sind zu karg. Um diese Wörter zu verstehen, muss man in die Kultur der Sprache eintauchen. Nur so kann man zu einem wirklichen Verstehen gelangen, nur so erwirbt man sich die nötige kommunikative Kompetenz.

Wort und Welt

Hotwords sind zu verstehen und zu erklären, sie sind nicht eindeutig bestimmbar. Es sind Wörter, die in der Geschichte, im gesellschaftlichen Leben eine besondere Rolle spielen, Wörter, an denen Argumentationen und Emotionen hängen, positiver oder negativer Art. Natürlich geht es bei der Analyse eines Hotwords nicht um das Äußere des Worts, sondern vor allem um seinen Gebrauch, um seine Bedeutung im weitesten Sinn.
Wie beides verwoben ist, zeigt sich auch hieran: Gewöhnlich zeichnen Linguisten zitierte, also zu analysierende sprachliche Ausdrücke, durch Kursivsetzung aus. So macht man deutlich, dass es um das Wort geht und dass es zitierend nicht normal verwendet wird. In der Behandlung von Hotwords hat man das Problem, dass man nicht immer so genau weiß: Soll man das Wort kursiv setzen oder nicht?

(1) Agar hatte keine genaue Vorstellung davon, was Schmäh ist.
(2) Er bat österreichische Freunde, Schmäh zu definieren.
(3) Sie konnten sich nicht einigen, was Schmäh bedeutet.

Einerseits ist schon die Rede von eben diesem Wort, andererseits geht es aber gerade um die damit verbundene Haltung und ihre Manifestationen. Darin erkennen wir, wie Sprache und Welt verwoben sind.

Was ist ein Hotword?

Man kann folgende Kriterien für ein Hotword anführen:

Wie erkenne ich ein Hotword?

1. Die Bedeutung des Worts lässt sich schwer angeben.
2. Auch Muttersprachler tun sich schwer, die Bedeutung anzugeben.
3. Es ist ein Wort, das für Fremde schwer zu verstehen ist.
4. Mit dem Wort sind sozial und historisch strittige Sachverhalte verbunden.
5. Das Wort wird von Natives als Aspekt ihrer Identität verstanden.
6. Das Wort enthält viele kulturspezifische Bedeutungskomponenten.
7. Um ein Hotword zu verstehen, muss man sich intensiv mit der Kultur und der Geschichte auseinandersetzen.
8. Um ein Hotword zu verstehen, muss man in die Zielkultur eintauchen.
9. Die verschiedenen Bedeutungskomponenten bilden ein kulturelles Muster.

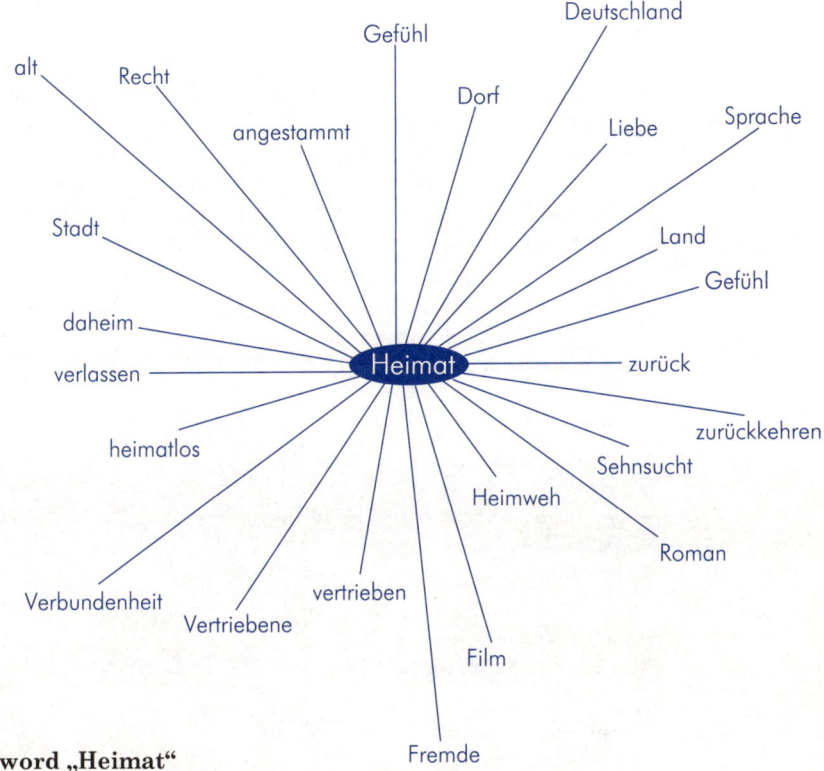

Hotword „Heimat"

7.3 Somatismen

Idiome sind übertragene Redewendungen, die oft eine längere Geschichte haben, manchmal auch auf historische Episoden zurückgehen. Idiome sind Janusköpfe; sie haben ein doppeltes Gesicht. Einerseits haben sie ihren eigenen Gebrauch so wie Wörter, von daher konstituiert sich auch ihre Bedeutung. Andererseits haben sie auch einen wörtlichen Sinn, von dem aus die Übertragung sich ergab. Oft kann man noch erschließen, wie die übertragene Bedeutung zustande kam, oder zumindest einen Zusammenhang mit der wörtlichen Bedeutung sehen. Das Doppelgesicht kann man sich in schillernden Wortspielen zunutze machen. Im Schillern liegt überhaupt der Reiz, Idiome zu verwenden.
Idiome sind aber auch kulturgeladen. Beispielhaft könnten wir aus sog. Somatismen kulturelle Elemente destillieren. In Idiomen finden wir als Ankerwörter viele Bezeichnungen menschlicher Körperteile: Arm, Auge, Beine, Brust, Faust, Fuß, Gesicht, Haare, Hals, Haut, Hand, Herz, Knie, Kopf und so weiter. Derartige Idiome werden auch somatische Idiome oder Somatismen genannt. Somatismen machen bis zu 20 Prozent aller idiomatischen Wortverbindungen des Deutschen aus.

Körpersprache besteht also nicht nur im Agieren mit dem Körper wie bei Gestik und Mimik. Vielmehr schreiben wir den Körperteilen auch ganz bestimmte Eigenschaften zu, die in der Sprache produktiv werden. Produktiv werden solche Attribuierungen besonders bei Übertragungen, Metaphern und Idiomen. Man spricht auch von der symbolischen Bedeutung der Körperteile.

Arm	Die Arme zeigen die Einstellung zum Gegenüber. Der Arm wird lang und ergreift etwas. Der Arm geht vom Rumpf weg.

Augen	Augen stehen für sehen.
	    Sehen ist Wissen.
	    Sehen ist Beobachten.
	 Augen stehen für Einsicht und Hellsicht.
	 Augen sind der Spiegel der Seele.
	 Augen sind das Kostbarste.

Bein	Beine stehen für laufen. Mit den Beinen steht man (im Leben).
Fuß	Fuß steht für Auftreten. Fuß ist unten.

Haar ist fein. Graue Haare bedeuten Alter und Sorgen. Haare sind nichts Sauberes.	Haare
Hand steht für handeln. Hand steht für fassen, ergreifen. Hand steht für Kontrolle, Verantwortung. Hand steht für Besitz. Hand steht für Kontakt. Hand steht für helfen. Hand steht für Gesten.	Hand
Herz ist der Ort der Gefühle. Im Herzen ist die Liebe. Im Herzen ist Wärme. Das Herz ist ein Gefäß.	Herz
Kopf ist der Ort des Denkens, des Verstands. Der Kopf ist ein Raum. Kopf bedeutet Kontrolle. Kopf steht für Leben. Kopf ist oben. Kopf steht als Teil für den ganzen Menschen. Herz und Kopf machen den Menschen aus. Kopf und Herz sind sich oft nicht einig.	Kopf
Mund steht für sprechen. Mund steht für essen.	Mund
Nase steht für riechen. Nase ist der am weitesten vorstehende Körperteil.	Nase
Ohren stehen für hören. Ohren stehen für Aufmerksamkeit.	Ohren

Diese Attribuierungen sind nicht universal. Vielmehr kommen den Körperteilen in verschiedenen Kulturen verschiedene Symbolbedeutungen zu. Sie ans Licht zu bringen heißt zugleich ein Stück Kultur bewusst zu machen. So gibt es schon Unterschiede der Produktivität einzelner Körperteile in verschiedenen Kulturen.
Hier kommt ein Vergleich zwischen deutschen und türkischen Somatismen.

Wir sehen, dass türkische Somatismen am häufigsten Auge, Kopf, Hand und Mund enthalten, deutsche hingegen Hand, Auge, Kopf und Ohr.

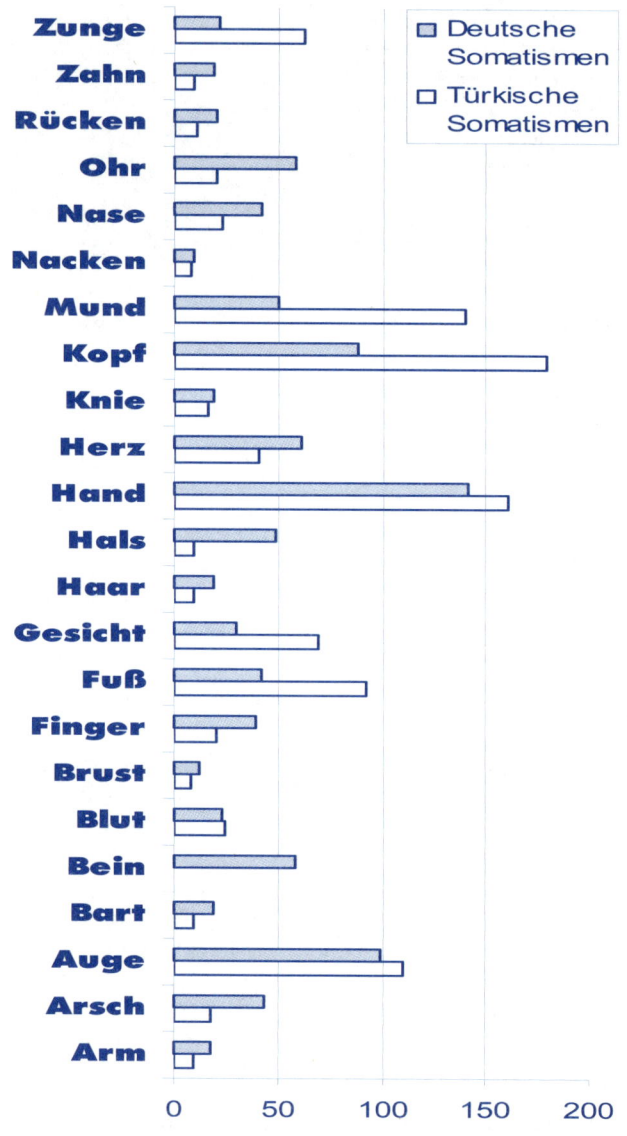

Aber auch die Bedeutungen der Körperteile differieren beträchtlich.

Leber

eine durstige/ trockene Leber haben	oft, viel Durst haben	
es muss herunter von der Leber	es kann nicht mehr länger verschwiegen werden	
frei/ frisch von der Leber reden/ sprechen	ohne Umschweife, ungehemmt sagen, was man denkt	
jmdm. ist eine Laus über die Leber gelaufen/ gekrochen	jmd. ist über etwas verärgert	

ciğer

ciğer acısı [Leberschmerz]	Verlustschmerz (bei verlorenen Kindern)
ciğerine işlemek [in die Leber (ein)arbeiten]	einen Schmerz des anderen spüren und Mitleid haben
ciğerini delmek [die eigne Leber durchbohren]	jmdn. sehr kränken
ciğerini yakmak [jemandes Leber verbrennen]	jmdn. sehr tief verletzen
ciğeri parçalanmak [die Leber zerstückeln]	sehr trauern
ciğeri yanmak [seine Leber brennt]	einem großen Schmerz unterliegen
ciğerini okumak [seine Leber lesen]	Gedanken eines anderen lesen
ciğeri beş para etmez [seine Leber ist keine fünf xxx wert]	ein unnützer Mensch sein
ciğerimin köşesi [(die) Ecke meiner Leber]	Liebling, geliebtes Kind

Die Leber im Deutschen hat mit Reden, Durst und Verärgerung zu tun. Im Türkischen ist sie der Sitz von schwerem Leid und Mitleid. Könnte dieses Wissen etwas zum Verständnis des folgenden Falls beitragen?

Leberschmerzen

Die 52jährige türkische Fabrikarbeiterin Y. kam vor 18 Jahren nach Deutschland. Sie liegt seit vier Tagen zur Beobachtung im Krankenhaus. Sie hat erst ihren Hausarzt, dann einen Internisten und einen Gynäkologen konsultiert, außerdem ließ sie sich bei ihrem letzten Aufenthalt in Istanbul von einem „berühmten Arzt" untersuchen und medikamentös behandeln. Nach der Rückkehr ging sie drei Monate beschwerdefrei ihrer Arbeit nach. Dann fingen die Symptome wieder an, ein junger Internist veranlasste die Einweisung ins Krankenhaus. Sie klagte über Oberbauchbeschwerden, ihre Leber sei nicht in Ordnung, sie könne die körperlich beschwerliche Arbeit in der Fabrik nicht mehr ertragen. Die Untersuchung ergab keinen gravierenden Befund außer etwas zu niedrigem Blutdruck und körperlicher Auszehrung von schwerer Arbeit und sechs Geburten. Die Ärzte halten dies für ein typisches „Gastarbeiterfrauensyndrom" mit „hypochondrischer Fixierung". In der Türkei verschwinden die Symptome. Sie schlagen ihr vor in die Türkei zurückzukehren.

Galle

jmdm. läuft die Galle über	jmd. wird wütend
jmdm. kommt die Galle hoch	jmd. wird wütend
Gift und Galle speien/ spucken	sehr wütend sein, ausfallend, gehässig werden

safra

safra atmak [Galle werfen]	jmd. (schädliche Person) von sich fern halten
safra bastırmak [Galle drücken]	um den Hunger ein wenig zu stillen, ein bisschen essen
safrası kabarmak [seine Galle aufgehen]	vor Hunger Übelkeit verspüren

Im Deutschen ist die Galle vorwiegend der Sitz von Wut.
Im Türkischen hingegen ist vor allem der Hunger mit ihr verbunden.
All diese Beispiele und Überlegungen zeigen, wie differenziert der Gebrauch sprachlicher Ausdrücke ist und wie viel Kultur in ihnen steckt. Wer wirklich eintauchen will, wer wirklich verstehen will, der muss sich mit den Details und mit Nuancen befassen.

Anregung

Vielleicht stellen Sie selbst ein paar Somatismen zusammen zu Haar und Nase, womöglich vergleichend.

8 Kulturstandards und Stereotypen

*Wenn man die Vorurteile zur Tür hinausjagt,
kehren sie durchs Fenster zurück.*
Friedrich der Große

Ich glaube, dass die Deutschen bereit sind,
für Wohnung und Urlaub sehr viel Geld auszugeben,
aber nicht für Essen oder Kleidung.

Die Deutschen putzen immer die Küche oder Regale,
aber den eigenen Körper putzt der Deutsche nicht,
glaube ich.

Die Deutschen arbeiten normalerweise, um Geld zu verdienen,
aber viele Japaner arbeiten nicht nur, um Geld zu verdienen,
sondern um zu arbeiten.
Arbeit oder Beruf ist schon Leben für viele Japaner.

Die Arbeit bedeutet viel in Deutschland.
Alle arbeiten hier fast wie verrückt, fast.

Bei uns muss man sozialen Druck einer Familie haben,
aber hier ist es ganz frei.

Die Familie gibt es hier fast nicht.
Nur an Weihnachten.

Der Japaner betrachtet die Wohnung nicht als Ort,
wo er seine Isolation bewahren kann.

Die Deutschen schließen die Türen, wenn sie in ein Zimmer reingehen,
also um sich einen Privatraum zu schaffen.

8.1 Kulturstandards

Wer die Vielfalt einer Kultur übersichtlich machen will und vielleicht lehrbar, scheint auf Vereinfachungen, Selektion und Standardisierung angewiesen. Ein Versuch dieser Art ist die Ermittlung und Beschreibung sog. Kulturstandards.

> Diejenigen Werte, Normen, Regeln und Einstellungen in einer Kultur, die sich gerade im zwischenmenschlichen Bereich umfassend auf Wahrnehmung, Denken, Urteilen und Handeln ihrer Mitglieder auswirken, werden als zentrale Kulturstandards bezeichnet. Kulturstandards sind also die spezifischen Spielregeln des gesellschaftlichen Lebens in einer Kultur.
> (Markowsky / Thomas 1995: 7)

Die Frage ist: Worin unterscheiden sich Kulturstandards von der Kultur? Worin liegt ihre Besonderheit?

Wie werden Kulturstandards ermittelt?

Individuen werden in Kulturstandards hinein sozialisiert. So werden sie ihnen selbstverständlich und müssen ihnen nicht mehr bewusst sein.

In mehreren Forschungsprojekten wurden Kulturstandards ermittelt aufgrund von Interaktionen, die problematisch verlaufen sind (etwa zwischen Deutschen und Chinesen; Thomas 1991: 116). Sie wurden sozusagen induktiv gewonnen als Diagnosen der entstandenen Kommunikationsprobleme. Genaueres über das angewandte Verfahren ist allerdings nicht bekannt. Im Anschluss wurden sie angereichert mit Erkenntnissen anderer kulturwissenschaftlicher Forschungen und kulturvergleichend analysiert – was immer das heißen mag.

Unklar bleibt vor allem auch, wie die zugrunde liegenden Kommunikationen verliefen. Für konversationell Orientierte wären akribische Aufzeichnungen und Interpretationen das A und O:

- Welche Sprache wurde gesprochen?
- Was resultierte daraus?
- Welche sprachlichen Formulierungen trugen wie zu den Problemen bei?
- Wie entstanden die Darstellungen der Interaktionen?
- Wer hat beispielsweise erzählt?

Eine ganz entscheidende Frage ist: Wie kommt man von den Einzelbeobachtungen zu Generalisierungen und wie weit ist der Homogenitätsgedanke – wie er in der Ausgangsdefinition anklingt – gerechtfertigt?

Folgende chinesischen Kulturstandards wurden eruiert und behandelt (Thomas 1995: 125):

Chinesische Kulturstandards

- Gesicht wahren
- Soziale Harmonie
- Bürokratie
- Etikette
- Danwei (Einheit von Familie, Arbeitseinheit usw.)
- Guanxi (Beziehungsnetz)
- List und Taktieren
- Humor

Etwas detaillierter geht es um Folgendes.

Auch wir Deutsche wissen, dass man sein Gesicht nicht verlieren sollte, und damit auch, dass man das Gesicht des anderen fast wie sein eigenes wahren sollte. Dies sei jedoch nicht identisch mit dem Wunsch oder dem Bedürfnis eines Chinesen oder vergleichbar mit dem chinesischen „das Gesicht zu wahren". Für Chinesen ist Gesichtserhalt tief verwurzelt in ihrer Kultur und leitendes Prinzip sozialen Handelns. Jemand, der sich gehen lässt und dadurch sich selbst und seine Gesprächspartner in Verlegenheit bringt, verliert für Chinesen sein Gesicht. Er zerstört die zwischenmenschlichen Beziehungen. Wer sich nicht unter Kontrolle hat und ausfallend reagiert, kann keine zuverlässige und vertrauensvolle Person sein. Und so führt jeder Gesichtsverlust zum Verlust von Anerkennung, Macht und Autorität. Durch abschwächende Partikel ausgedrückte Kritik wird für chinesische Hörer durchaus nicht als abgeschwächt aufgefasst. Aber die offene Abschwächung hilft: Durch sie wird dem Kritisierten „das Gesicht gegeben". Was für manch Deutsche als unnötiges Getue wirkt, ist für Chinesen ein fundamentaler Kulturstandard.

Gesicht wahren

Harmonie im sozialen Umgang ist für Chinesen von großer Bedeutung. Fragt zum Beispiel ein Lehrer seine chinesischen Schüler, ob sie alles verstanden haben, kann es sein, dass alle mit „Ja" antworten, obwohl ihnen bewusst ist, dass sie nicht alles begriffen haben. Warum?
Durch ein „Ja" wird die gewünschte, konfliktfreie Atmosphäre geschaffen. Zudem können die Schüler dadurch die unangenehme Situation vermeiden, dem Lehrer das Gefühl zu vermitteln, sie hätten den Stoff auf Grund seiner mangelnden Lehrqualität nicht verstanden, was indirekt eine ungebührliche Kritik, wenn nicht sogar eine Beleidigung wäre. Außerdem fällt es fast jedem Schüler schwer einzugestehen, dass er etwas nicht verstanden hat.

Soziale Harmonie

Kulturstandards und Stereotypen

Etikette

Chinesen sind sehr höfliche Menschen. Sie sind meist überpünktlich und erwarten auch von ihrem Gegenüber Pünktlichkeit. Außerdem sind sie großzügige Gastgeber. Man sollte bei einem Essen alles probieren, jedoch immer einen Rest in der Schüssel lassen. Schlürfen und andere Geräusche beim Essen sind für Chinesen ganz normal und kein Ausfluss oder Zeichen schlechter Manieren. Sollten Sie in ein chinesisches Privathaus eingeladen werden, kommen Sie möglichst ein bisschen zu früh und verabschieden sich kurz nach dem Essen. Oft kündigen Chinesen schon gleich zu Beginn eines Treffens an, dass sie gleich wieder gehen müssen. Doch dehnen sie das Abschiednehmen oft aus und die Gastgeber begleiten Sie vielleicht sogar noch ein Stück des Weges.

Danwei

Die Danwei (Einheit von Familie, Arbeitseinheit usw.) war die wohl wichtigste Organisations- und Versorgungseinheit in China. Die Einbindung des Einzelnen in die Arbeitseinheit ist Ausdruck einer auf den Vorteilen des Kollektivismus basierenden Philosophie. Danwei schlichtet Streitigkeiten, führt staatliche Anordnungen aus, kümmert sich um Wohnungen, medizinische Versorgung, Tagesstätten und Kindergärten, organisiert Freizeitveranstaltungen und Ferienwohnungen und arrangiert Beerdigungen. Die Rechte der Gruppe haben in China gegenüber den Rechten des Individuums immer noch klare Priorität.

Dennoch streben in den letzten Jahren immer mehr junge Chinesen nach einem Leben nach eigenen Vorstellungen und Wünschen. In einer Umfrage in Shanghai antworteten nur noch 6,5% der jungen Erwachsenen, dass Arbeit im Interesse der Gesellschaft ihr Lebensziel sei.

Guanxi

Guanxi (Beziehungsnetz) gilt als eine soziale Praxis der Chinesen, deren Verständnis man sich durch Übersetzung nur schwer annähern kann. Einen Aspekt könnte man im Deutschen wiedergeben durch „Beziehungen haben". Beim Guanxi deckt das aber eine weites Gebiet vom Geschäftlichen bis zum Sexuellen. Ein solches Netzwerk ist in einer kollektivistischen Gesellschaft bestimmender als in einer individualistischen Gesellschaft. Im Chinesischen ist es tief verwurzelt (erste Erwähnung um 500 v. Chr.). Alle chinesischen Herrscher bis zu den Kommunisten bildeten solche Netzwerke, die von uns oft als korrupt angesehen werden. Guanxi ist dauerhaft, soll oft ein Leben lang halten. Es verpflichtet zur Hilfe und zu jemandem zu stehen. Die sozialen Beziehungen sind transitiv: A kennt den Restaurateur B, B hat als Kellner C, Cs Schwester D ist verheiratet mit E, einem Werkstattbesitzer ... So gehört auch E zum Guanxi des A und A könnte deshalb sein Auto bei E pflegen lassen. Die Beziehungen zwischen Familienmitgliedern, auch den sehr entfernten Verwandten in China und Übersee, ist viel enger als alles, was wir im Westen kennen. Selbst Schulfreunde, Arbeitskollegen, Lehrer und Nachbarn sind in dem Beziehungsnetz eingebunden. Mit den Vorteilen dieses Netzes gehen natürlich auch Verpflichtungen einher. Wer wohl eingebettet ist in Guanxi, gewinnt auch Mianzi. Darum ist es wichtig, das Guanxi zu mehren, zu vergrößern, zu erweitern.

Bei Gesprächen kommen Chinesen nicht direkt zur Sache. Vielmehr lassen sie sich viel Zeit, um verschiedene Strategien zu entwickeln, die darauf abzielen, eine Disharmonie zu vermeiden. Die Rolle von „Gesicht wahren" exemplifiziert der folgende Fall, dessen Authentizität man allerdings durchaus bezweifeln darf. — List und Taktieren

> Ein britischer Journalist schwankte zwischen dem Eindruck, besonders sarkastisch oder besonders freundlich behandelt worden zu sein, als er von einer Pekinger Zeitung das folgende Absageschreiben erhielt: „Wir haben Ihr Manuskript mit grenzenlosem Genuss gelesen. Wenn wir Ihren Beitrag veröffentlichen würden, wäre es uns in Zukunft unmöglich, eine Arbeit von geringerem Standard zu publizieren. Und da es undenkbar ist, dass wir in den nächsten tausend Jahren etwas Gleichwertiges zu sehen bekommen werden, sind wir zu unserem Bedauern gezwungen, Ihren göttlichen Aufsatz zurückzusenden. Wir bitten tausendfach um Nachsicht für unsere Uneinsichtigkeit und Furcht."

Die Kenntnis fremder Kulturstandards kann unser Handeln beeinflussen und lenken. Wir lernen sie auf Vorrat, um unsere Partner besser zu verstehen, um uns auf sie einzustellen, auf sie einzugehen und so Probleme zu vermeiden. „Zur Vermeidung kulturell unangepassten Handelns und daraus resultierender Handlungsstörungen bedarf es einer Veränderung und Erweiterung des eigenkulturellen Orientierungssystems in Richtung auf das fremdkulturelle Orientierungssystem. [...] Dies erfordert Kenntnisse über fremde Kulturstandards. [...] Erreicht wird diese Kompetenz des interkulturellen Verstehens über den Prozess des interkulturellen Lernens" (Thomas 1991: 115). — Nutzen

Hierzu gibt es Trainingsprogramme. Sie verwenden kritische Erlebnisse, die im Zusammenhang mit Kulturstandards gesehen werden. Der Kulturstandard selbst dient als Diagnose (Thomas 1991: 124).
Das ist griffig. Aber ist es nicht ein bisschen global?

Kulturstandards und Stereotypen

Deutsche Kulturstandards

Sie können sich Ihre eigene Meinung bilden, wenn Sie die folgenden deutschen Kulturstandards betrachten. Kommentare kann man sich oft schwer verkneifen. (Ab und zu ist einer in Klammern gegeben.)

1. Interpersonale Distanz

> Die anfängliche Distanziertheit und Verschlossenheit der Deutschen selbst in Bezug auf periphere Persönlichkeitsbereiche weicht nach einer längeren Phase des Kennenlernens einer überraschenden Offenheit und Zugänglichkeit selbst in Bezug auf zentrale Persönlichkeitsbereiche. (Markowsky / Thomas 1995: 33)

Dies ist aus amerikanischer Perspektive gesehen. Für Amerikaner ergibt sich, dass sie selbst die Initiative ergreifen müssen, um Deutsche kennen zu lernen.
Der Standard soll historisch erklärt werden mit der langwährenden Partikularisierung: Deutschland war nach dem Dreißigjährigen Krieg „in über 300 souveräne Fürstentümer aufgeteilt worden" (Markowsky / Thomas 1995: 35). Der größte Teil der Bevölkerung lebte in Dörfern oder in Städten, die 1000 bis 10 000 Einwohner hatten. Es gab wenig Menschen, die auf der Durchreise Station machten oder sich neu ansiedelten. „Man kannte sich untereinander und blieb in der Regel – oft über mehrere Generationen hinweg – am gleichen Ort" (Markowsky / Thomas 1995: 35). Es war also nicht notwendig, wie im Einwanderungsland USA, Umgangsformen zu entwickeln, die schnellen und unkomplizierten Kontakt ermöglichen und gleichzeitig eine einfache Beendigung des Kontakts tolerierten. Für die Deutschen war es vielmehr entscheidend, „zu den Menschen, die im selben Dorf wohnten, tragfähige, verlässliche Beziehungen aufzubauen" (Markowsky / Thomas 1995: 35). Ortsfestigkeit blieb weiterhin der Normalfall. Viele Deutsche bleiben auch in der Gegenwart ihr gesamtes Leben an ein und demselben Ort wohnen.
(Oh ja. Nach dem zweiten Weltkrieg kamen etwa 15 Mio Flüchtlinge in die Bundesrepublik. In den letzten Jahren 3,2 Mio Aussiedler. Vergessen?)

Anregung

> Betrachten Sie die deutschen Kulturstandards stets unter folgenden Gesichtspunkten:
> - Wie reagieren Sie als Deutscher oder als Angehöriger einer anderen Kultur, der Deutsch von außen betrachten kann?
> - Wie plausibel ist Ihnen die Darstellung, vor allem die inneren Einschränkungen mit „dennoch", „trotzdem", „heute" usw.?

2. Direktheit interpersonaler Kommunikation

> Der Inhaltsaspekt der Kommunikation hat Priorität vor dem Beziehungsaspekt. (Markowsky / Thomas 1995: 53)

Konkret: In Gesprächen und Diskussionen – die Deutschen werden übrigens als sehr diskutierfreudig gesehen – herrscht „ein sehr direkter und offener Ton", der auf Amerikaner beleidigend wirken kann. Was man sagen will, ob Kritik oder einfach nur die eigene Meinung, äußert man ohne groß um den heißen Brei herumzureden. Markowsky / Thomas erklären die Direktheit in der Kommunikation mit dem hohen Stellenwert, den Latein und Griechisch in der schulischen Ausbildung hatten. Mit der Vermittlung dieser antiken Sprachen und der zugehörigen Philosophie, so die Autoren, wurde gleichzeitig „logikorientiertes Denken" mitgegeben.
(Das muss natürlich ein langer und recht indirekter Weg gewesen sein. Und der Zusammenhang zwischen Logik und Inhaltsaspekt erscheint auch nicht trivial.)
Während Japaner und Amerikaner das für auffällig halten, sehen Griechen die deutsche Art zu diskutieren als harmlos und wenig temperamentvoll. Der eigene kulturelle Background beeinflusst eben entscheidend die Aussage über eine Fremdkultur (bias).

3. Regelorientiertheit

> Es gibt für alles eine Regel, deren Einhaltung als selbstverständlich erachtet wird. (Markowsky / Thomas 1995: 68)

Das bedeutet auch, dass man bestehende Regeln kaum in Frage stellt und Regelverletzungen schnell kritisiert.
Was „pedantisch, unflexibel und stur" wirkt, macht Sinn: „In einem so dicht besiedelten Land wie Deutschland besteht auch eine starke Notwendigkeit, dass sich [...] alle an bestimmte Regeln halten." Dies diene der Sicherung des Gemeinwohls (Markowsky / Thomas 1995: 69).
Historisch wird die Regelorientierung der Deutschen mit einer Einstellung begründet, die „über Jahrhunderte hinweg bezeichnend für deutsches Denken war" (Markowsky / Thomas 1995: 70), nämlich die Überzeugung, „der Erhalt der sozialen Ordnung hänge vom unverrückbaren Gehorsam gegenüber der bestehenden Obrigkeit ab" (Markowsky / Thomas 1995: 69). Der „moralisch integre Bürger" sah es als seine Pflicht an, bestehende Regeln einzuhalten und darüber zu wachen, dass auch andere sie einhielten.

Dieses Relikt aus vergangener Zeit steht nach Markowsky / Thomas hinter solchen Geboten wie „Sei pünktlich!" oder: „Geh nicht bei Rot über die Ampel!" Im Trainingsprogramm von Markowsky / Thomas gibt es eine Situation, in der Amerikaner bei Rot die (freie) Straße überqueren und dafür von Fußgängern, die stehen bleiben, missbilligend gemustert werden.

4. Autoritätsdenken

> Autoritätspersonen begegnet man mit hohem Respekt, mit Zurückhaltung und Scheu. (Markowsky / Thomas 1995: 78)

Die Autoren erklären das deutsche Hierarchiegefälle am Beispiel des Verhältnisses von Professor und Student – Zielgruppe des Trainings waren amerikanische Studenten, die von zu Hause einen legereren Umgang mit Autoritätspersonen gewohnt seien. „Diese leicht untertänig anmutende Haltung der Deutschen gegenüber Autoritätspersonen" (Markowsky / Thomas 1995: 79) begründe sich daraus, dass Deutschland über Jahrhunderte hinweg von Königen regiert wurde, die als Herrscher von Gottes Gnaden regierten. Gehorsamkeit gegenüber dem König war Pflicht. Auch Adel, Klerus und die für den Staat arbeitenden Beamten nutzten ihre Macht über die Bevölkerung aus. Sie gewannen durch die Zersplitterung Deutschlands nach dem Dreißigjährigen Krieg besonders an Einfluss.

Der Autoritätsglaube hatte zur Folge, dass die Leute sich unterordneten und Respekt vor Autoritäten zeigten. So gehorchte man beispielsweise den Beamten, weil sie für den Herrscher arbeiteten, dessen Autorität man akzeptierte. Zusätzlich wird die Dominanz des Mannes, das Patriarchat, als Faktor angeführt.

Heute, so die Verfasser, stehen die Deutschen Autoritäten durchaus auch kritisch gegenüber, aber für US-Amerikaner sind „Spuren dieser jahrhundertealten Tradition [...] noch immer sichtbar" (Markowsky / Thomas 1995: 79).

(Haben US-Amerikaner so viel Wissen über deutsche Geschichte?)

5. Organisationsbedürfnis

> Alles muss organisiert werden, um Unsicherheitsfaktoren zu eliminieren. (Markowsky / Thomas 1995: 85)

Wie schon die Regelorientierung sei das Organisationsbedürfnis aus dem Stellenwert von Latein und Griechisch im Bildungswesen zu erklären. Aus dieser Tradition entstand nach Markowsky / Thomas auch der ausgeprägte Hang zu logischem Denken.

Und weiter: „Wer derart stark wie die Deutschen versucht, alles in eine logische Ordnung einzupassen und die Welt durch die Kraft des Gedankens zu erfassen, bemüht sich auch darum, seine Zukunft durch vorausschauendes Nachdenken kalkulierbar und damit beherrschbar zu machen" (Markowsky / Thomas 1995: 86).
Als Folge dieser Art, die Welt zu betrachten, sieht man in Deutschland die Zukunft eher skeptisch bis pessimistisch, weil man mögliche Fehlerquellen schon vorher ausgemacht hat. Einen gewissen Fortschrittspessimismus stellen darum auch die amerikanischen Studenten bei den Deutschen fest.
Dagegen gibt es bei den befragten Japanern und Griechen hierzu keine einheitliche Meinung. Einigkeit herrscht allerdings darüber, dass die Deutschen nach einem Stundenplan leben, wie es ein Amerikaner beschreibt. Ob es nun den Tagesablauf oder das Leben selbst betrifft, alles wird geplant.
Ein Grieche: „Etwas Spontanes in Deutschland gibt es nicht. Es muss alles vorher organisiert sein" (Ludwig-Uhland-Institut 1986: 30).

6. Körperliche Nähe

Die räumliche Distanz zwischen Personen in der Öffentlichkeit ist oft sehr gering.
(Markowsky / Thomas 1995: 100)

Im Vergleich mit den USA haben die Deutschen einfach weniger Platz, es gibt kaum Landstriche, die nicht besiedelt sind. Auf der Straße kommen Gedrängel und Enge häufiger vor, unbeabsichtigte Körperkontakte sind da nicht vermeidbar und werden deshalb nur wenig beachtet.
In den USA ist es so, dass die Bevölkerungsdichte „nur in echten Ballungszentren wie New York an europäische Verhältnisse heranreicht" (Althaus / Mog 1992: 44) und als vergleichbar bezeichnet werden könnte. Aber sonst sehen auch Althaus / Mog als Kontrast die europäische „Enge und Kleinräumigkeit".
Zusätzlich äußern die befragten Amerikaner, dass man nirgendwo allein sein könne, weil man überall auf Menschen treffe, sogar im Wald (Althaus / Mog 1992: 44). Im Vergleich zu den USA gibt es im deutschen Fernsehen und in der Werbung mehr Nacktheit zu sehen. Dies bestätigten Amerikaner. Andere meinten, ihre Landsleute seien verklemmter, darum sei es in den USA nicht zulässig, sich in der Öffentlichkeit oben ohne in die Sonne zu legen. Selbst Kleinkinder lässt man beim Baden nicht nackt herumlaufen.
(Wäre es nicht naheliegender, nackt herumzulaufen, wo man nicht so nahe aufeinander hängt?)

7. Abgegrenzter Privatbereich

> Die Privatsphäre ist heilig und wird vor der Außenwelt geschützt.
> (Markowsky / Thomas 1995: 107)

Das bedeutet, dass Türen meist geschlossen sind, dass Anklopfen üblich ist. „Die Türe grenzt den eigenen Bereich gegen die Außenwelt ab und schützt vor Lärm und Lauschangriffen" (Markowsky / Thomas 1995: 107).
Ein Amerikaner erklärt: „Die Deutschen schließen die Türe, wenn sie in ein Zimmer reingehen, um sich einen Privatraum zu schaffen" (Ludwig-Uhland-Institut 1986: 54).
Markowsky / Thomas erklären diese Lebensweise aus den vielen Normen und Verhaltensvorschriften, die das öffentliche Leben in Deutschland prägen. Im Privatbereich entfällt dagegen die Kontrolle von außen, man kann sich entspannen.
Dazu äußern sich auch Althaus / Mog: Sie konstatieren in Bezug auf die heutige Bundesrepublik, dass die Betonung und Abgrenzung der Privatsphäre „auch als Antwort auf die staatlich-bürokratische Durchdringung der deutschen Gesellschaft verstanden werden" kann (Althaus / Mog 1992: 96). Als Beispiele für die Abwehrhaltung gegenüber Interventionen des Staates in die Privatsphäre des Einzelnen führen sie die Diskussionen über den Datenschutz an und nennen die Widerstände, die es anlässlich der Volkszählung gab. Zusätzlich führen Markowsky / Thomas wieder die Enge und die hohe Bevölkerungsdichte in Deutschland als Grund dafür an, dass man so großen Wert auf die Privatsphäre legt.

8. Persönliches Eigentum

> Materieller Besitz ist Teil der Privatsphäre und verdient entsprechenden Respekt.
> (Markowsky / Thomas 1995: 113)

Während Amerikanern in erster Linie der Gebrauchswert von Gütern wichtig ist, stellt für die Deutschen Besitz „einen zusätzlichen immanenten Wert" dar. Er „bedeutet [...] Permanenz in einer schnelllebigen Zeit" (Markowsky / Thomas 1995: 113).
Vor fremdem Eigentum hat man Respekt, den eigenen Besitz pflegt man sorgfältig (Markowsky / Thomas 1995: 113). Diesen Umgang mit Eigentum führen die Autoren unter Anderem darauf zurück, dass in Deutschland immer wieder schwere Kriege stattfanden, bei denen viele Menschen ihr Hab und Gut verloren.

„Hausbesitz bedeutet viel [...]; der Besitz an stark affektiv besetzten Utensilien aller Art ist größer; die Möbel sind, der Etymologie zum Trotz, nahezu Immobilien" (Althaus / Mog 1992: 56).
Auch in anderen Publikationen werden Hausbesitz und Statussymbole – etwa Autos – thematisiert.

9. Pflichtbewusstsein

> Bei der Erledigung übernommener Aufgaben werden Selbstkontrolle und Disziplin in hohem Maße erwartet.
> (Markowsky / Thomas 1995: 119)

Im deutschen Kaiserreich und vor allem im preußischen Obrigkeitsstaat war die Pflicht ein wichtiger Begriff. „Die Ansicht war weit verbreitet, dass, wenn jeder seine Rolle pflichtgemäß erfüllt, Harmonie und eine funktionierende Gesellschaft die Folge wären" (Markowsky / Thomas 1995: 119).
War die Harmonie gestört, dann lag das an menschlichen Fehlern und Schwächen. Sie waren zu korrigieren und zu überwinden, wollte man das Gemeinwohl erhalten. Vermittelt wurde diese Einstellung über kirchliche Moralvorstellungen und durch eine autoritäre Erziehung. Heutzutage tendieren junge Leute allerdings eher zu einer „säkularisierten Arbeitseinstellung"; da hat sich in puncto Wertewandel einiges getan.
Befragte Studenten kommen bezüglich der Einstellung der Deutschen zur Arbeit auf keinen gemeinsamen Nenner. Die Meinungen über die deutsche Arbeitsmoral gehen auch innerhalb jeder Befragungsgruppe weit auseinander. Während die einen äußern, dass für die Deutschen die Arbeit nur notwendiges Übel sei, Familie und Freizeit den größeren Stellenwert hätten, erklären die anderen, dass die Arbeit den Menschen erst den Lebenssinn vermittle.

10. Geschlechtsrollendifferenzierung

> Traditionelles Geschlechtsrollenverständnis ist noch häufig anzutreffen.
> (Markowsky / Thomas 1995: 128)

Nach Markowsky / Thomas gestaltet sich der Prozess der Emanzipation in Deutschland langwieriger als in den USA. Die volle Gleichberechtigung ist noch nicht erreicht.
Dies äußert sich, so die Autoren, beispielsweise darin, dass in vie-

len Familien die Frauen den Haushalt besorgen und den größten Teil der Kindererziehung und Kinderbetreuung übernehmen, während die Männer sich um technische Dinge kümmern und ansonsten ihre berufliche Karriere verfolgen.

Die Gründe für den nur langsamen Wandel leiten die Autoren aus der Tatsache ab, dass die Frau Jahrhunderte lang dem Mann untergeordnet war, was auch durch die Religion gestützt wurde. Frauen waren dementsprechend in vielen Bereichen wie zum Beispiel in der Erbfolge benachteiligt oder oft ganz ausgeschlossen. Ja: „Intellektuelle Leistungsfähigkeit wurde den Frauen kaum zugetraut. Als der ureigene Platz der Frau wurde das häusliche Reich gewertet" (Markowsky / Thomas 1995: 129).

Viele Männer, so die Autoren, halten auch heute noch – bewusst oder unbewusst – an ihrer Vormachtstellung fest, wollen nicht auf die Vorteile verzichten, die sich aus der Vormacht für sie ergeben (Markowsky / Thomas 1995: 129).

Trotzdem gelten die deutschen Frauen als emanzipiert. Eine Gruppe der Amerikaner meinte – im Gegensatz zu den Feststellungen von Markowsky / Thomas –, dass in Deutschland die Frauenbewegung stärker sei als in den USA. Die befragten Amerikanerinnen gaben als Grund dafür an, dass in Deutschland Frauen auch stärker diskriminiert würden und noch weniger emanzipiert seien. Viele Frauen würden ihren Beruf nach wie vor zugunsten der Kindererziehung aufgeben. Daher sei die Abhängigkeit der Frauen von ihren Männern auch größer.

Alexander Thomas * 1939
Psychologe
Gilt als bekanntester deutscher Wissenschaftler auf dem Gebiet der Psychologie interkulturellen Handelns.
Projekte in vielen Kulturregionen: USA, Frankreich, China, Korea usw. und für viele Zielgruppen: Führungskräfte in Wirtschaft und Verwaltung, Austauschprogramme für Schüler, Studenten, Dozenten

Anregung

Methodisch lohnt es sich zu den Darstellungen der Kulturstandards zu fragen:
- Wie weit stimmen die faktischen Behauptungen, auch die historischen, besonders in ihrer generalisierten Form?
- Wie plausibel erscheinen die historischen Erklärungsmuster, vor allem das angesetzte Ursache-Wirkungsverhältnis?

Kulturstandards wurden in Forschungsprojekten von Psychologen erhoben. Psychologen sind im Normalfall universalistisch orientiert. Es geht darum, „Bedingungen, Verlaufsprozesse und Wirkungen menschlichen Verhaltens und Erlebens zu analysieren" (Thomas 1991: 108). Im Gegensatz hierzu sieht sich die kulturvergleichende Psychologie. Sie schließt an die Idee der Völkerpsychologie von Wilhelm Wundt an, deren Aufgabe es sei, die geistigen Erzeugnisse zu erklären, die aus der Gemeinschaft des menschlichen Lebens hervorgehen. Was die nun genau mit Psychologie zu tun haben, bleibt weithin unklar.
Was die Sprache und die allgemeine Methodologie betrifft, so hat schon Herrmann Paul vehement opponiert.

Der Forschungsansatz

> Die Frage, wie sich die Wechselwirkung der Individuen untereinander vollzieht, ist für Wundt überhaupt kein Problem.
> (Paul 1920: VI)
> Ich habe vielmehr den Eindruck, dass er mit fertigen psychologischen Anschauungen an die Sprachbetrachtung herangetreten ist.
> (Paul 1920: VII)
> Alle psychischen Prozesse vollziehen sich in den Einzelgeistern und nirgends sonst. Weder Volksgeist noch Elemente des Volksgeistes wie Kunst, Religion etc. haben eine konkrete Existenz, und folglich kann auch nichts in ihnen und zwischen ihnen vorgehen. Daher weg mit diesen Abstraktionen.
> (Paul 1920: 11)

Viele Erklärungen in den Kulturstandards klingen eher kühn. Historische Tatsachen werden wahllos zur Erklärung herangezogen. Vor allem was bringen dicke Erklärungsmuster wie das folgende:
„Wer derart stark wie die Deutschen versucht, alles in eine logische Ordnung einzupassen und die Welt durch die Kraft des Gedankens zu erfassen, bemüht sich auch darum, seine Zukunft durch vorausschauendes Nachdenken kalkulierbar und damit beherrschbar zu machen" (Markowsky / Thomas 1995: 86)?
Wer glaubt dem? Die Erklärungen sind tendenziös, oft widersprüchlich und meist schnell überholt.
Die Formulierungen klingen öfter objektivistisch und naiv bezüglich ihres Deutungsgehalts. Viele sind recht global und oversimplified. Öfter erwecken die Formulierungen den Eindruck der Homogenität, wenngleich an andrer Stelle sich Lippenbekenntnisse zur Differenzierung finden. Das Bias hier „wir" und die Deutschen, da die „anderen" und die Ausländer schlägt öfter durch. Auch in allgemeinen Formulierungen des Kulturvergleichs wie, dass in Kulturen etwas fehlt.

Kritisch

Gewinnung und Anwendung der Kulturstandards sind nicht unproblematisch. Es soll sich ja wohl um Wissensbestände von Individuen handeln.

- Wie werden sie erhoben? Basis sind doch wohl deutende Berichte.
- Wie werden sie analysiert und bewertet?

Und vor allem, wie kann man die Einzelberichte und Einzelerfahrungen zusammenstricken, kondensieren und generalisieren?
Und weiter: Wie kann man sie dann wieder aufs Detail anwenden? Jede Situation ist ein Einzelfall.

Status der Kulturstandards

Die Beschreibung von Kulturstandards lässt weitgehend die methodische Trennung von Sache und Beschreibung vermissen. Kulturstandards bestehen aus sozialen Regeln, aus Konventionen. Da wäre methodisch zu differenzieren:

- Regel und Realisierung
- Regel und Regelformulierung
- Konstitutive und strategische Regeln
- Regeln und Normen
- Bewusstes und unbewusstes Befolgen

Die Grundidee für die Interkulturelle Kommunikation ist: Verbesserung durch Angleichung der Kulturstandards.

> Chinesische Manager, die in Unkenntnis der starken Sachorientierung ihrer deutschen Geschäftspartner interagieren, werden die Deutschen als unhöflich, unsensibel und als Menschen ohne „Kultur", Sitte und Anstand betrachten, die nichts zur Schaffung sozialer Harmonie beitragen, sie ständig stören und einen in Verlegenheit bringen. Auf ein solches Verhalten werden sie im günstigsten Fall mit Unverständnis, meist jedoch mit deutlicher Antipathie und Ablehnung reagieren.
> (Thomas 1991: 129)

Werden sie das? Und sollen sie das nicht?

> Es muss geprüft werden, wie das Fremde in Richtung auf das Eigene geändert werden kann.
> (Thomas 1991: 112)

Das Funktionieren Interkultureller Kommunikation fordert nicht Angleichung. Es ist auch kein Anpassungsproblem. Kommunikation und Verstehen funktionieren anders. Wir müssen gerade nicht gleich werden. Gemeinsames Wissen genügt. Mit dem Wissen ändert sich das Verständnis und das Wissen lässt dem Partner Spiel. Individuelle Anpassung und Anpassungsversuche sind oft geradezu lächerlich. Die Kultur sorgt für sich selbst.

Ein Standard ist so etwas wie ein allgemeiner oder vereinbarter Maßstab. Normativ

> Unter Kulturstandards werden alle Arten des Wahrnehmens, Denkens, Wertens und Handelns verstanden, die von der Mehrzahl der Mitglieder einer bestimmten Kultur für sich persönlich und andere als normal, selbstverständlich, typisch und verbindlich angesehen werden. Eigenes und fremdes Verhalten wird auf der Grundlage dieser Standards beurteilt und reguliert.
> (Thomas 1993: 382)

> Kulturstandards sind für Gruppen, Organisationen und Nationen typische Orientierungsmaßstäbe des Wahrnehmens, Denkens und Handelns. So wie ein Standard angibt, wie ein Gegenstand normalerweise beschaffen zu sein hat, wie ein häufig vorkommendes Ereignis normalerweise abläuft, so legt ein Kulturstandard den Maßstab dafür fest, wie Mitglieder einer bestimmten Kultur sich zu verhalten haben, wie man Objekte, Personen und Ereignisabläufe zu sehen, zu bewerten und zu behandeln hat.
> (Thomas 1991: 5)

Kulturstandards werden zwar partiell empirisch gewonnen. Aber werden sie nicht per Selektion normativ? Schon die Rede von Standard schillert zwischen dem in manchen Sozialwissenschaften üblichen Durchschnitt und einer Norm. Und wie wurde festgestellt, dass die Mehrzahl der Kulturteilhaber dies glaubt? Besonders durch die Homogenitätsannahme, die in vielen Formulierungen zum Ausdruck kommt, können die Standards normativ an der Realität vorbeigehen. Ein Kulturstandard ist so etwas wie ein Wahlergebnis von 99,5%.
Etablierte Erhebungsmethoden können im interkulturellen Kontext fragwürdig werden (Thomas 1991: 102). Stellenweise schimmert durch, dass Kulturstandards nicht nur Normen und Werte zum Gegenstand haben, sondern auch selbst normativ gedacht sind. So etwa in der Redeweise, sie könnten definiert werden. Wer definiert hier? Wie sind denn normative Folgerungen folgender Art einzuschätzen?

> Fremdkulturellen Spielarten der Lebensgestaltung [...] ist Wertschätzung entgegenzubringen.
> (Thomas 1991: 112)

Kulturstandards nur Stereotypen?

Wie nahe rücken Kulturstandards den Stereotypen? Stereotypen sind individuelle Wissensstrukturen. Sie selektieren und generalisieren, kontrastieren oft das Fremde und das Eigene. Auch Kulturstandards sollen perspektivisch und vergleichend ermittelt werden. So weit sind sie Sammlungen von Stereotypen. Ein Kulturstandard basiert letztlich auf der Vereinfachung einer komplexen Interaktionssituation; durch die gezielte Reduktion auf das Typische könnte er erst zur Orientierungshilfe werden. Er sollte aber das Ergebnis empirischer, wissenschaftlicher Untersuchungen sein; als Resultat von Reflexion und Analyse sollte er über ein Stereotyp hinausgehen. Bloß der Weg vom Kulturstandard zum reinen Stereotyp ist nicht weit. Die Darstellung suggeriert über Strecken Objektivität, eine Falle, in die auch die Autoren laufen. Durch Reflexion, durch Differenzierung und individuellen Spielraum wäre zu verhindern, dass aus einem Konstrukt, das wissenschaftlich generiert wurde, eine Generalisierung wird, die an der Realität vorbeigeht und zum Stereotyp degeneriert.

Kulturstandards zum Aussuchen

Unter wissenschaftlichem Aspekt sind weder die Kulturstandards noch der Terminus in irgendeiner Weise wohldefiniert oder in den Zusammenhang wissenschaftlicher Untersuchungen eingebettet. Die diversen Definitionen und definitionsartigen Aussagen erscheinen eher als Gemischtwarenangebot, aus dem Konsumenten sich das Passende aussuchen können.

Aus dem Folgenden können Sie sich selbst eine Definition zusammenstellen, in dem Sie die Ausdrücke in den Schweifklammern kombinatorisch austauschen. Auf diese Weise bekommen Sie viele Alternativen. Überlegen Sie, ob nicht gravierende und zu diskutierende Unterschiede zwischen diesen Alternativen bestünden.

Kulturstandards $\left\{\begin{array}{l}\text{wirken als}\\ \text{sind}\\ \text{bezeichnen}\\ \text{benennen}\\ \text{bestimmen}\\ \text{definieren}\\ \text{dienen als}\\ \text{werden aufgefasst als}\end{array}\right\}$ $\left\{\begin{array}{l}\text{Maßstäbe}\\ \text{Gradmesser}\\ \text{Bezugssysteme}\\ \text{Orientierungsmerkmale}\end{array}\right\}$

Kulturstandards $\left\{\begin{array}{l}\text{bestimmen das}\\ \text{sind Kennzeichen des}\end{array}\right\}$ $\left\{\begin{array}{l}\text{Denken(s)}\\ \text{Handeln(s)}\\ \text{Wahrnehmen(s)}\\ \text{Verhalten(s)}\end{array}\right\}$

8.2 Was sind Stereotypen?

Bestimmt wissen Sie, was Stereotypen sind.
Hier sehen Sie das Ergebnis eines Jux-Wettbewerbs: Leute aus vier Nationen schreiben ein Buch über Elefanten. Die Buchtitel stellen sog. Nationalstereotypen aus.
Erkennen Sie ein bis zwei Stereotypen in jedem Titel und die jeweiligen Nationalitäten der Verfasser?

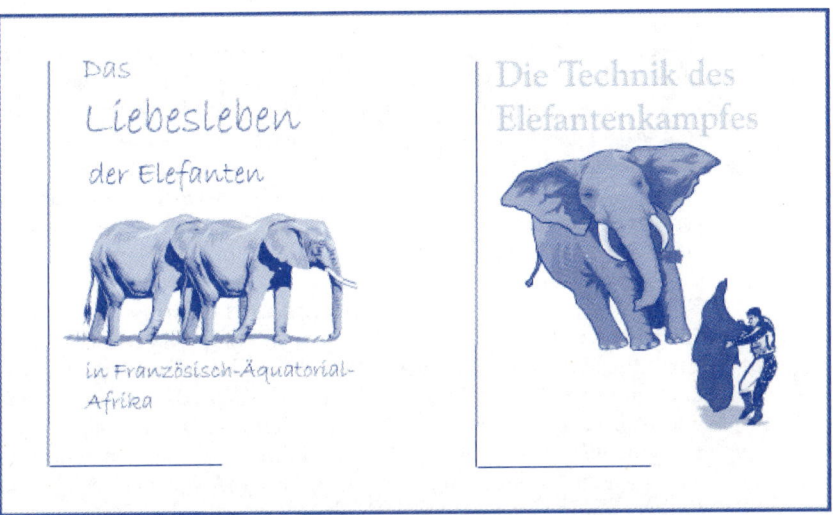

Wir sahen folgende Stereotypen:
1. Franzosen interessieren sich besonders für die Liebe.
2. Für Spanier ist der Stierkampf soo wichtig.
3. Die Engländer sind scharf auf die Jagd.
   Sie fahren auch gern in die eigenen Kolonien.
4. Amis sind ganz praktisch eingestellt.
   Sie haben oder wollen immer das Größte und das Beste.

Was sind Stereotypen?

Stereotypen werden landläufig in generalisierenden Meinungen über andere Nationalitäten oder in geschlechtsspezifischen Rollenklischees gesehen. Wer etwas als Stereotyp identifiziert, verurteilt es gewöhnlich als ungehörige Rede- und Denkweise. Aber darin selbst steckt natürlich ein Vorurteil, nämlich jenes, man könne Stereotypen von eher objektiven und richtigen Meinungen unterscheiden und mehr noch, dass es besonders die anderen sind, die stereotyper Denkweise anheim fallen. Demnach sind Stereotypen nahe bei Vorurteilen.

Einen neutraleren Stereotypen-Begriff proklamierte schon in den 20er Jahren des letzten Jahrhunderts W. Lippmann. Er versteht das Stereotyp als ein rationelles Verfahren des Individuums zur Reduktion der Komplexität seiner realen Umwelt. Die psychologische und physiologische Beschaffenheit des Menschen sei bestrebt, Wahrnehmungen und Vorstellungen in standardisierte Raster einzuordnen, ohne die eine Orientierung unmöglich wäre. Dies führt zur selektiven Wahrnehmung bestätigender Eindrücke.

Definitionen

> For the most part we do not first see and then define, we define first, and then see. In the great blooming, buzzing confusion of the outer world we pick out what our culture has already defined for us, and we tend to perceive that which we have picked out in the form stereotyped for us by our culture. (Lippmann 1922: 81)
> There is economy in this. For the attempt to see all things freshly and in detail, rather than as types and generalities, is exhausting [...] There is neither time nor opportunity for intimate acquaintance. Instead we notice a trait which marks a well known type, and fill in the rest of the picture by means of the stereotypes we carry about in our heads. (Lippmann 1922: 88)

Nach Lippmann ist also Stereotypisierung als grundlegender Wahrnehmungs- und Kategorisierungsprozess zu verstehen, ohne den eine erfolgreiche Aufarbeitung und Bewältigung der uns umgebenden Welt nicht möglich ist.

Diese Auffassung entspricht neueren Erkenntnissen des Kognitivismus. Stereotypen bilden hiernach einen wichtigen Bestandteil des kognitiven Apparats zur Verarbeitung komplexer sozialer Informationen. Ein Stereotyp ist demnach ein Spezialfall mentaler Schemata.

> [Die Stereotypensysteme] sind ein geordnetes, mehr oder minder beständiges Weltbild.[...] Sie bieten vielleicht kein vollständiges Weltbild, aber sie sind das Bild einer möglichen Welt, auf das wir uns eingestellt haben. In dieser Welt haben Menschen und Dinge ihren wohlbekannten Platz und verhalten sich so, wie man es erwartet.
> (Lippmann 1964: 97)

> Attitudes which result in gross oversimplification of experience and in prejudgements are [...] commonly called biases, prejudices, or stereotypes.
> (Allport 1967: 809)

Nur: Auch Vorurteile wurden als normal und notwendig erkannt (Gadamer).

Stereotypen sind also Janusköpfe: Einerseits sind sie negativ zu sehen als Produkte des Hörensagens und übertriebener Generalisierung. Andererseits sind sie notwendige und normale mentale Muster, weil eben mentale Muster in Generalisierung entstehen und kaum zu beurteilen ist, was von Übel ist und was nicht. *Janusköpfe*

Aber noch in einem anderen Sinn sind Stereotypen janusköpfig. Bisher haben wir von stereotypischer Wahrnehmung und kognitiver Verarbeitung gehandelt.

> Ein Stereotyp ist der verbale Ausdruck einer auf soziale Gruppen oder einzelne Personen als deren Mitglieder gerichteten Überzeugung. Es hat die logische Form einer Aussage, die in ungerechtfertigt vereinfachender und generalisierender Weise, mit emotional-wertender Tendenz, einer Klasse von Personen bestimmte Eigenschaften oder Verhaltensweisen zu- oder abspricht.
> (Quasthoff 1973: 31)

Hier wird deutlich, dass als Stereotypen auch Wissensstrukturen und ihre sprachliche Fassung gesehen werden. Dazu könnte man eine bunte Sammlung anlegen.
Wir geben nur folgende Definition:

> Eine Menge von Aussagen ST ist ein Stereotyp in einer Gruppe G von Mitgliedern g genau dann wenn,
> - die Aussagen generalisieren,
> - die Mehrzahl der g glauben, dass die Mehrzahl der g sie kennt und weiß, dass sie nicht zutreffen.

Entstehung

Das Entstehen von Stereotypen ist eng an Wahrnehmungsprinzipien und Begriffsbildung gebunden, an allgemeine Strategien der Ausbildung mentaler Muster.
Die Verfahren hierbei sind:

- Kategorisierung
- Selektion: Einmal ist keinmal.
- Generalisierung: Zweimal ist immer.
- Stereotypisierung: Wiederholung, Petrifizierung

Stereotypes Denken ist ein notwendiger Bestandteil jeglicher Erkenntnis. Stereotype Denkschemata entstehen zwangsläufig und beruhen nicht auf Unbedachtheit oder Dummheit.

Kategorisierung

Die Vielfalt der Welt ist nur erfassbar, indem wir Objekte kategorisieren. Wir unterscheiden z.B. Personen in große und kleine, weiße und schwarze, dicke und dünne, unverschämte, wissbegierige, geizige oder fleißige. Manche dieser Unterscheidungen sind in der Sprache durch Wörter gesichert, andere halten wir durch Wortgruppen fest. Sie sind weniger fest.
Negative Stereotypisierung geht oft einen Schritt weiter. Ein Merkmal wird weiter aufgeladen durch andere Merkmale, die weniger an der vorfindlichen Realität festzumachen sind, vielleicht stärker wertend und damit von einem Bezugsstandard abhängig sind. Zum Beispiel dick wird aufgeladen mit unsportlich oder gefräßig.
Das muss nicht unrealistisch sein, es kann lebenspraktisch vernünftig sein.
Die stereotype Sichtweise dient dazu, komplexe Realität zu verarbeiten.

Subprozesse

In der Kategorisierung können weitere Verfahren eine Rolle spielen.

1. Distinktion: Damit unsere Unterscheidungen nicht diffus bleiben, müssen wir gerade saliente, ins Auge springende Merkmale generalisieren, in denen sich die Dinge unterscheiden.
2. Induktion: Wir können nicht anders, als aus einer begrenzten Anzahl von Erfahrungen zu verallgemeinern.

3. Analogie: Um verschiedene Erfahrungen und Erfahrungsbereiche kognitiv zu ordnen, ist es unumgänglich, Parallelen und Entsprechungen auszuwerten.
4. Hörensagen: Da wir nicht alles überprüfen können, müssen wir uns auf das Zeugnis anderer stützen.
5. Komplettierung: Es ist unmöglich, alles in allen Nuancen wahrzunehmen. Wir müssen auf der Basis unvollständiger Wahrnehmungen Zusammenhänge und Fehlendes ergänzen.

Stereotyping is a way of thinking that does not acknowledge internal differences within a group, [...] stereotypes blind us to other, equally important aspects of a person's character or behavior. [...] They limit our view of human activity to just one or two salient dimensions and consider those to be the whole picture. (Scollon / Scollon 1995: 156).

Generalisierung

Ein Merkmal wird aus einer Vielzahl von Möglichkeiten selegiert und für alle Vertreter einer Kategorie geltend verabsolutiert. Diese Verabsolutierung kann man auch als Generalisierung bezeichnen. Sie geht zwangsläufig mit einer Reduktion von Alternativen einher.

Jede Stereotypisierung ist an eine Generalisierung gebunden. Zur Stereotypisierung wird die Generalisierung, wenn sie widersprüchliche Evidenzen ausklammert. Es gibt also – gottseidank – Generalisierungen, die man nicht als Stereotypisierungen auffassen muss, besonders wenn sie weniger an Selektion und Reduktion gebunden sind.

Stereotypisierung

Stereotypisierung kann in mehrfacher Hinsicht sichtbar werden:

• in Verabsolutierung
• in dauerhafter Festschreibung
• im Ausblenden divergenter Deutungen

Auch stereotypisches Folgern können wir entdecken:

(1) Al-Qaida hat unsere Twin-Türme wegrasiert.
(2) Dafür müssen wir die Araber zur Rechenschaft ziehen.
(3) Saddam vor allem muss weg.
(4) Wir werden den Irak angreifen und bombardieren.

Kirsten Nazarkiewicz (1994: 51) analysierte Gruppengespräche im Rahmen einer Weiterbildungsmaßnahme der Deutschen Lufthansa zum Thema Interkulturelle Kommunikation.

Transkript

Herrische Afrikanerinnen

```
31   L:   naja, wobei: ich meine wenn ihr euch
          überle::cht viele von denen sind
32        Millionärinnen das erklärt doch ers mal also
          für mich persönlich war das oftn
                [..........]
33   H:   mhm
34   L:   Schlüsselerlebnis dass die jetzt plötzlich
          in der ersten Klasse auftauchten ne?
          <Geraune>
35        und sich: ehm und eben ja und mit dem
          entsprechenden Geha::be in
36        son First Class Sitz geschmissen haben hh
          und tatsächlich grande dame
37        raushängen ließen also passte muss ich ganz
          ehrlich sagen nicht in mein Bild
38   C:   da gehst dann hin und darf ich ma die
          Bordkarte bitte sehen hahahahaha
39   L:   ja logisch ne?(.)das ratterte in meinem Kopf
          ab
                <allgemeines Gelächter>
40   C:   jahahahaha
41   L:   Afrika Entwicklungsland arbeiten im Busch
          ne? mit der Banane aus=n
42                  [ ]       [ ]
43   C:              ja       ja
44   E:                            mhmhm
                              [   ]
45   Y:                        mhmhm
46   L:   Wäldern gelockt und was de so alles an
          Stereotypen im Kopf hast
47   L:   in jedem Fall ein armes Land
                          [
48   E:            mit unserer Entwicklungshilfe
          (    )First Class
49        fliegen
50   L:   genau genau GENAU! HAHAHAHAHAHAHAHA als das
          ja?
          <steigernd>
51   E:   hahahahaha
```

Kommunikative Funktion

Einmal wundert man sich im nachhinein oft, warum man in einer bestimmten Unterhaltung zahlreiche Stereotype unwidersprochen hingenommen hat, obwohl man doch im Grunde die vorgetragenen Meinungen keinesfalls teilt und darüber hinaus jede Form der stereotypen Verallgemeinerung verurteilt.
(Quasthoff 1973: 94)

Stereotypen spielen ihre Rolle bei der Deutung von Situationen und Handlungen. Ihre Anwendung kann entlasten, ihre Äußerung kann Gruppenzugehörigkeit bestätigen. Häufig werden soziale Stereotypen auch ausgesprochen, um der vermuteten Erwartungshaltung einer Gruppe zu entsprechen und so Integration zu erreichen. Auch der Status der Kommunikationspartner spielt eine wichtige Rolle, wenn es darum geht, wer Stereotypen möglichst gefahrlos äußern kann. Oft sind sich die Beteiligten dessen bewusst, äußern sie augenzwinkernd, sozusagen.
Stereotypen werden kommunikativ schon mal von sprachlichen Absicherungsmaßnahmen vorbereitet, weil ihr Status als ungehörige Rede den Beteiligten bewusst ist.
Als absichernde Maßnahmen gelten:

- hedges: abschwächende Formulierungen wie *irgendwo, vielleicht, so'n bisschen*
- disclaimer : *Ohne jetzt irgendwie wertend zu sein*
- Berufung auf eine Autorität: *Hab ich irgendwo gelesen*
- catchwords: vorbereitend auf das eigentliche Stereotyp

Mit diesen Vorsichtsmaßnahmen signalisiert der Sprecher, dass er um die Einseitigkeit seiner Formulierung weiß. Dies hält ihn jedoch nicht davon ab, seine Meinung auch explizit kund zu tun, wenn er sich der Zustimmung – und oft der Empörung – der Gesprächspartner sicher sein kann.
Das Aussprechen eines Vorurteils ist dabei regelmäßig von Lachen begleitet. Es dient dazu, Intimität zu heischen und herzustellen, die vor allem bei moralisch prekären Interaktionen (wie z.B. dem Austausch von Obszönitäten) und sanktionierten Gesprächstypen (improper talk) bedeutsam ist.

Abschied
Eckhard Henscheid

Der Tschech ist frech
Der Prager ist mager
Der Lette: der fette
Der Ungar: höchstens halbgar
Mongolen sind verquollen
Dagegen der Neger: sehr integer
Der Chinese ist böse
Der Jugoslaw gar nicht brav
Der Bosnier: boshaft sehr
Der Eskimo ist allzeit froh

(An krummen Wegen. Gedichte und Artverwandtes. 1994)

8.3 Relativismus

> Gestern waren es noch 30 Grad, heute sind es nur noch 15. In nur einer Nacht ist die Temperatur um die Hälfte gefallen.

Die Temperatur? Eine eigenartige Aussage.
In Celsius ist sie um die Hälfte gefallen.
In Fahrenheit um wie viel?

In einschlägigen der Literatur (Argyle 2002: 90) kann man Dinge lesen wie, japanisch „hai" heiße zwar wörtlich „ja", zeige aber in Wirklichkeit eher Verstehen als Zustimmung an. Da könnte man sich fragen:

- Wie soll denn ein japanischer Ausdruck wörtlich so viel heißen wie ein deutscher?
- Was ist der Unterschied zwischen „wörtlich" und „in Wirklichkeit"?
- Wieso sollte man die ganze Verwendung eines japanischen Ausdrucks in einem deutschen Wort wie *Verstehen* fassen können?
- Kann man die Verwendung eines Ausdruck überhaupt mit so globalen Etiketten wie *Verstehen* und *Zustimmung* fassen?
- Und was bedeutet eigentlich deutsch „ja"?

Ein bisschen sind wir alle Number-one-Typen, so lange wir uns nicht der eigenen Selbstverständlichkeiten bewusst werden, so lange wir nicht den Standpunkt wechseln können, so lange wir noch zu schnell werten.

Lesenswert sind hierzu Wittgensteins Notizen, die er bei der Lektüre von Frazers Golden Bough, einem ethnologischen Standardwerk, machte.

Kulturen sind autonom

Frazers Darstellung der magischen und religiösen Anschauungen der Menschen ist unbefriedigend; sie lässt diese Anschauungen als Irrtümer erscheinen. So war also Augustinus im Irrtum, wenn er Gott auf jeder Seite der „Confessionen" anruft. Aber [...] wenn er nicht im Irrtum war, so war es der Buddhistische Heilige [...], dessen Religion ganz andere Anschauungen zum Ausdruck bringt. Aber keiner von ihnen war im Irrtum, außer wo er eine Theorie aufstellte. Es ist sehr merkwürdig, dass alle diese Gebräuche endlich sozusagen als Dummheiten dargestellt werden. Der Unsinn ist hier, dass Frazer es so darstellt, als hätten diese Völker eine vollkommen falsche (ja wahnsinnige) Vorstellung vom Laufe der Natur. Seine Erklärungen der primitiven Gebräuche sind viel roher, als der Sinn dieser Gebräuche selbst.
(Wittgenstein 1967: 240)

Jede Kultur ist ein autonomes, funktionales System. Ihre Verfahrensweisen haben sich sozial und evolutionär herausgebildet, und sie funktionieren. Das bedeutet nicht, dass eine Kultur sozusagen homogen oder gar konsistent sei. Widersprüche sind Teil einer Kultur. Wie sollte es anders sein, wenn an ihrer Entwicklung so viele beteiligt sind?

Bei der Beobachtung von außen wie beim Kontrastieren sollte man immer davon ausgehen, dass Verfahrensweisen, die abstrus wirken, ihren Sinn haben und funktionieren. Oft sieht man sie zu isoliert.

Number-one-Typen vergleichen und werten, natürlich nach ihrem Maßstab. Dagegen halten wir: Vergleichen, Unterschiede erkennen und verstehen. Es soll darum gehen, die Verfahrensweisen zu verstehen und zu analysieren, wie und warum sie funktionieren.

> Dr. H. ist für zwei Monate Gastdozent an einer kolumbianischen Universität. Seine Kollegin Professor I. lädt ihn zu einem Gastvortrag an einem angesehenen Institut ein. Dr. H. sagt gerne zu. Ein genauer Termin in drei Wochen mitsamt Ort und Uhrzeit wird verabredet. Sie persönlich würde Herrn H. abholen. Weiterhin wird ganz genau besprochen, was zur Vorbereitung alles nötig ist: Folien müssen hergestellt werden, einiges muss kopiert werden, zudem braucht H. auch einen Diaprojektor. Frau Prof. I. schreibt sich alles auf, sagt noch mal, wie sehr sie sich freue, dass H. eingewilligt habe.
> Eine Woche vorher kommt es zu einer flüchtigen Begegnung zwischen Prof. I. und Dr. H., einige Floskeln werden ausgetauscht. H. wundert sich irgendwie, dass seine Kollegin den Vortrag nicht erwähnt. Er spricht das bei seiner deutschen Kollegin vom Deutschen Akademischen Austauschdienst an. Sie weiß auch nichts von diesem Vortrag. Wann das denn mit wem für wann verabredet worden sei? Sie wundert sich. Als sie hört, dass es schon zwei Wochen her ist, lacht sie. Ja, das sei noch nicht rekonfirmiert, das müsse man doch erst noch mal verbindlich machen durch die Rückbestätigung – reconfirmación genannt.
> Dr. H. meint nicht recht zu hören. Noch verbindlich machen? Alles sei aufgeschrieben worden, bis ins Detail hinein sei alles abgesprochen worden. Aber es gilt erst, wenn es rekonfirmiert sei, so die deutsche Kollegin.
> Dr. H. reagiert konsterniert. Wenn das so sei, würde der Vortrag halt ausfallen.

Wirklich fremd?

> Überlegen sie mal, was Sie so tun, wenn Sie sich vor drei Wochen mündlich verabredet haben, jemanden in 300 km Entfernung zu treffen.

Anregung

Ethnozentrismus	Frühe weltweite kulturelle Kontakte waren weitgehend geprägt durch den Kolonialismus. Neben ökonomischen Interessen war vor allem das Missionarische Trumpf. Ein Wahrnehmungs- und Wertungsmuster war: Wenn Unterschiede sichtbar wurden, dann war die normale Reaktion gemäß der Defizithypothese: Die kennen das nicht, die können nicht differenzieren. Das ist Ethnozentrismus. Ethnozentristen laufen auch in Fallen. So wie kolportiert wird, dass Ethnologen festgestellt haben, dass australische Indigene nicht den Zusammenhang kännten zwischen Zeugung und Geburt. Die hatten aber den Ethnologen auf den Arm genommen ob seiner blöden Fragen.
Die wahre Wirklichkeit	In einem berühmten Aufsatz, der zu langen Kontroversen geführt hat, wirft Winch die Frage auf, ob wir primitive Gesellschaften verstehen können. Winch diskutiert die Frage am Beispiel der afrikanischen Azande und ihrer Kultur, die über Strecken auf Magie, Zauber und Hexerei basiere. Die Azande glauben, dass manche ihrer Mitmenschen Hexer sind, die bösen Einfluss auf sie nehmen. Deshalb befragen sie Orakel und verwenden magische Medizin, um dem Einfluss zu entgehen. Die ethnologische Beschreibung dieses Usus geht meist so: Wir wissen ja, dass es keine Hexerei gibt und damit auch, dass das ein Aberglaube ist. Wir wissen das vor allem, weil wir einschlägige wissenschaftliche Untersuchungen gemacht haben und auf der Basis der objektiven Realität urteilen. Und diese Realität gibt es irgendwie kultur- und sprachlos, sie ist jedenfalls nicht bestimmt durch unsere Sprache oder Kultur. Dann wäre sie ja nicht objektiv.

> Reality is not what gives language sense.
> What is real and what is unreal shows itself in the sense that language has.
> (Winch 1972: 12)

In unserer Kultur ist Gott für manche Realität, für andere nicht. Im religiösen Gebrauch unserer Sprache ist Gottes Existenz vorgesehen. Wir alle verstehen die Rede von Gott, wenngleich vielleicht nicht in gleicher Tiefe.
Eine ganz andere Frage ist, ob unsere Kultur wirklich so rational ist. Ist das nicht nur ein öffentliches Ideal? Gibt es bei uns nicht auch Magie und Hexerei? Ist uns das nicht wohlbekannt? Zumindest kennen wir es aus unserer Geschichte. So verstehen wir das und halten es für überholt. Ohne diese Kenntnisse könnten wir die Beschreibungen der Azande-Verfahren gar nicht verstehen.

Und wir verstehen sie auch nur so weit. Zum Beispiel glauben wir nicht, dass diese Verfahren funktionieren. Aber bei den Azande funktionieren sie. Und vielleicht glauben sie wirklich daran. Hätten wir dann verstanden?

So ist also die objektive Realität kein Maßstab zur Beurteilung, was falsch und richtig in anderen Kulturen ist. Gäbe es andere Maßstäbe? — *Ein anderer Maßstab?*

Wir könnten etwa sagen, das System der Überzeugungen müsse kohärent oder gar konsistent sein. Das wäre abstrus. Wir wissen, dass dieses Kriterium nicht einmal auf Individuen zutrifft.

Wir könnten sagen, es müsse Erklärungen und Begründungen für die Überzeugungen geben, damit sie für uns verständlich werden. Aber es gibt bei den Azande Erklärungen und Begründungen. Die glauben wir auch nicht.

Wir beschreiben und verstehen so etwas eben als Aberglauben. „Abergläubig", „irrational", „rituell", das sind Ausdrücke in unserer Sprache, die wir hier verwenden. Wir glauben es zu kennen aus unserem eigenen Umfeld, aus unserer eigenen Geschichte. Aber sollte es wirklich das sein, was wir so bezeichnen? Kann es das sein bei genetischer Betrachtung?

Wir verstehen das alles. Aber wir glauben es nicht. Verstehen wir es dann? Ja und nein.

Wenn wir Handlungen verstehen oder verstehen wollen, brauchen wir Beschreibungen, unter denen wir sie fassen. Dazu verwenden wir unsere Sprache. Und damit sind wir schon auf einer Seite. — *Der Maßstab*

> We cannot explain social behaviour independently of our norms of rationality.
> (Winch 1972: 28)

Was machen wir denn, wenn wir die Azande, ihre Handlungen richtig verstehen wollen?

> Since it is we who want to understand the Zande category, it appears that the onus is on us to extend our understanding so as to make room for the Zande category, rather to insist on seeing it in terms of our own ready-made distinction.
> (Winch 1972: 37)
> In any attempt to understand the life of another society [...] an investigation of the form taken by such concepts – their role in the life of the society – must always take a central place and provide a basis on which understanding may be built.
> (Winch 1972: 47)

Relativismus und Sprache

Eine lange sprachtheoretische und linguistische Diskussion befasst sich mit der Frage des Zusammenhangs von Sprache und Denken oder Sprache und Weltansicht. Die Überlegungen wurden bekannt unter dem Label sprachlicher Relativismus und sprachlicher Determinismus, womit schon thesenartig die Art des Zusammenhangs angedeutet ist. Die einschlägige Diskussion ist verbunden mit den Namen Herder, Humboldt, Sapir und Whorf.

> Human beings do not live in the objective world alone, nor alone in the world of social activity as ordinarily understood, but are very much at the mercy of the particular language which has become the medium of expression for their society. It is quite an illusion to imagine that one adjusts to reality essentially without the use of solving specific problems of communication and reflection. The fact of the matter is that the „real world" is to a large extent unconsciously built up on the language habits of the group.
> (Sapir 1949: 162)

> The particular language we speak influences the way we think about reality.
> We dissect nature along lines laid down by our native languages. The categories and types that we isolate from the world of phenomena we do not find there because they stare every observer in the face; on the contrary, the world is presented in a kaleidoscopic flux of impression which has to be organized by our minds – and this means largely by the linguistic systems of our minds.
> (Sapir 1949: 163)

Edward Sapir
1884-1939
Deutschstämmiger Linguist und Anthropologe, der sich in Amerika mit Sprache und Kultur indianischer Völker befasste. Er arbeitete sowohl empirisch als auch theoretisch.
Beschrieb 39 Indianersprachen. War einer der frühen Verfechter des engen Zusammenhangs von Kultur und Sprache.

Der Ansatz wird gewöhnlich als Sapir-Whorf-Hypothese bezeichnet. Grob besagt sie, dass unsere Sprache unser Weltbild und unser Denken bestimme, dass die Welt nicht irgendwie objektiv gegeben sei.

Die SWH

Doch eine so einheitliche Hypothese ist das nicht. Nicht nur, dass natürlich diese beiden Forscher und alle anderen Beteiligten unterschiedliche Auffassungen im Detail vertreten. Die verschiedenen Varianten sind spektakulär anders. Es ist doch schon etwas Anderes, ob das Weltbild – was immer das sei – bestimmt wird oder das Denken (so global formuliert). Vor allem ergeben sich dramatische Unterschiede je nach Stärke des angenommenen Zusammenhangs:

- Bestimmt sie es?
- Determiniert sie es?
- Affiziert sie es?
- Spiegelt sie es wider? (Languages are the best mirror of the human mind.)

Und geht es um

- das Denken?
- die Begriffsbildung?
- die Wahrnehmung?
- die Weltansicht?
- die Lebensform?
- die Handlungsweisen?

Wie immer die Hypothese sprachlicher Relativität formuliert, ein stringenter Nachweis ihrer Gültigkeit ist notorisch schwierig. Zuerst einmal wäre der individuelle Aspekt zu trennen vom kollektiven. Denken aber ist immer individuell.

Nachweisprobleme

Sagt ein Sprecher: „When I talk Indian, I think differently" oder „Wenn ich eine andere Sprache spreche, dann denke ich anders", dann kann man das schwer widerlegen. Wie sollte man mit objektiven Untersuchungen das subjektive Empfinden widerlegen?

- Wie ist uns das Denken einer Person zugänglich?
- Sind nicht Denken und Kultur überhaupt nur zugänglich über Sprache?
- Wie ist die generelle Strukturierung einer Weltansicht erkennbar?

Wären wir nicht durch die Sprache begrenzt, so dass wir die Weltansicht gar nicht von außen betrachten könnten?

Ersatzweise hat man in experimentellen Nachweisversuchen denn auch Wahrnehmung an Stelle des Denkens zugrunde gelegt. Und dabei ist in der Regel herausgekommen, dass wir Menschen zwar alle die gleichen Wahrnehmungsfähigkeiten haben, dass aber aufgrund unterschiedlicher Sozialisation doch, in unterschiedlicher kultureller Umgebung Leichtigkeit und Schnelligkeit der Wahrnehmung differieren können.

Dies erinnert daran, dass es eigentlich viel weniger auf das Denken ankommt als auf Kommunikation. Von fremdem Denken weiß ich wenig; was gesagt wird, zählt. Was sprachlich manifest ist, wird stillschweigend fokussiert und ständig unbewusst angewendet. Und vor allem:

- In einer Sprache ist Wissen formuliert und konserviert (das eben in einer anderen Sprache nicht festgehalten wurde).
- Das Wissen, das in einer Sprache formuliert wurde, ist vielleicht in einer anderen Sprache gar nicht formulierbar.

Das ist manifester Zusammenhang von Sprache und Kultur. Die Sprache existiert ja nicht unbeeinflusst von diesem Wissen.

Sprache und Denken

Eigentlich glauben viele ganz naiv, dass die Sprache unser Denken bestimme und dass wir deshalb in der Gefahr leben, dass die Sprache uns in die Irre führe und gar manipuliere. Das sagt natürlich jemand, der glaubt, er wisse, wie die Welt beschaffen ist.

In der Politikkritik gab es eine lange Diskussion darüber, wie es gelinge Begriffe zu besetzen und damit die Wähler zu beeinflussen.

Im Bezug auf den Sprachwandel ist die Argumentation oft umgekehrt. Da heißt es schon mal, dass die Sprache sich ändere, weil die Welt oder die soziale Welt sich geändert habe. Die feministische Sprachkritik scheint allerdings doch wieder darauf zu vertrauen, dass man die Situation der Frauen verbessere, wenn man im Sprachgebrauch mehr feminine Formen vorkommen lasse.

Jemand hat herausgefunden, dass im Irokesischen die Default-Form der Pronomen die feminine ist und umgekehrt wie bei uns die maskulinen Formen durch Movierung gebildet werden. Das korreliere doch schön damit, dass die irokesische Gesellschaft matrilinear ist.

Aber so luftig und so simpel ist der Zusammenhang nicht.

Beispiel Verwandtschaft

Gut untersucht sind die Verwandtschaftsbezeichnungen und Verwandtschaftssysteme in verschiedenen Kulturen. Dafür gibt es unterschiedliche Beschreibungssysteme. Üblich ist die relationale Darstellung von einem Ich her als einer Generation G^0. Von da geht es Generationen zurück und voran.

Männliches Ego

G^{+2}		nana 'grandrelative'		
G^{+1}	egya 'father'	na 'mother'		wofa 'maternal uncle'
G^{0}		nua 'sibling'		akyereba 'male's sister'
G^{-1}	ba			awofasi 'sister's child'
G^{-2}		nana 'grandrelative'		

Auf den ersten Blick sollte uns stutzig machen, dass es erstens Lücken gibt und zweitens ein Wort an mehreren Stellen vorkommt. Sollte so ein Wort mehrdeutig sein? Davon ist hier keine Rede und es wurde auch nicht nachgewiesen. Die Annahme einer Mehrdeutigkeit ist jedenfalls immer ein Problem der Beschreibung. Und wieso sollte es Lücken geben? Lücken und die Platzierung des gleichen Worts an mehreren Stellen sind gegeben durch das Beschreibungssystem, durch das zugrunde gelegte Schema. Dieses Schema beruht darüber hinaus auf einem Vorurteil. Es ist formuliert in einer anderen Sprache und ruht auf dem Vorurteil, der genetische Zusammenhang sei passend als Maßstab, sei objektive Realität also.
Offenkundig ist das bei der untersuchten Kultur anders. Vielleicht ist der wichtigste Aspekt der Verwandtschaft das Zusammenleben oder die reziproke Fürsorge, die Verpflichtungen usw.

Die Darstellung und Erklärung fremder Kulturen und fremder Handlungsweisen ist ein Behelf. Wir schaffen uns so ein erstes Verständnis. Das können wir nur so. Ein tieferes und besseres Verständnis ist aber erst dann gegeben, wenn wir an der Praxis teilgenommen haben, wenn wir beispielsweise fremdes Handeln im Zusammenhang mit der zugehörigen Rede erfahren und verstanden haben. Ein Individuum, das mehrere Sprachen spricht, versteht auch mehr. Ein Individuum, das mehrere Kulturen kennt, hat eine weitere kommunikative Kompetenz.

Frei und doch gebunden

Die Sprache ist eine Brille, ohne Brille sehen wir nichts. Wenn ich die eine absetze, muss ich eine andere aufsetzen. Und darum können wir nicht wissen, wie die Welt ohne Brille ausschaut. Die Sprache ist aber kein Gefängnis. Sie ist offen und wir können in ihr auch Neues formulieren.

Unvergleichbar? Relativismus wird schnell mit ethischen Fragen in Verbindung gebracht. Das ist gut.
Da heißt es etwa, der Relativismus könne keine ausreichende Rechtfertigung für ein Handeln sein. Dass er aufgrund seiner „moralischen Blindheit" nicht tolerierbar sei, zeige sich in Beispielen wie Kinderarbeit, Misshandlung von Arbeitern und Ähnlichem. Dass so etwas in manchen Ländern weit verbreitete Praxis ist, dürfe noch keine Rechtfertigungsgrundlage für multinationale Unternehmen sein, ebenfalls Kinder auszubeuten.
Welches sind denn universale ethische Prinzipien, nach denen Kinder nicht arbeiten sollen? Was heißt hier arbeiten? Wenn deutsche Kinder um 6 Uhr aufstehen, 30 Stunden zur Schule gehen und nachmittags noch Hausaufgaben machen und gar Nachhilfe bekommen, ist das keine Arbeit? Und wenn dann ein Elternteil für die 30-Stunden-Woche kämpft, passt das zusammen?

Menschenrechte In einem Vortrag vor der Katholischen Akademie Tutzing nahm Heiner Geißler Stellung zur folgenden These:

> Die Menschen anderer Kulturen müssen vor der Überheblichkeit des Universalitätsanspruchs der europäischen Menschenrechtsforderung geschützt werden; sie können das europäische Denken schon vom Ansatz her nicht verstehen.

Geißler fragt dazu unter anderem und antwortet schnell:

> Welche Kultur vertreten diejenigen, die eine Frau, der man Ehebruch vorwirft, steinigt und das noch religiös begründet? [...]
> Sie vertreten keine Kultur.

Natürlich „vertreten" sie keine Kultur. Aber sie handeln im Rahmen einer Kultur.
Absolutismus ist blind.
Ein Absolutismus ist relativ zu jedem anderen Absolutismus.

9 Critical Incidents

*Where it doesn't itch
don't scratch.*

Abend in Indonesien

Was sind Critical Incidents?

Martina muss laut niesen und schnäuzt sich anschließend.

Frau Ahmad ist über Martinas Verhalten entsetzt, sagt jedoch nichts, um nicht unhöflich zu sein.

Herr Ahmad senkt den Blick, beide Frauen schauen Martina befremdet an.

Was sind Critical Incidents?

So gehen interkulturelle Erlebnisse öfter aus. Man merkt, dass irgendwas nicht stimmt. Man bekommt aber nicht unbedingt erzählt, was das Problem war.

9.1 Was sind Critical Incidents?

Die Darstellung und das Verständnis hochkomplexer Systeme stellt uns vor allem vor ein Problem: Wie viel des Systems müssen wir auf Vorrat kennen und darstellen, um Probleme in der Anwendung, im Prozess zu vermeiden? Wie groß also darf der Beschreibungsoverhang sein, damit das Ganze noch aktiv eingreift, ökonomisch ist?

In menschengemachten Systemen, könnte man denken, sei das kein Problem, da ja der Planung eine explizite Beschreibung zugrunde liegt. So etwa im Beispiel eines militärischen Flugsystems wie der Phantom. Aber auch hier ist der gesamte komplexe Prozess störanfällig. Zwar mögen alle Details der Maschinen bekannt sein, wo aber treten im Ablauf Fehler auf? Und erst recht in der Interdependenz von Mensch und Maschine.

Im Kulturellen und in der Interkulturellen Kommunikation lassen sich viele von der Idee leiten, man könne und man müsse eine Kultur so detailliert beschreiben, dass, wer die Beschreibung kennt, mit ihr zurecht kommt, ohne anzuecken. Aber wie viel wäre das?

Laufen wir mit diesem Konzept nicht in das Problem der Fraktalen Geometrie? Je tiefer wir hineingehen, umso detaillierter wird alles, umso weiter geht es. Ohne Ende?

Die Idee

Für die Analyse und Diagnose komplexer Systeme und Abläufe entwickelte der US-Amerikaner John C. Flanagan die Critical Incident Technique CIT (Flanagan 1954).

> The critical incident technique has been in formal use since World War II. It was used in studies examining flight crew selection, readiness, and performance.
> Fitts and Jones (1947) studied information about pilot experiences and errors in reading and interpreting aircraft instruments from eyewitness reports.
> Flanagan, however, used observers trained in air combat and CIT to collect data about activities in the course of work.
> (Jim Carpenter: http://medir.ohsu.edu/~carpentj/cit.html)

Flanagans Idee war, direkte Beobachtungen menschlichen Verhaltens zu sammeln, um damit praktische Probleme zu lösen und psychologische Prinzipien auf breiter Basis zu entwickeln. Unter einem Incident verstand Flanagan „any observable human activity that is sufficiently complete in itself to permit inferences and predictions to be made about the person performing the act."
(Flanagan 1954: 327)

Was sind Critical Incidents?

Der Erfinder und Entwickler konzentriert sich ausdrücklich auf die einzelne Person und den einzelnen Fall. So kann der Incident unterschiedliche Ursachen haben, detailliert erfasst und analysiert werde. Die Handlung, daraus resultierende Schlussfolgerungen und Vorhersagen sind historisch einmalige Ereignisse und sollten nicht voreilig generalisiert werden.

Ging es am Anfang wesentlich um den Umgang von Menschen mit Maschinen, kam bald der Gedanke auf, dieses Verfahren zu übertragen auf menschliche Interaktion. In unserem Zusammenhang ist besonders wichtig, interkulturelle Incidents mit dieser Technik zu erfassen und zu analysieren.

Transfer auf IKK

Die Ausgangsthese dabei war, dass die Handlungsweisen verschiedener Kulturen in spezifischen Situationen differieren und dass es zu CIs kommt, wenn Teilhaber dieser Kulturen in Kontakt treten. Es entstehen Missverständnisse, Verwirrung und Konflikte.

Für die Erhebung baut man auf Erfahrung und Erleben von Individuen. Ein Szenario für die interkulturelle Nutzung von CIs wäre so zu skizzieren:

1. Grundbedingung für diesen Typus von CIs ist, dass zwei Kulturen K_1 und K_2 eine Rolle spielen.
2. Erhoben werden die CIs von einem Forscher F (aus K_1?).
3. Befragt werden Erlebende E aus K_1, die Auslandserfahrung haben und ihren CI im Ausland erlebt haben.
4. Beteiligt sind Partner P aus der für E fremden Kultur K_2 und die Nutzer N aus K_1, die aus dem CI lernen wollen.

Ergebnis kann ein CI dieser Form sein.

> An American businessman in Indonesia remains constantly upset because the Indonesians arrive late for work and seem to work halfheartedly, enjoying joviality with each other on the job. The businessman finally tells the workers to „stop playing around and get down to work" or he will take drastic measures. A few workers quit; others deliberately work less efficiently.

> Direct observation is not required by CIT. The method can provide a rich information source about real users doing real tasks in production environments.
> (Jim Carpenter: http://medir.ohsu.edu/~carpentj/cit.html)

Zugang zu den Daten

Dies hat man sich zunutze gemacht, um durch Befragung an Critical Incidents zu kommen. Man begann etwa mit einer Ausgangsfrage wie Salzmann in einer Untersuchung bei den Navajo:

> Can you think of a situation or incident involving people from the other culture [...], that you experienced or observed which resulted in some kind of difficulty, trouble, misunderstanding or left you with bad feelings or thoughts about the other group?
> (http:// jaie.asu.edu/ v30/ V30S1con.htm)

Gewinnung in vier Phasen

Das gesamte Verfahren der CI-Gewinnung könnte etwa in folgenden Phasen verlaufen:

1. Man befragt E nach kritischen Interaktionssituationen per Interview oder in Gruppendiskussionen. Die Erzählungen werden verschriftlicht.
2. Man lässt die CIs beurteilen von muttersprachlichen Experten aus beiden Kulturen, unterzieht das Material einer eingehenden Analyse, lässt die gesammelten Incidents sichten auf Wahrscheinlichkeit und Beispielhaftigkeit.
3. Zu jedem CI geben die Experten eine eigene Erklärung. Man kontextualisiert die Analysen im allgemeinen kulturellen Zusammenhang, verbindet sie mit verwandten literarischen Szenen und kulturhistorischen Erkenntnissen. Danach werden die CIs mit Analysen versehen.

> The wife of a new foreign service officer in Sierra Leone is just learning to buy in the local marketplaces. She returns from an afternoon of shopping, her feelings hurt, when owners of market booths shouted at her during their bargaining transaction. She considers this behavior insulting.
> The foreign service officer's wife had not yet learned that her host culture expects and enjoys intensive bargaining. There was no intend of animosity toward her; she did not yet understand interpersonal communication in that culture in that situation.

4. Aus den Reaktionen werden Leitfragen oder typische Erklärungen entwickelt, die die Experten wiederum beurteilen. Man kategorisiert und systematisiert die CIs.

Kriterien

Je nach Ansatz soll ein CI unterschiedliche, auch didaktische Kriterien erfüllen:

- Er stellt eine typische Situation dar, in der ein Vertreter von K_1 mit einem Vertreter der Kultur K_2 in Interaktion tritt.
- Diese Situation ist für den Vertreter der Kultur K_1 konfliktär, rätselhaft oder ambivalent.
- Mit ausreichendem Wissen über K_2 kann die Situation plausibel gedeutet werden.

(Fiedler / Mitchel / Triandis 1971: 97)

Was sind Critical Incidents?

Prinzipiell geht es bei CIs um Erlebnisse oder Vorfälle, die für die Beteiligten oder einen Beteiligten unerwartet oder unangenehm waren, oft wohl auch um einen Konflikt. Als problematisch wird eine Kommunikationssituation vor allem dann erlebt:

- Die Begegnung und der erwartete Verlauf sind für einen Partner oder für beide bedeutsam.
- Die Partner erleben solche unerwarteten Verläufe öfter.
- Die Partnerreaktionen sind mit den vertrauten kulturellen Schemata nicht mehr zu erfassen und zu verstehen.
- Der Partner reagiert auf die eigenen Handlungen und auf Verständigungsversuche nicht adäquat, weil er sie vielleicht nicht versteht.
- Der Handelnde befindet sich in einer Situation, in der er das Umfeld und sich selbst nicht mehr versteht, da die bisher eingesetzten Mittel zur Orientierung und Verhaltenssteuerung nicht mehr taugen. (nach Thomas 1991: 105)

Die CIT wäre in unseren Augen eine ausgezeichnete wissenschaftliche Methode zur Erforschung Interkultureller Kommunikation. Sie könnte uns die primären Daten liefern, die Generalisierung und Stereotypisierung durch Theorien dokumentierbar und kritisierbar machen würden.

CIT als wissenschaftliche Methode

> It is specific: it represents important elements of tasks and does not record vague traits or general impressions. It can quickly identify system features that are particularly vulnerable, and has value in the reporting of near misses, especially in safety-critical environments.
> (Jim Carpenter: http://medir.ohsu.edu/~carpentj/cit.html)

Dies ist eigentlich angelegt:

> Events or incidents are self-reported, reported by colleagues in employee evaluation, through interview, or collected by observers trained in both the application's domain and CIT methodology. Reporting may vary in frequency from single self-reports or interviews at the end of an observation period, to irregular, weekly, and daily interviews and self-reports. (Jim Carpenter: http://medir.ohsu.edu/

Für eine seriöse Feldforschung dürften sich die Beobachter allerdings nicht auf Berichte stützen. Sie müssten vielmehr beim Incident selbst dabei sein und in direkter Beobachtung arbeiten. Wäre das denkbar?

9.2 Die interkulturelle Trainingspraxis

Nach dem Zweiten Weltkrieg entwickelten die USA verstärkte Auslandsaktivitäten in den Bereichen Politik, Wirtschaft und Militär. So entstand ein Bedarf nach Trainings, die Orientierung für den Aufenthalt in fremder Umgebung boten und „Diplomaten, Geschäftsleute, militärische Berater, Entwicklungshelfer usw. auf die Interaktion und Kommunikation mit Mitgliedern fremder Kulturen" vorbereiteten (Dadder 1987: 69). In der Folge wurden in den USA eine Vielzahl unterschiedlicher Trainingsprogramme konzipiert, unter ihnen die Methode des Culture Assimilator. Der Culture Assimilator wurde als kulturspezifisches Trainingsprogramm 1962 von den Wissenschaftlern Fiedler, Osgood, Stolurow und Triandis an der Universität von Illinois entwickelt.

Die Trainingsmethode besteht aus einer Sammlung von verschriftlichten und für die Wissensvermittlung konstruierten oder manipulierten Critical Incidents, die damit allerdings nur noch teilweise auf realen Begebenheiten basieren.

Kriterien

Critical Incidents sind als Analysematerial und als Lernmaterial für interkulturelle Probleme beliebt. Sie sind zum Zwecke der Illustration in andere Diskussionszusammenhänge integrierbar, aber auch diskussionswürdige Beispiele aus eigenem Recht. Je nach didaktischer Absicht kann ein Critical Incident modifiziert und didaktisiert werden.

Critical Incidents werden in unterschiedlichen Ansätzen interkulturellen Trainings genützt, und je nach Ausrichtung des Ansatzes ändert sich auch ihre Nutzung. Sie eignen sich für die theoretische Wissensvermittlung über eine Kultur (im Sinne des kognitiven Ansatzes) ebenso wie zum Abbau von Vorurteilen. Das Minimalziel, das allen Konzepten, CI-Programmen und CI-Methoden gemeinsam ist, kann wie folgt zusammengefasst werden:

- Aufgabe und Ziel interkulturellen Trainings ist es, den Teilhabern einer Kultur K_1 beizubringen, wie sie in einer Kultur K_2 oder mit Teilhabern dieser Kultur effektiv, empathisch, mit einem Minimum an Missverständnissen und dem geringsten Verlust an Autonomie interagieren können.

Wie können CIs hierfür fruchtbar werden?

Der Culture Assimilator

Die bekannteste Nutzung von CIs in der Interkulturellen Kommunikation sind die vielen Varianten des Culture Assimilator Programs. Das Ziel dieser Trainingsform ist „to teach individuals to see situations from the perspective of members of the other culture" (Albert 1983: 189).

Erworben werden sollen:

- deklaratives Wissen
- Know how und Verstehen
- Know how für das Händeln solcher Situationen

Dabei kann eher auf allgemeine Regularitäten wie Kulturstandards fokussiert werden oder auf den individuellen Fall und individuelle Konsequenzen aus seiner Betrachtung.
Weil letztlich eher Sensibilisierung und nicht Assimilierung das Ziel der Methode ist, wird adäquater auch von einem Intercultural Sensitizer statt von einem Culture Assimilator gesprochen.

Die didaktische Nutzung wird gewöhnlich in vier Schritten vorbereitet.

1. Man sichtet die Sammlung der Critical Incidents auf ihre Eignung für didaktische Zwecke, selegiert und systematisiert sie entsprechend dem Vorverständnis und verortet sie in der Struktur des geplanten Trainingsprogramms.
2. Man entwirft zu jedem CI ein Multiple Choice, das alternative Deutungen bietet. Die Erklärungsalternativen werden entwickelt in Zusammenarbeit mit Teilhabern von K_1 und K_2: Sie werden befragt, warum sich ihrer Meinung nach die Personen im Incident auf diese spezielle Weise verhalten haben. Aus den Antworten werden je Critical Incident die vier plausibelsten ausgewählt. Drei sollten aus der Teilnehmerperspektive als möglich erscheinen, sind aber falsch. Der Programmkonstrukteur entscheidet also nach eigenen Kriterien, welche die richtige ist.
3. Nun wird das Feedback für den Multiple Choice entwickelt, der zusätzliche kulturelle Hintergrundinformationen zur geschilderten Situation enthält (Fiedler / Mitchell / Triandis 1971: 98). Zur Überprüfung der Qualität des Erarbeiteten werden Personen aus der Kultur K_2 befragt: Wie typisch oder wahrscheinlich ist die beschriebene Situation? Welche Erklärungsalternative trifft am ehesten zu? Personen aus der Anwenderkultur werden befragt, wie wichtig und relevant ihnen die beschriebene Situation für jemanden erscheint, der sich in der Zielkultur aufhalten will.
4. Die vierte Phase umfasst die Validierung und Erprobung des Programms. Items, die der didaktischen Überprüfung nicht standhalten, werden herausgenommen.
Abschließend werden die Critical Incidents in eine systematische Ordnung gebracht, die eine Progression oder eine Zuordnung zu den einzelnen Lernzielen ermöglicht.

Critical Incidents

Programmstruktur

Der Ablauf eines Sensibilisierungstrainings sieht meistens wie folgt aus:

1. Die Nutzer lesen die Critical Incidents.
2. Danach wird eine Aufwärmfrage gestellt, die auch aus Sicht einer der beteiligten Personen formuliert werden kann. Die Nutzer werden aufgefordert, aus den vier angebotenen plausibel klingenden Erklärungen die Antwortmöglichkeit zu wählen, die ihnen am wahrscheinlichsten erscheint; von der sie glauben, dass sie die Ursache für den geschilderten kritischen Vorfall ist.
3. In einem Lösungsteil mit den Antworten lesen die Nutzer, ob sie mit ihrer Annahme richtig liegen und bekommen eine ausführliche Erklärung.
4. Liegt ein Nutzer falsch, wird er auf den Text zurückverwiesen und gebeten ihn nochmals zu lesen und sich eine andere Antwortmöglichkeit auszusuchen.

Komplexere Fallbeispiele, deren Lösungen zudem nicht immer eindeutig oder kulturspezifisch gesehen werden, präsentieren später Brislin / Cushner / Cherrie / Yong 1986.

Beispiel: Thomas-Variante

In einer viel verwendeten Variante wird das Training so verlaufen (nach Thomas 1991: 118).

Element	Aufgabe	Funktion / Lernziel
CI Nummer 1	Lesen	Kennenlernen von Konfliktsituationen und fremden Verhaltensweisen
Frage nach Erklärung des Verhaltens	Sich in die Situation versetzen, eigene Reaktion erproben Eigenkulturelles Erklärungsmuster bewusst machen	Kulturelle Sensibilisierung Bewusstwerden eigenkultureller Standards
Multiple Choice: Vier Antwortalternativen	Antworten lesen und auf kulturadäquaten Erklärungswert gegeneinander abwägen	Erkennen der Orientierungslosigkeit im fremdkulturellen Umfeld Kennenlernen neuer Deutungsmuster

Antwortskala	Antwortalternativen beurteilen statt eine zu favorisieren	Erkennen der Ambiguität von Verhalten
Erklärungen zu jeder Antwortalternative	Lesen, vergleichen mit Selbsteinschätzung	Kennenlernen neuer Verhaltens- und Deutungsmuster
Aufforderung, eigene Handlungsstrategie zu entwickeln	Eigene Handlungsstrategie entwickeln	Selbständige Auseinandersetzung zur Förderung der Lernwirksamkeit Erkennen, dass Orientierung wieder möglich
Handlungsstrategie	Lesen mit eigener Strategie vergleichen	Erkennen kulturtypischer Handlungsbarrieren und Lösungswege
Kulturstandard, kulturhistorische Verankerung	Lesen	Kennenlernen des Kulturstandards und seiner kulturhistorischen Wurzeln
Diskussion	Fragen, Beispiele aus eigener Erfahrung, Problematisierung der multiplen Interpretationsmöglichkeiten	Vertiefen: Aufbau einer individuellen Erklärungs- und Deutungskompetenz

Die Programme von Thomas und seinen Mitarbeitern sind stets für einzelne Kulturen ausgelegt und sprechen eine bestimmte Zielgruppe an, meist Manager oder Führungskräfte in der Wirtschaft wie im „China Business and Culture Assimilator" (Thomas 1996) oder Studenten, Schüler und Praktikanten wie im „Interkulturellen Orientierungstraining" oder Amerikaner, die zu einem Studienaufenthalt nach Deutschland kommen (Markowsky/ Thomas 1995).
Die Programme nehmen Bezug auf die jeweiligen Kulturstandards und orientieren sich an ihnen.

Realisierungen

9.3 Die didaktische Nutzung

Abend in Indonesien

CI-Nutzung
Multiple Choice

Lesen Sie den Text in Ruhe. Machen Sie Notizen.
Überlegen Sie: Wodurch könnte die bedrückende Atmosphäre entstehen?

> Martina, eine Studentin aus Deutschland, macht ein Praktikum am Goethe-Institut in Indonesien. Martina wohnt bei einer einheimischen Familie. Zusammen mit ihrer Freundin ist sie bei einer sehr einflussreichen und streng gläubigen moslemischen Familie zum Essen eingeladen. Leider ist Martina erkältet, so dass sie sich während des Essens einige Male schnäuzen muss. Natürlich tut sie dies ganz dezent, indem sie sich vom Tisch abwendet. Sie bemerkt, dass die Gastgeber mit der Tochter ihrer Gastfamilie tuscheln. Sie fragt bei der Tochter nach, ob sie etwas falsch gemacht habe. Die Tochter verneint und erklärt, dass sich die Gastgeber nur nach ihrem Gesundheitszustand erkundigt hätten, und fragt Martina dann, ob sie wissen möchte, wo sich das Badezimmer befindet. Martina verneint dankend. Insgesamt empfindet Martina die Atmosphäre als bedrückend. Vor allem ist da noch dieser scheußliche Schnupfen, so dass sie sich immer wieder schnäuzen muss. Martina hat den Eindruck, dass ihr nicht sehr viel Interesse entgegengebracht wird. Sie kann dafür keine andere Erklärung als die Bestätigung ihres Vorurteils finden, dass mit streng gläubigen Moslems sehr schwer auszukommen sei, weil diese wiederum ihre Vorurteile gegen Ungläubige nicht ablegen können.

Was erscheint Ihnen wahrscheinlich?
Erproben Sie ruhig mehrere Möglichkeiten.

- ■ Indonesier haben große Angst vor Ansteckung.

- ■ Martinas schlechte Stimmung überträgt sich auf die gesamte Atmosphäre.

- ■ Streng gläubige Muslime können mit Ungläubigen kaum locker umgehen.

- ■ Man schnäuzt sich nicht vor anderen Leuten.

Die didaktische Nutzung   227

■ Indonesier haben große Angst vor Ansteckung.

Offene
Reaktionen

> Sicherlich gibt es einige Hinweise, die man so deuten kann. Doch sie reichen nicht aus, Indonesiern eine besondere Ansteckungsangst zu unterstellen.

■ Martinas schlechte Stimmung überträgt sich auf die gesamte Atmosphäre.

> Martina hat offensichtlich ein bestimmtes Bild von streng gläubigen Moslems. Ihr Vorurteil und ihr Schnupfen führen sicherlich dazu, dass sie sich nicht locker fühlt. Aber das ist kaum die ganze Geschichte. Es gibt viele Indizien, die auf eine andre Fährte weisen.

■ Streng gläubige Muslime können mit Ungläubigen kaum locker umgehen.

> Warum hat die Familie Martina eingeladen, sie bewirtet und ist interessiert daran, wie es ihr geht, wenn sie nur als Ungläubige wahrgenommen wird? Vielleicht ist es allein für Martina schwer mit streng gläubigen Muslimen locker umzugehen.

■ Man schnäuzt sich nicht vor anderen Leuten.

> Hierfür gibt es Indizien. Der Hinweis auf das Badezimmer: Wenn man sich schnäuzen muss, sollte man sich zurückziehen. Schnäuzen bei Tisch ist unhygienisch. Martina verletzt somit ein wichtiges Reinheitsgebot. Die Freundin spricht das nicht offen aus, weil es ein sehr heikles Thema berührt. Martina versteht ihr Fehlverhalten nicht, spürt aber die atmosphärische Spannung.

Background

Kultureller Hintergund

In vielen Kulturen, besonders in Asien, ist das Schnäuzen vor anderen Menschen verpönt. Es rührt an bestimmten Reinheits- und Hygienevorstellungen. Es geht um Körperflüssigkeiten allgemein, also um Schweiß und andere Sekrete. Wer diese absondern muss, sollte dies unauffällig, dezent und nicht in Gegenwart anderer machen. Es berührt die Intimsphäre der Menschen. Selbst die Vorstellung, dass ein Anwesender ein Taschentuch mit Nasensekret in seiner Hosen- oder Handtasche mit sich führt, erregt Ekel. Bei Geboten bzw. Verboten dieser Art handelt es sich um Regeln, die von Kind auf gelernt werden und tief verinnerlicht sind. Sie sind Teil eines verbindlichen Reinheitsstandards. An ihnen zu rütteln, kommt einer Tabuverletzung gleich. Man kann von daher auch nur schlecht über sie reden.

Martina schnäuzt sich gleich mehrmals vor anderen bei Tisch. Sie begeht einen Tabubruch und bringt damit nicht nur ihre aktuellen Gastgeber in Schwierigkeiten. Tabuverletzungen sind aber kaum verhandelbar. Über sie zu sprechen, fällt schwer. Denn Tabubrüche werden nicht als spontan begangene Fehler behandelt – diese Entschuldigung gilt nur bei Kindern und Unmündigen –, sondern fallen auf die ganze Persönlichkeit zurück. Von daher konnte auch Martinas indonesische Freundin sie nicht unbefangen instruieren. Man schnäuzt sich nicht vor anderen wäre einem vernichtendem Urteil über ihr Verhalten gleich gekommen.

Natürlich bleiben viele Fragen: Warum konnte Martina nicht vor dem Besuch darauf hingewiesen werden? Hatte sie da noch keinen Schnupfen? Welche Verfahren haben Indonesier, eine Schnupfennase nicht tropfen zu lassen? – Wie lernen die Kinder in diesen Kulturen mit Körpersekreten umzugehen? In Deutschland lernen wir zu schnäuzen, anstelle des Hochziehens. Wir sagen Gesundheit! beim Niesen. Aber wir haben ebenfalls Grenzen: Popeln, Hochziehen, Rülpsen, Rotzen und Furzen in der Öffentlichkeit sind verpönt. Zwingen uns diese Ausdrücke nicht schon ein distanzierendes Lächeln ab? Sind die feineren Varianten dieser Ausdrücke überhaupt verbreitet? Was wir im Mund haben, egal ob Essen oder Spucke, erweckt keinen Ekel. Aber was, wenn das, was wir im Munde hatten, vor anderen auf unserem Teller landet? Die einen spucken ihren Schleim dezent ins Taschentuch, die anderen laut auf den Boden. Letzteres gilt auch bei uns als ungehobelt. In China stehen Spucknäpfe. Auch das ist für Europäer gewöhnungsbedürftig. Viele Asiaten sind auf den öffentlichen Umgang mit dem Körper vorbereitet, wenn sie z.B. Europa besuchen. Aber ihren Ekel können sie dennoch nicht unterdrücken. Reinheitsstandards sitzen tief. Sie sind nicht einfach Teil guter Manieren, sondern Spiegel der Persönlichkeit und der Kultiviertheit.

Die didaktische Nutzung

Leberschmerz

CI-Nutzung
MC

Lesen Sie den Text in Ruhe. Machen Sie Notizen.
Überlegen Sie: Was könnte Frau Y. fehlen?

Die 52jährige türkische Fabrikarbeiterin Y. kam vor 18 Jahren nach Deutschland. Sie liegt seit vier Tagen zur Beobachtung im Krankenhaus. Sie hat erst ihren Hausarzt, dann einen Internisten und einen Gynäkologen konsultiert, außerdem ließ sie sich bei ihrem letzten Aufenthalt in Istanbul von einem „berühmten Arzt" untersuchen und medikamentös behandeln. Nach der Rückkehr ging sie drei Monate beschwerdefrei ihrer Arbeit nach. Dann fingen die Symptome wieder an, ein junger Internist veranlasste die Einweisung ins Krankenhaus. Sie klagte über Oberbauchbeschwerden, ihre Leber sei nicht in Ordnung, sie könne die körperlich beschwerliche Arbeit in der Fabrik nicht mehr ertragen.
Die Untersuchung ergab keinen gravierenden Befund außer etwas zu niedrigem Blutdruck und körperlicher Auszehrung von schwerer Arbeit und sechs Geburten. Die Ärzte halten dies für ein typisches „Gastarbeiterfrauensyndrom" mit „hypochondrischer Fixierung". In der Türkei verschwinden die Symptome. Sie schlagen ihr vor in die Türkei zurückzukehren.

Was erscheint Ihnen wahrscheinlich?
Erproben Sie ruhig mehrere Möglichkeiten.

▪ Der Erfolg medikamentöser Behandlung beweist: ein organisches Leiden.

▪ Wäre nicht eher an eine Migranten-Renten-Neurose zu denken?

▪ Frau Y. braucht ihre türkische Heimat um gesund zu werden.

▪ Die Ärzte haben übersehen, dass es ein psychisches Problem ist.

Offene
Reaktionen

■ Der Erfolg medikamentöser Behandlung beweist: ein organisches Leiden.

Es ist in der Regel nicht davon auszugehen, dass eine gründliche Untersuchung in Deutschland einen positiven organischen Defekt übersieht, den ein Arzt im Heimatland – vielleicht weil er die gleiche Sprache spricht – erkennen würde. Das Nachlassen der Symptome lässt sich alternativ erklären. Bitte arbeiten Sie die Geschichte noch einmal durch und entscheiden Sie sich für eine andere Antwort.

■ Wäre nicht eher an eine Migranten-Renten-Neurose zu denken?

Eine häufige und diskriminierende Bewertung ausländischer Menschen. Sie dient wohl zur Entlastung derjenigen, die solche Aussagen treffen, weil sie mit der Komplexität des Gesundheits- und Krankheitsverhaltens von Migranten nicht vertraut sind. Der Text bietet kaum Anhaltspunkte für diese Deutung. Bitte lesen Sie die Geschichte noch einmal und entscheiden Sie sich für eine andere Antwort.

■ Frau Y. braucht ihre türkische Heimat um gesund zu werden.

Sicherlich wird Frau Y., wie viele Menschen in der Fremde, Heimweh haben und deswegen hin und wieder traurig sein. Aus der Literatur sind auch Spontanheilungen von Heimkehrern bekannt, die jahrelang an unbehandelbaren Krankheiten in der Emigration litten. In der Anamnese gibt es jedoch Hinweise für eine wahrscheinlichere Erklärung.

■ Die Ärzte haben übersehen, dass es ein psychisches Problem ist.

Diese Antwort hat hohe Plausibilität. Die Erwähnung, dass ihre Leber nicht in Ordnung sei, lässt an ein kulturspezifisches Krankheitssyndrom denken. Es verweist auf Ereignisse in ihrem Leben, die mit schwerem Leid in Verbindung stehen. Eine intensivere verbale Anamnese hätte auf lebensgeschichtliche Ereignisse aufmerksam gemacht, die in direkter Verbindung zum Ausbruch der Krankheit stehen.

Background

In vielen Kulturen werden Sorge, Kummer und Schmerzen zentral auf bestimmte körperliche Organe fixiert. Viele Redewendungen zeugen von diesem Zusammenhang. Die Fixierung auf die Organe ist von Kultur zu Kultur unterschiedlich stark ausgeprägt. Im Deutschen geht einem etwas an die Nieren, im Englischen sind es die „guts", der Magen-Darm-Trakt. Im Türkischen kommt der Leber eine besondere Funktion zu. Sie ist so etwas wie das Herz im Deutschen. Besonders aber ist die Leber zuständig für von außen zugefügtes Leid oder auch für das Mitleid mit anderen. Die Rolle eines Organs äußert sich erst einmal in Redensarten. So ist der Leberschmerz typisch für einen Verlust, vor allem für ein verlorenes Kind. Und wenn es heißt ‚die Leber brennt', so ist von einem besonders großen seelischen Schmerz die Rede. Viele rational Denkende werden vielleicht annehmen, dies hätte physisch nichts zu bedeuten. Aber in diesen Redeweisen kondensieren sich Empfindungen, und es werden entsprechende Empfindungen erzeugt. Die Psychosomatismen beruhen auf der Erfahrung von Generationen und sie steuern Erfahrungen in der Sozialisation.

Kultureller Hintergund

Vorzüge der CI-Methode	CIs sind ein realistisches Material für Training und Lehre. Sie sind kurz und erscheinen abgeschlossen, zeigen aber schnell, dass tieferes Verständnis über den Text hinausgeht und nur im Setting möglich ist. CIs sind zwar irgendwie simulativ wie auch ihre Nutzung, dennoch aber mehr oder weniger lebensnah.

> CIT is most useful in the early stages of system analysis and ongoing iterative development. It is suitable to field usability evaluation. Data obtained are potentially more valuable than observations made in laboratory settings; failures and successes not seen in limited laboratory evaluation may become evident in routine use. CIT is particularly good at quick identification of a system's problem areas.
> (Jim Carpenter: http://medir.ohsu.edu/~carpentj/cit.html)

Einen großen Vorteil von Critical Incidents sehen Brislin und Mitarbeiter darin, dass sie interkulturelle Begegnungen auf interessante Art und Weise darstellen: „There are named people who are trying to adjust, and it is inherently interesting to read about what happens to them" (1986: 17).
Wenn man die Geschichten bearbeitet, will man gern wissen, was passiert ist und warum es so verlief.

Caveats	Diverse Studien über den Assimilator zeigen, dass Nutzer, die ein Trainingsprogramm durchlaufen haben, Probleme besser meistern, die in interkulturellen Begegnungen auftreten (vgl. Cushner / Landis 1996: 191). Aber es gibt natürlich auch Probleme mit solchen Programmen. Sie liegen vor allem in den Eigenschaften der erhobenen CIs.

> CIT relies upon memory, so critical incidents may be forgotten or distorted. The method requires accurate and truthful reporting making introduction of reporter bias a possibility.
> (Jim Carpenter: http://medir.ohsu.edu/~carpentj/cit.html)

Erlebende wie Forscher sind beide aus K_1. Sie sind immer in der Gefahr, ihre Sicht einzubringen. Für den Erlebenden ist das mehr oder weniger notwendig so. Für den Forscher wäre eine bias control aber unerlässlich. Man fragt sich, was man da alles voraussetzt. Müssten nicht die entscheidenden Hintergründe und Erklärungen schon bekannt sein, um den CI überhaupt zu fassen?

Ein CI ist oft genug ein vielschichtiges Beispiel, das im Training auf einen Punkt getrimmt ist, aber andere Fragen unbeantwortet lässt.
Eine der Antworten wird absolut präferiert und als die richtige hingestellt. Was ist aber der Sinn der Alternativen? Und vor allem: Wie kommen Probanden auf sie? Fern liegend scheinen sie jedenfalls nicht und man gewinnt öfter den Eindruck, dass die Autoren sie nur ausschließen, weil sie ihnen nicht ins Konzept, etwa den anvisierten Kulturstandard passen.
Jedenfalls sind Reaktionen des Multiple Choice wie „There is no indication that this is the case" öfter voreilig. Aus dem Text des Incidents kann man durchaus etwas herauslesen, was auch verworfene Alternativen stützt.
Und vor allem sind oft Antwortmöglichkeiten einfach unrealistisch oder unpassend, obwohl sie von Experten auf ihre Wahrscheinlichkeit getestet sein sollten. Die Aufgabe degeneriert dann zu einem trivialen Multiple Choice, bei dem man ohne einschlägiges Wissen und ohne Verständnis zur Lösung kommt.
Von Nutzen wäre eben eine genaue Textinterpretation und hierbei die akribische Unterscheidung dessen, was online im Text ist und was offline im Kopf des Nutzers.
Das würde wohl auch zu weniger harten Multiple Choices führen, die mehr aufs Reflektieren des Falls lenken und auf Deutung des Nutzers, so wie etwa in unseren beiden Beispielen.
In Weiterentwicklungen treten an die Stelle vorgegebener Antwortmöglichkeiten deshalb auch öfter offene Fragen.

Eindimensional

Positiv an den Trainingsprogrammen ist, dass man viele Informationen über kulturelle Unterschiede erhält. Sie bieten eine gewisse Orientierung im Dickicht der Kulturen.
Fraglich bleibt allerdings, ob diese Zusatzinformationen genügen, und vor allem, ob sie adäquat und up to date sind. Auch fragt man sich öfter, wieso der Aufwand eines Incidents sich lohnt zur Erarbeitung einer einfachen Info.
Im übrigen schaffen diese Informationen immer die Gefahr der Generalisierung, der Homogenisierung und Stereotypisierung. Und dies kann möglicherweise Fehldeutungen induzieren statt vor ihnen zu schützen.
Scollon / Scollon zeigen, dass und wie interkulturelle Kommunikation scheitern kann, wenn die Gesprächspartner Wissen über die Kultur des anderen haben, aber diese Kenntnisse in der betreffenden Situation falsch anwenden: „It is often the case that one's attempts to be culturally sensitive actually produce a second level of problem, and in those cases it is often even more difficult to realize what sort of problem it is" (Scollon / Scollon 1995: 124).

Die Zusatzinfos

Kastraten

Viele kritische Incidents sind nicht belegt und nicht überprüfbar dokumentiert. Statt den authentischen Text bekommen Nutzer wie Kritiker nur Übersetzungen und Bearbeitungen.

Ein CI liegt immer vor in Form eines abgeschlossenen Textes. In ihm ist nur zu finden, was drinsteckt. So braucht ein Lerner das Bewusstsein, was wirklich dasteht und was er interpretierend hinzutut.

Jede reale Situation ist um ein Vielfaches komplexer, als es ein beschriebener Incident je sein könnte. All dies, was der Erlebende hätte erleben können, muss der Nutzer im Geiste auffüllen. Dieser Verstehensprozess muss ins Programm aufgenommen und reflektiert werden. Auch hier ist die Unterscheidung von online und offline wichtig.

Im realen Erleben kann ein Lerner in Reflexion Neues entdecken, etwas, was ihm vorher entgangen ist, etwas, was er vergessen hat, was ihm unwichtig erschien. Darin steckt ein viel größeres Potenzial fürs interkulturelle Lernen.

Abgeschlossenheit

> Ein türkischer Freund erzählte mir von seinem ersten Besuch bei Freunden in Deutschland. Man zeigte ihm sein Zimmer und sagte ihm, dass es um acht Uhr Frühstück geben werde. Er habe das nicht so genau genommen und gedacht, dass er als Gast länger schlafen könne. Am nächsten Morgen wurde er jedoch fünf vor acht Uhr durch Klopfen an der Tür geweckt und aufgefordert, sich zu beeilen.

Die dargestellten Critical Incidents sind Texte. Es sind Erzählungen, oft Nacherzählungen.

- Erzählungen haben einen Aufbau und eine konventionelle Form. Beides ist erst einmal kulturgeprägt. Beides bestimmt den manifesten CI. Er könnte etwa so erzählt sein, dass er eine Pointe, einen Höhepunkt enthält. Das könnte gefordert sein durch die Erzähltradition. Er könnte eine orientierende Einleitung und einen Moral bietenden Schluss enthalten. Er könnte in einer bestimmten Erzählsprache gehalten sein, in einem typischen Tempus und so weiter.
- Erzählungen haben einen Erzähler. Der Erzähler verbindet eine Intention mit seiner Erzählung. Er möchte vom Partner Teilnahme und Rat vielleicht. Sie möchte den Fall über die Erzählung bewältigen oder klären. Er möchte sich in der Erzählung rausstreichen, der King, der Kluge sein und so weiter.
- Ein Nacherzähler ist nur ein weiterer Erzähler, auch wenn es ein Forscher ist. Am Anfang müsste eigentlich eine Ich-Erzählung stehen. Also immer, wenn dies nicht der Fall ist, sollte man aufpassen, besonders wenn der Nacherzähler sich hinter einem objektiv klingenden Bericht versteckt.

- Erzählungen haben nur einen Erzähler. Die anderen Beteiligten bleiben stumm. So bleibt gerade ihre Perspektive im Dunkeln. In der Kommunikation ist aber das gemeinsame Wissen entscheidend. Da kommen wir so nicht hin.

Kultur ist komplex und plastisch. Wäre nicht auch in Lernprogrammen Kultur eher nach Hotspots zu strukturieren und als etwas Dynamisches, das entsteht, wenn man handelt und mit Personen in Kontakt tritt? Sollte man nicht versuchen, den Menschen ein solches Konzept zu vermitteln? Würde man so die Teilnehmer nicht zu kompetenteren Gesprächspartnern machen, als wenn man ihnen statische Beispiele mit Multiple-Choice-Fragen vorsetzt?

Ausblick

Die Programme haben als Grundlage einen starren Kulturbegriff, der der Komplexität und Variabilität der Realität nicht gerecht wird. Sie vermitteln ein vereinfachtes Weltbild, in dem jedem Problem schnell und unkompliziert, glatt und fast schon automatisch die passende Lösung zukommt.

So sollten wir versuchen mit CIs auch Ziele folgender Art anzustreben:

- In der interkulturellen Kommunikationssituation auf das eigene und das Verhalten des Gegenübers achten und vorschnelles Urteilen über den anderen vermeiden, sensibel werden für das, was etwas noch bedeuten könnte
- Vertraut sein mit Kommunikationsmethoden und Kommunikationstechniken, Kommunikation als einen Ort der Bedeutungsaushandlung wahrnehmen
- Angst und Unsicherheit als Bestandteile interkultureller Begegnungen zulassen, lernen sich selbst treu zu bleiben
- Sich darüber klar sein, dass Macht und Statusunterschiede auch Bestandteil interkultureller Kommunikation sind, dass kulturelle und soziale Faktoren auf das Engste verknüpft sind und Stereotypen oder Vorurteile die Kehrseite kultureller Unterschiede darstellen

Literatur

Agar, M. (1994): Language Shock. Understanding the Culture of Conversation. New York
Allport, G. W. (1967): Attitudes. In: Handbook of Social Psychology, Bd. 2, Murchison, C. (Hg.). New York
Antal, L. (1963): Questions of Meaning. The Hague
Argyle, M. (2002): Körpersprache und Kommunikation. Paderborn
Barnlund, D. C. (1975): Public and Private Self in Japan and the United States. Communicative Styles of Two Cultures. Tokyo
Bloomfield, L. (1933): Language. New York
Brislin, R. W. / Cushner, K. / Cherrie, C. / Yong, M. (1986): Intercultural Interactions. A Practical Guide. Beverly Hills
Bühler, K. (1969): Die Axiomatik der Sprachwissenschaften. Frankfurt / Main
Bussiek, J. (1994): Informationsmanagement im Mittelstand. Erfolgspotentiale erkennen und nutzen. Wiesbaden
Carpenter, J. http: / / medir. ohsu. edu / ~carpentj / cit. html
Carroll, R. (1987): Evidences invisibles. Paris
Chomsky, N. (1957): Syntactic Structures. The Hague
Collins, A. M. / Quillian, M. R. (1969): Retrieval Time from Semantic Memory. In: Journal of Verbal Learning and Verbal Behavior 8, 240-248
Cushner, K. / Landis, D. (1996): The Intercultural Sensitizer. In: Landis, D. / Bhagat, R. S. (Hg.): Handbook of Intercultural Training. Thousand Oaks, CA, 185-202
Dadder, R. (1987): Interkulturelle Orientierung. Analyse ausgewählter interkultureller Trainingsprogramme. Saarbrücken
De Saussure, F. (1972): Cours de linguistique générale. Edizione critica a cura di T. de Mauro. Paris
De Saussure, F. (1974): Cours de linguistique générale, fasc. 4. Engler R. (Hg.). Wiesbaden
Ferguson, A. (1923): Abhandlungen über die Geschichte der bürgerlichen Gesellschaft. Jena
Fiedler, F. E. , Mitchell, T. , Triandis, H. C. (1971): The Culture Assimilator: An Approach to Cross-cultural Training. In: Journal of Applied Psychology 7, 95-102
Flanagan, J. C. (1954): The Critical Incident Technique. In: Psychological Bulletin 51, 327-358
Goodenough, W. H. (1964): Cultural Anthropology and Linguistics. In: Hymes, D. (Hg.): Language in Culture and Society. A Reader in Linguistics and Anthropology. New York, 36-39
Grice, H. P. (1967): Logic and Conversation. William James Lectures, publiziert in: Cole, P. / Morgan, J. (1975) (Hg.): Speech Acts, Syntax and Semantics, Vol. 12. New York

Grimm (1847 / 1953): Bericht über das deutsche Wörterbuch. In: Deutscher Geist. Ein Lesebuch aus zwei Jahrhunderten. Berlin, 806-816

Gumperz, J. (1982). Discourse Strategies. Cambridge

Hall, E. T. (1976): Beyond Culture. New York

Harnish, R. M. (1976): Logical Form and Implicature. In: Bever, T. / Katz, J. / Langendoen, T. (Hg.): An Integrated Theory of Linguistic Ability. New York

Hofstede, G. (1983): National Culture in Four Dimensions. A Research Based Theory of Cultural Differences among Nations. In: International Studies of Management and Organization 13, 46-74

Keenan, E. O. (1976): The Universality of Conversational Postulates. In: Language in Society 5, 67-80

Keller, R. (1994): Sprachwandel. Von der unsichtbaren Hand in der Sprache. Tübingen

Keller, R. (1995): Zeichentheorie. Zu einer Theorie semiotischen Wissens. Tübingen

Knapp, K. / Knapp-Potthoff, A. (1990): Interkulturelle Kommunikation. In: Zeitschrift für Fremdsprachenforschung 1, 62-93

Lewis, D. K. (1969): Convention. A Philosophical Study. Cambridge, MA

Lewis, D. K. (1975): Konventionen. Eine sprachphilosophische Abhandlung. Berlin

Lippmann, W. (1922): Public Opinion. New York

Lippmann, W. (1964): Die öffentliche Meinung. München

Ludwig-Uhland-Institut (1986): Fremde Deutsche. Alltagskultur aus der Sicht ausländischer Studierender

Lyons, J. (1981): Language and Linguistics. Cambridge

Markowsky, R. / Thomas, A. (1995): Studienhalber in Deutschland. Interkulturelles Orientierungstraining für amerikanische Studenten, Schüler und Praktikanten. Heidelberg

Menger, C. (1883): Untersuchungen über die Methode der Socialwissenschaften und der politischen Oekonomie insbesondere. Leipzig

Mog, P. / Althaus, H.-J. (1992): Die Deutschen in ihrer Welt. Tübinger Modell einer integrativen Landeskunde. Berlin

Nazarkiewicz, K. (1994): Analysen zur moralischen Kommunikation und pädagogischen Intervention bei ethnischen Stereotypen. Unveröff. Diplomarbeit. Frankfurt

Nozick, R. (1974): Anarchy, State, and Utopia. Oxford

Ogden, C. K. , Richards, I. A. (1923): The Meaning of Meaning: A Study of the Influence of Language upon Thought and of the Science of Symbolism. New York

Paul, H. (1920): Prinzipien der Sprachgeschichte. Tübingen

Payer, M. (2002): http: // www. payer. de / cmc / cmcs01. htm
Postman / Keppel (1970): Norms of Word Association. New York
Quasthoff, U. (1973): Soziales Vorurteil und Kommunikation. Frankfurt / Main
Robins, R. H. (1979): A Short History of Linguistics. London
Sacks, H. / Schegloff, E. A. / Jefferson, G. (1974): A Simplest Systematics for the Organization of Turn-Taking for Conversation. In: Language 50, 696-735
Sapir, E. (1921): Language. An Introduction to the Study of Speech. New York
Sarangi, S. K. / Slembrouck, St. (1992): Non-cooperation in Communication: A Reassessment of Gricean Pragmatics. In: Journal of Pragmatics 17, 117-154
Schegloff, E. A. (1968): Sequencing in Conversational Openings, American Anthropologist 70, 1075-1095
Schegloff, E. A. / Sacks, H. (1973): Opening Up Closings. In: Semiotica VIII, 4, 289-327
Schmidt-Atzert, L. (1980): Die verbale Kommunikation von Emotionen. Eine Bedingungsanalyse unter besonderer Berücksichtigung physiologischer Prozesse. Gießen
Scollon, R. / Scollon, S. (1995): Intercultural Communication. A Discourse Approach. Oxford
Searle, J. R. (1968): Speech Acts. Cambridge, MA
Searle, J. R. (1992): Conversation. Amsterdam
Searle, J. R. (1996): A Taxonomy of Illocutionary Acts. Cambridge
Strawson, P. F. (1971): Logico-linguistic Papers. London
Szalay, L. / Deese, J. (1978): Subjective Meaning and Culture. An Assessment through Word Associations. Hillsdale, N. J
Thomas, A. (1991): Kulturstandards in der internationalen Begegnung. Saarbrücken
Thomas, A. (1993): Kulturvergleichende Psychologie. Göttingen
Thomas, A. (1996): Psychologie interkulturellen Handelns. Göttingen
Ullmann-Margalit, E. (1978): Invisible-Hand-Explanations. In: Synthese 39, 263-291
Umstätter, W.: http:// www. ib. hu-berlin. de/ ~wumsta/ wistru/ definitions/ da4. html
Watzlawick, P. / Beavin, J. B. / Jackson, D. D. (1969): Menschliche Kommunikation. Formen, Störungen, Paradoxien. Bern
Winch, P. (1972): Understanding a Primitive Society. In: Winch, P. : Ethics and Action. London
Wittgenstein, L. (1967): Bemerkungen über Frazers „The Golden Bough". Rhees, R. (Hg). In: Synthese 17, 233-253
Wittgenstein, L. (1977): Philosophische Untersuchungen. Frankfurt / Main
Wittgenstein, L. (1971): Über Gewissheit. Frankfurt/ Main

Quellen

Viele der zitierten Critical Incidents entstammen einer Augsburger Sammlung, die über Jahre zusammengetragen wurde von Volker Hinnenkamp und Doris Fetscher.

Zu belegen sind:
S. 32: Ruben, B. D. (Hg.): Communication Yearbook 2. New Brunswick, NJ, 367

S. 39: Müller, B.-D. (1981): Lernpsychologische Aspekte der Aneignung von neuen Handlungsmustern. In: Materialien DaF, Heft 16, 49

S. 50: Schmid, A. (2002): „Come, scusi?" Verständigungsprobleme in Gesprächen zwischen Muttersprachlern und Nicht-Muttersprachlern. Magister-Hausarbeit. Augsburg

S. 68: Loveday (1985): At Cross Purposes: Semiotic Schism in Japanese-Western Interaction. In: Brunt, R. / Enninger, W. (Hg.): Interdisciplinary Perspectives at Cross-Cultural Communication. Aachen, 31

S. 83: Kimura, T. (1979): Language is Culture: Culture-based Differences in Japanese and English. In: Taylor, H. M. (Hg.): English and Japanese in Contrast. New York, 34

S. 86: Apeltauer, E. (1986): Kultur, nonverbale Kommunikation und Zweitsprachenerwerb. In: Rosenbusch, H. / Schober, O. (Hg.): Körpersprache in der schulischen Erziehung. Baltmannsweiler, 140

S. 95: adaptiert nach Gumperz, J. J. (1982): Discourse Strategies

S. 99: Hinnenkamp, V. (1993): Wie kann das Migrationsphänomen in der Schule behandelt werden? Sieben Bausteine für den Unterricht. In: Seminar „Wie kann das Migrationsphänomen in der Schule behandelt werden?" / Séminaire: „Comment traiter le phénomène migratoire à l'école?" Bern, 126

S. 235: Apeltauer, E. (1986): Kultur, nonverbale Kommunikation und Zweitsprachenerwerb. In: Rosenbusch, H. / Schober, O. (Hg.): Körpersprache in der schulischen Erziehung. Baltmannsweiler, 145